Dr. Antje Ohlhoff

BÄUME

SANFTE BOTSCHAFTER, KRAFTVOLLE COACHES

Wie wir uns mit Bäumen tief erden
und innere Stärke entwickeln

Schirner Verlag

Dieses Buch enthält Verweise zu Webseiten, auf deren Inhalte der Verlag keinen Einfluss hat. Für diese Inhalte wird seitens des Verlages keine Gewähr übernommen. Für die Inhalte der verlinkten Seiten ist stets der jeweilige Anbieter oder Betreiber der Seiten verantwortlich.

Wir verzichten auf das Einschweißen unserer Bücher – **UNSERER UMWELT ZULIEBE!**

ISBN 978-3-8434-1454-8

Dr. Antje Ohlhoff:
Bäume – sanfte Botschafter,
kraftvolle Coaches
Wie wir uns mit Bäumen tief erden
und innere Stärke entwickeln

Umschlag: Hülya Sözer, Schirner, unter Verwendung von # 211812517 (© djgis), # 292597868 (© djgis), # 105986438 (© Nikitina Olga) und # 95400283 (© wenani), www.shutterstock.com
Layout: Hülya Sözer & Simone Fleck, Schirner
Lektorat: Bastian Rittinghaus & Sandra Woite, Schirner
Printed by: Ren Medien GmbH, Germany

www.schirner.com

1. Auflage November 2020

INHALT

Ich danke Brunhild Liedloff für den
wundervollen Auftrag, Bäume und
ihre Qualitäten und Bedeutungen
zu den Menschen zu bringen.
Das war der Anstoß für dieses Buch.

DANKE!

EINFÜHRUNG

Deine Reise zu den Bäumen

Bäume faszinieren und beeindrucken uns Menschen seit jeher durch ihre Gestalt, ihre Größe, ihr Alter, ihr Sein … Dabei verkörpert jede Baumart ganz spezielle Eigenschaften, die uns in unserer Entwicklung unterstützen können. Dieses Buch möchte dir einerseits helfen, mit diesen besonderen Wesen näher in Kontakt zu treten und zu kommunizieren und dich wieder verbundener mit der Natur um dich herum zu fühlen. Andererseits ist es ein Ratgeber für alle, die sich selbst besser kennenlernen, bewusster, heiler, leichter und freudvoller durch ihr Leben gehen möchten.

Dies ist ein Unterstützungs- und Selbstcoachingbuch. »Selbstcoaching ist die Kunst, mit sich selbst ins Gespräch zu kommen«, sagt Sabine Asgodom.[1] Möchtest du auch mit dir selbst intensiver kommunizieren, deine Stärken erkennen, leben und weiterentwickeln? Die Botschaften und Innenreisen der Bäume können dir bei deinem inneren Wachstum helfen und dir zeigen, wie du deine eigenen Denk-, Gefühls-, Verhaltens- und Glaubensmuster wahrnimmst. Auf diese Weise wirst du Probleme im Leben leichter erkennen und meistern, dir Blockaden bewusst machen und sie auflösen können. Die Bäume können dich dabei unterstützen, deine eigene wahre Natur zu finden, indem sie dir – ähnlich, wie man das von Krafttieren kennt – ihre besonderen Qualitäten für deinen Alltag zur Verfügung stellen. Sie sind sozusagen Kraftbäume.

Als Coach und Dozentin betrübt es mich immer, wenn Menschen ihr Potenzial nicht leben, ja, es vielleicht nicht einmal kennen. Deshalb möchte ich ihnen dabei helfen, ihre Qualitäten und Stärken zu entdecken und zur Blüte zu bringen. Manche Menschen sagen: »Ich würde ja gern dies oder jenes tun, z. B. schreiben oder malen, wenn ich nur daran glauben könnte, dass ich dazu fähig bin.« Die Bäume helfen dir, zu entdecken, was in dir steckt, und ermutigen dich, deine Qualitäten zu leben und »Stolpersteine« aus dem Weg zu räumen. Denn wir müssen nicht alles allein schaffen, sondern dürfen uns helfen lassen. Wer sich schwer damit tut, sollte sich z. B. mit der Ulme beschäftigen (ab Seite 83).

Ein weiteres Thema, bei dem die Bäume mit ihren Botschaften unsere Wegbegleiter sind, ist die Frage, warum wir im Alltag oft nicht so sind oder uns verhalten, wie es unserem wahren Wesen entspricht. Warum versuchen wir, anders zu sein? Mar-

1 S. Asgodom: Von Tag zu Tag souveräner.

tin Buber erzählt in einem seiner Bücher[2] die Geschichte von Rabbi Sussja. Kurz vor seinem Tod wurde ihm bewusst, dass man ihn in der kommenden Welt nicht fragen wird, warum er nicht Mose gewesen ist, sondern, warum er nicht Sussja gewesen ist. Ja, warum sind wir oft nicht wir selbst und versuchen, das Leben anderer zu kopieren oder den (vermeintlichen) Erwartungen unserer Mitmenschen zu entsprechen? Erkennen wir wirklich unsere Einzigartigkeit, und erkennen wir sie an? Leben wir sie? Lieben wir sie? Dir deine Besonderheit, deine Einmaligkeit bewusst zu machen und dazu zu stehen, dabei kann dir z. B. die Lärche helfen (ab Seite 77).

Und es geht darum, genau das auch zu leben und in die Welt zu bringen: dein ganz besonderes Licht, dein Sein, dein »Ich bin«. Darum, deinen Beitrag zu leisten in dieser und für diese Welt, für die Menschen und vielleicht auch für die Bäume – die Innenreise mit der Kiefer ist genau diesem Thema gewidmet (ab Seite 148).

In unserem technisierten und manchmal stressigen Alltag treten der Kontakt zur Natur, das Fühlen mit allen Sinnen und das entspannte »nur Sein« in den Hintergrund. Auf Dauer fehlt dann etwas in unserem Leben, wir fühlen uns unerfüllt. Diese Erfahrungsbereiche wieder zu aktivieren, den Reichtum der Natur und die unermessliche Vielfalt des Lebens neu wahrzunehmen, kann uns helfen, erfüllter zu leben. Die Innenreise mit dem Holunder (ab Seite 163) beschäftigt sich mit diesem Thema.

Und wenn du dann Freude daran hast, dich wieder, stärker oder überhaupt mit der Natur, mit den Bäumen zu verbinden – im Innen und im Außen –, dann ist eines meiner großen Ziele erreicht!

Dieses Buch besteht aus zwei Teilen, die du einzeln und im Zusammenspiel verwenden kannst. Die Baumkapitel ab Seite 18 enthalten jeweils 4 Botschaften des Baumes sowie einer Beschreibung seiner Eigenarten. Sie enden mit der Selbstcoaching-Innenreise. Außerdem findest du Tipps, wo du besondere Exemplare der jeweiligen Art finden kannst. Du kannst dieses Kapitel in relativ kurzer Zeit von vorn nach hinten durchlesen. Ich empfehle dir aber, es als Jahresprogramm zu nutzen (siehe Seite 16). Blättere durch das Buch, lasse dich finden, lasse dich berühren von den Bäumen, von den Themen, die bei dir gerade aktuell sind – ob sie dir schon bewusst sind oder noch nicht!

Anschließend lernst du, mit Bäumen Kontakt aufzunehmen und zu kommunizieren. Neben anderem erfährst du, wie du deinen Kraftbaum finden (ab Seite 175) und wie du die besonderen Qualitäten eines Baumes erfassen kannst (ab Seite 180). Du bist dann also selbst in der Lage, Baumbotschaften zu empfangen.

Die Botschaften und Innenreisen der Bäume sind inspiriert von meiner Ausbildung und Arbeit als Coach, Oneness-Trainerin und spirituelle Lehrerin – und natürlich von meiner Liebe und Verbindung zu den Bäumen. Ich bin selbst durch all die Prozesse gegangen, die in diesem Buch beschrieben werden. Und mir haben sie beim Lernen, beim Bewussterwerden, beim Probleme- und Blockadenmeistern geholfen. Dann habe ich diese Botschaften und Innenreisen mit den Menschen meiner Coachinggruppe geteilt. Auch sie hatten Freude an der Kommunikation mit den Bäumen, und auch ihr inneres Wachstum hat es unterstützt. Nun wünsche ich mir und dir, dass die Inhalte dieses Buches hilfreich für dich sind! Viel Freude, Wachstum und Erfüllung damit!

2 M. Buber: Der Weg des Menschen nach der chassidischen Lehre.

Naturwissenschaftliche Anmerkungen

Ich bin selbst Naturwissenschaftlerin und weiß um die Problematik der unterschiedlichen Begrifflichkeiten in den Naturwissenschaften und dem alltäglichen Sprachgebrauch.

Ein zentraler Begriff dieses Buches ist die »Qualität« oder **»Energie«** eines Baumes. Energie wird hier verwendet im Sinne einer spezifischen Wirksamkeit, eines besonderen Kraftfeldes. Eine Eiche wirkt ganz anders als eine Linde, obwohl beide stattliche Bäume werden können und sowohl die eine als auch die andere von alters her an Versammlungsorten und Gerichtsplätzen steht. Schon Goethe schrieb: »Wer sein Leben lang von hohen ernsten Eichen umgeben wäre, müsste ein anderer Mensch werden, als wer täglich unter luftigen Birken sich erginge.«[3] Mit dem heute in der Naturwissenschaft genutzten Energiebegriff haben diese »Baumenergien« also wenig zu tun.

Ich schreibe oft von der **»Kommunikation mit Bäumen«,** vom »Reden« oder »Sprechen« mit Bäumen. Mit Bäumen kann man natürlich nicht so wie mit Menschen reden. Wenn man innerlich still und aufnahmebereit wird, dann kann man sich aber sehr wohl intuitiv auf der Herzensebene mit ihnen verbinden. Auch Fragen oder Probleme kann man laut oder leise aussprechen und bekommt die Antwort subtil als inneres Gefühl, innere Stimme, inneres Bild, manchmal als plötzliche Erkenntnis, begleitet von einem Gefühl der Stimmigkeit. Das meine ich, wenn ich vom »Reden mit Bäumen« spreche. Falls dir das befremdlich vorkommt, kannst du es getrost ignorieren. Für den Selbstcoaching-Prozess musst du nicht mit Bäumen sprechen, und wie die Botschaften und Innenreisen zu mir gekommen sind, das ist ein anderes Thema.

Bäume untereinander kommunizieren übrigens über die Luft – mittels chemischer Botenstoffe, der sogenannten Phytonzide, z. B., um vor Fressfeinden zu warnen. Die wissenschaftliche Forschung hierzu steckt noch in den Kinderschuhen, aber in den letzten Jahren wurde viel Erstaunliches entdeckt. Damit Bäume sich auch gegen den Wind verständigen können, werden Botenstoffe zudem über die Wurzeln ausgetauscht, die oft miteinander verwachsen sind. Und nicht nur untereinander gibt es Kommunikation. Werden Bäume z. B. von einer Raupenplage heimgesucht, locken sie mittels chemischer Botenstoffe Insekten an, die genau diese Raupen »zum Fressen gern haben«.[4] Bio-Bauern nutzen diese Pflanzenstoffe inzwischen als Schädlingsbekämpfungsmittel im ökologischen Landbau.[5]

Noch etwas wird gerade erforscht: Bäume kommunizieren auch akustisch miteinander. Die Wurzeln knacken im Ultraschallbereich, und offenbar nehmen Artgenossen das auch wahr und reagieren darauf. Wie das genau vor sich geht, weiß man allerdings noch nicht.[6]

Bäume werden in den Naturwissenschaften nach **Arten,** Gattungen und Familien zusammengefasst. Dies ist aber kein biologisches Fachbuch. Manchmal werden ganze Baumgattungen, z. B. die Ahorne, beschrieben, ohne die Baumbotschaften auf die Arten aufzuschlüsseln. Manchmal gibt es aber auch Baumbotschaften für eine spezielle

3 J. P. Eckermann: Gespräche mit Goethe.

4 Vgl. V. Arzt: Kluge Pflanzen.

5 Vgl. www.avogel.ch/de/ihre-gesundheit/gesundheitsthemen/wald-warum-der-wald-fuer-uns-so-gesund-ist.php.

6 Vgl. Geo kompakt: Unser Wald. Nr. 52/2017.

Art, z. B. die Zitterpappel/Espe, die dann nicht für die gesamte Gattung der Pappeln gelten. In jedem Fall gebe ich die Familien zu den Bäumen an, um Verwandtschaften wie zwischen Weide und Espe oder eben Nicht-Verwandtschaften wie zwischen Esche und Eberesche aufzuzeigen.

In diesem Buch ist öfter von **»weiblichen Bäumen«** und **»männlichen Bäumen«** die Rede. Es gibt biologisch diese Unterteilung bei zweihäusigen Baumarten. Wenn ich hier von weiblichen oder männlichen Energien oder Bäumen schreibe, ist aber meist nicht diese Definition gemeint. In der Natur zeigt sich überall Polarität, z. B. bei Tag und Nacht, Sonne und Mond, Leben und Tod, Feuer und Wasser oder eben Männlich und Weiblich.[7] Als weibliche Energie gilt, was fühlend, aufnehmend, empfangend, dunkel, weich, biegsam, nährend, kreativ, unstrukturiert, feucht, rund, langsam ist. Männliche Energie ist demgegenüber denkend, abgebend, strukturiert, feurig, wehrhaft, hell, lichtvoll, hart, länglich, schnell. Schon bei den Kelten wurden bestimmte Baumarten der weiblichen (Urprinzip Wasser) bzw. männlichen Energie (Urprinzip Feuer) zugeordnet. Ich gebe diese oder eigene Zuordnungen bei einigen Baumporträts an. Zu den weiblichen Baumarten in diesem Sinne zählen u. a. die Weide, die Erle, der Holunder, die Linde, die Ulme und die Fichte. Zu den männlichen Bäumen zählen u. a. die Eiche, die Esche, der Ilex und die Hainbuche. Bäume, die beide Energien fast ausgeglichen in sich tragen, sind z. B. der Weißdorn und der Wacholder.

7 Im chinesischen Taoismus spricht man von Yin und Yang, bei den steinzeitlichen europäischen Naturvölkern von der großen Erdgöttin oder Mondgöttin und ihrem Gefährten, der oft als Himmelsgott, Sonnengott oder Donnergott bezeichnet wird. Im keltischen Weltbild waren Feuer und Wasser die zwei Urelemente bzw. Urprinzipien.

Bäume und Menschen: Zahlen und Fakten

Bäume und Menschen, Menschen und Bäume – das war schon immer eine besondere Verbindung. Vielleicht, weil wir bis vor ca. 150 Millionen Jahren[8] selbst auf Bäumen gelebt haben und auch später der Wald ein sicherer Aufenthalts- und Zufluchtsort war. Bäume bzw. Hölzer bereichern und erleichtern unser Leben bis heute, sei es als Spender von Nahrungs- und Heilmitteln, Brenn- oder Baustoff. Die Gesellschaft von Bäumen, der Aufenthalt im (Laub-)Wald tut uns auch heute noch gut. Wir fühlen uns einfach wohler. Wissenschaftliche Studien belegen, dass bei einem Waldspaziergang der Blutdruck sinkt, die Lungenkapazität steigt und wir entspannter sind – statistisch signifikant und wissenschaftlich nachgewiesen.[9] Seit einigen Jahren wird daher »Waldbaden« in Japan als anerkannte Therapie verordnet. In Deutschland gibt es das bisher rezept- und kostenfrei.

Umweltwissenschaftler in den USA und Schweden haben sogar herausgefunden, dass Patienten nach einer Operation schneller genesen und deutlich weniger Schmerzmittel brauchen, wenn ihr Krankenzimmer ein Fenster mit Ausblick auf grüne Bäume hat.[10]

Ohne Bäume gäbe es nicht genug Sauerstoff, ohne Holz kein Feuer, kein Haus, keine Schiffe …

8 Zum Vergleich: Bäume gibt es seit ca. 380 Millionen Jahren auf der Erde.

9 Vgl. J. Lee, D. Lee: Cardiac and pulmonary benefits of forest walking versus city walking in elderly women; A. v. Haller: Lebenswichtig, aber unerkannt.; P. Wohlleben: Das geheime Leben der Bäume.

10 R. S. Ulrich: View through a window may influence recovery from surgery, Science 27/1984 v. 224, p. 420 (2).

Bäume verändern die Luft, die wir Menschen atmen. Eine 25 Meter hohe Buche setzt etwa so viel Sauerstoff frei, wie 10 Menschen zum Atmen brauchen. Das sind im Laufe eines Jahres 6000 Kilogramm CO_2, die in 4500 Kilogramm Sauerstoff verwandelt werden. Diese Menge an CO_2 wird in derselben Zeit von einem Kleinwagen in die Luft gepustet, der täglich etwa 150 Kilometer fährt. Eine neue Studie hat überraschenderweise ergeben, dass unsere Wälder bei naturnaher und ökologischer Bewirtschaftung dreimal so viel CO_2 binden könnten wie bei der jetzigen, intensiven Forstwirtschaft. Dadurch könnten sie einen erheblichen Beitrag zur Eindämmung des Klimawandels leisten.[11]

In der Vegetationsperiode, also von Frühjahr bis Herbst, enthält ein Baum etwa 500–1000 Liter Wasser. Dabei verdunstet er über 30 000 Liter Wasser im Jahr, das sind knapp 100 Liter pro Tag. Diese hohe Verdunstung und das schattige Blätterdach bewirken, dass es an heißen Sommertagen im Wald angenehme 8 Grad Celsius kühler als in der Stadt ist. Ein einziger Baum filtert pro Jahr zudem eine Tonne Staub aus der Luft – das sind etwa 40 000 Kubikmeter täglich![12] Große Baumexemplare haben etwa 800 000 Blätter und über 1000 Quadratmeter Blattfläche.[13] Bäume blühen teils mehr, teils weniger auffällig. Beeindruckend blüht der Kirschbaum mit seinen wunderschönen weißen Blüten. Davon hat ein Wildkirschenbaum fast 1 Million. Woher man das weiß? Professor Dr. Roloff von der TU Dresden hat 2016 seine Studenten zum Zählen geschickt – das stimmt wirklich![14]

In Mitteleuropa halten Bäume Winterruhe, denn wenn der Boden gefroren ist, können sie kein Wasser aus ihm aufnehmen. Deshalb (und, um den Herbst- und Winterstürmen weniger Angriffsfläche zu bieten) werfen Laubbäume im Herbst die Blätter ab, sodass sie nicht weiterhin Wasser verdunsten. Nadelbäume haben zu diesem Zweck eine dicke Wachsschicht auf ihren Nadeln. Um ihr Gewebe vor dem Einfrieren zu bewahren, besitzen viele Bäume eine dicke Borke, und manche, z. B. die Eiche, produzieren sogar, wenn es ganz eisig wird, eine Art Frostschutzmittel.

Bäume können über 100 Meter hoch, über 10 Meter im Durchmesser, mehrere Tausend Jahre alt und Hunderttausende Kilogramm schwer werden. Bei der Landeswaldinventur in Nordrhein-Westfalen wurde als höchster Baum eine Buche mit 48,5 Metern und als voluminösester Baum eine Buche mit 38 Kubikmetern erfasst.[15] Als höchster Baum Deutschlands gilt eine Douglasie im Schwarzwald mit 66,6 Metern Höhe, die 1913 als dreijähriger Setzling von der Westküste der USA nach Deutschland kam. Global wird ein Küstenmammutbaum (Sequoia sempervirens) im Redwood-Nationalpark in Kalifornien, USA, mit 115,55 Metern Wuchshöhe zurzeit als der höchste Baum angesehen.[16] Das mittlere Alter unserer heimischen Bäume liegt bei 77 Jahren. Das ist nicht viel, wenn man bedenkt, dass sie natürlicherweise zwischen 100 und 1000 Jahre alt werden. Der (vermutlich) älteste Baum Deutschlands ist eine mehr als 1000 Jahre alte Sommerlinde auf dem Marktplatz von Schenklengsfeld, etwa 10 Kilometer südöstlich von Bad Hersfeld in Hessen.

11 Vgl. www.act.gp/2BFV9P3.
12 Vgl. Geo kompakt: Unser Wald. Nr.52/2017.
13 Vgl. tecfaetu.unige.ch/perso/staf/notari/arbeitsbl_liestal/botanik/laubblatt_anatomie_i.pdf.
14 Vgl. www.baum-des-jahres.de/index.php?id=396.
15 Vgl. Wald und Holz NRW: Ergebnisse der landesweiten Waldinventur 2014.
16 Vgl. de.wikipedia.org/wiki/Hyperion_(Baum).

Für Menschen, die große Zahlen mögen, hier noch ein paar davon: Eine Waldinventur, die 2015 in der Zeitschrift »Nature« veröffentlicht wurde, ergab, dass derzeit etwa 3 Billionen Bäume auf der Erde wachsen. Seit den Ursprüngen der menschlichen Zivilisation hat sich die Zahl der Bäume allerdings fast halbiert.[17] Ohne Eingriff des Menschen wären 90 Prozent von Deutschland mit Wald bedeckt, davon 80 Prozent mit Buchen. Real ist ein Drittel Deutschlands bewaldet – das sind etwa 90 Milliarden Bäume. Etwas mehr als die Hälfte davon sind Nadelbäume. Das größte zusammenhängende Waldgebiet Deutschlands ist der Pfälzerwald mit rund 179 800 Hektar. Der Gesamtvorrat an Holz in Deutschland beträgt 3,7 Milliarden Kubikmeter.[18] Ich finde, das sind alles unvorstellbar große Zahlen!

17 Vgl. T.W. Crowther et al: Mapping tree density at a global scale, In: Nature Nr. 525/2015 p. 201–205.

18 Vgl. www.sdw.de/waldwissen/wald-faq/.

Wie die Bäume und ihre Botschaften zu mir gekommen sind

> »Du bist nicht der Schöpfer von irgendetwas. Du bist lediglich ein Werkzeug für sein Erscheinen.«
> (Verfasser unbekannt)

Ich wurde im Harz geboren. Der Name kommt vom althochdeutschen »hard«, was »Bergwald« bedeutet. Da meine Eltern auch gern im Wald sind bzw. waren, bin ich ein Stück weit unter Bäumen aufgewachsen. Ich fühle mich schon seit meiner Kindheit der Natur sehr verbunden und bin gern und zu allen Jahreszeiten draußen. Mein Vater war Tischler und hat mir sein gutes Gefühl für Holz ebenso vererbt wie meine Oma ihren »grünen Daumen«. Schon als Kind wollte ich herausfinden, wie die Welt funktioniert. Daher ist mein Leben geprägt von dem Zusammenspiel von Handwerk, Naturwissenschaft, Spiritualität und dem Vermitteln von Wissen und Weisheit.

Seit damals hatte ich immer eine kleine oder auch größere Holzwerkstatt. In den 1990er Jahren leitete ich einige Jahre lang eine »Selbsthilfe-Tischlerei« und baute mit zwei weiteren Menschen zusammen ein kleines Fachwerkhaus. Dazu erschien 1998 ein Buch.[19]

Intuitive Kommunikation mit Pflanzen fiel mir schon immer leichter als die mit Tieren. Auch bei meinen Zimmer- und Gartenpflanzen weiß ich besser, was sie brauchen, als bei meiner Katze. Im Rahmen einer Ausbildung zur spirituellen Lehrerin zeigte sich dann 2015 noch deutlicher meine Fähigkeit, mit Bäumen zu kommuni-

19 A. Ohlhoff: Wir bauen ein Lehm-Fachwerkhaus.

zieren und Botschaften von ihnen zu empfangen. Auslöser dafür war das folgende Erlebnis:

In meinem Wohnzimmer habe ich schon seit Jahren einige Kisten mit Holzproben von inzwischen mehr als 200 verschiedenen Baumarten (fast) aus der ganzen Welt stehen. Ich fing an, die Hölzer zu sammeln, weil es oft schwierig ist, am Schnittholz die Baumart zu bestimmen. Wenn man aber eine Kiste voller Holzproben hat, geht das leichter. Inzwischen reicht mir oft auch eine dieser Holzproben, um mich mit dem Baum zu verbinden.

Während eines Seminars kam nun die Idee auf, Hölzer zu ziehen. Wir schauten dann die Bedeutungen in einem Buch nach. Diese passten so gut zu den jeweiligen Lebensthemen, dass ich den Auftrag bekam, für jeden in unserer Ausbildungsgruppe ein spezifisches Holzstück zu fertigen. Während dieses Prozesses spürte ich eine sehr starke innere Führung, die aber sofort aufhörte, sobald sich mein Verstand versuchte einzumischen. Intuitiv wurde ich darin geführt, wie ich das Holz zu bearbeiten hatte. Es war ein bisschen wie inneres Hören, Fühlen und auch Sehen gleichzeitig. Intuition lässt sich schwer mit Worten beschreiben, aber du kennst sie ja vielleicht selbst.

Technisch war das manchmal gar nicht so einfach umzusetzen. Ich erinnere mich noch genau, wie aus dem Apfelbaumholz eine Kugel werden sollte und ich mich an der Drechselbank tagelang abmühte und mehrmals aufgeben wollte … aber irgendwann wurde das Holzstück dann doch halbwegs rund.

Während des Prozesses bemerkte ich überrascht, dass ich auch Weisheiten von den Bäumen empfing. So bekamen die Menschen aus meiner Ausbildungsgruppe nicht nur ein Stück bearbeitetes Holz, sondern auch eine individuelle Botschaft für ihr Leben oder ihre Situation.

Danach ging es gleich weiter mit den Hölzern und den Bäumen. Plötzlich erhielt ich intuitiv die inneren Reisen zu den verschiedenen Baumarten.

Auch hierfür muss ich mich in einem Zustand innerer Ruhe befinden, sodass ich offen für das Empfangen bin. Dann werden mir eigene Lebensthemen oder Probleme bewusst, und es zeigen sich die dazu passenden Bäume mit ihren spezifischen Qualitäten und Fähigkeiten. Mit ihrer Hilfe gehe ich durch diese Themen, die nach mehr oder weniger intensiven Prozessen heilen oder sich auflösen können. Erst danach kann ich das Ganze strukturieren und aufschreiben. Dabei inspiriert mich neben den Bäumen natürlich auch meine Ausbildung und Arbeit als Coach, Oneness-Trainerin und spirituelle Lehrerin. Eine Auswahl dieser Innenreisen habe ich nun zusammengestellt – für dich!

Seitdem ist meine Beziehung zu den Bäumen und zu Hölzern intensiver und bewusster geworden. Ich lese viel Interessantes über sie, ich gehe sie gezielt (oder auch »zufällig«) besuchen. Ich setze oder stelle mich öfter zu den Bäumen, gehe in die Stille und nehme mit ihnen Kontakt auf. Oft bekomme ich beim Waldspaziergang Botschaften oder Hilfe von den Bäumen. Oder ich gehe konkret mit einer Frage oder einem Problem in den Wald (das mache ich schon seit meiner Kindheit so) und bekomme dann Antworten. Wenn ich allerdings zu sehr im Kopf bin, braucht es einige Zeit, bis ich in den Zustand des Empfangens komme. Mit den Bäumen, die ich oft besuche und gut kenne, bin ich ganz schnell in irgendeiner Art von Austausch. Manchmal führe ich Gruppen in den Wald, um sie anzuleiten, diese besondere Form des Miteinanders mit Bäumen zu erfahren. Ich bin sehr dankbar für diese besondere Fähigkeit, für dieses Geschenk. Als die Idee zu diesem Buch kam, dachte ich: Na, dann kann ich ja mal etwas für die Bäume tun und quasi als Übersetzerin ihre Botschaften in die Welt bringen. Aber dann ergab sich ziemlich schnell: Dies ist gar kein Buch für die Bäume, damit sie auch einmal etwas sagen können. Dies ist ein Buch für die Menschen. Ein Buch, das sie unterstützt auf ihrem Weg in ein bewussteres, heileres, freieres Leben – dabei wollen die Bäume ihnen helfen.

Die Arbeit mit diesem Buch

> »Immer wenn ich im Wald unterwegs war, komme ich bereichert und beseelt nach Hause.«

Aufbau der Baumkapitel

Jedes der Porträts trägt als Überschrift den oder die Namen des Baumes. Weil ein Name nicht von ungefähr kommt, sondern etwas über das Wesen, die besonderen Qualitäten des Baumes ausdrückt, habe ich oft Regionalnamen mit aufgeführt und im Text erläutert. Darunter finden sich der Artname, der lateinische Name und die Familie. Dadurch kannst du Verwandtschaften bzw. Nicht-Verwandtschaften zwischen den Baumarten feststellen.

Die vier Bilder mit den Baumbotschaften drücken die Hauptqualitäten des jeweiligen Baumes aus. Für meine Wahrnehmung sind Bäume zu komplex und zu vielfältig, um sie auf eine einzige Kernbotschaft zu reduzieren. Wenn du also nur schnell nachschlagen willst, wofür der Baum steht, kannst du einfach diese Bildkarten anschauen.

Danach folgt Wissenswertes über die jeweilige Baumart. Dabei habe ich mich erstens darauf konzentriert, was die Botschaften der Bäume fassbarer macht. Dadurch kannst du zumindest teilweise nachvollziehen, woher die Botschaft kommt und wie du sie assoziativ symbolisch deuten kannst. Und zweitens habe ich aufgeschrieben, was ich erwähnenswert finde, aber nicht in jedem Baumbuch zu finden ist. Fachbegriffe findest du im Anhang ab Seite 184 kurz erklärt.

Wenn du nicht allzu »exotisch« wohnst, dann kannst du alle Bäume in deiner näheren oder etwas weiteren Umgebung finden. Dazu gebe ich Ausflugstipps zu besonderen Exemplaren. Zum Beispiel wachsen fast überall Lärchen. Aber eine Lärchenallee ist ziemlich einmalig, was man von einer Lindenallee nicht sagen kann. Zum einen kannst du schauen, was es in der Umgebung von deinem Wohn-, Arbeits- und Urlaubsort an besonderen Bäumen gibt, die du besuchen kannst. Zum anderen ist es möglich, gezielt zu dem Baum zu fahren, mit dessen Thema du gerade beschäftigt bist. Das kann hilfreich zur Unterstützung deines eigenen Selbstcoaching-Prozesses sein.

Anschließend geht es um den Selbstcoaching-Prozess zu dem speziellen Thema des Baumes, beim Ahorn z. B. »mir meinen Raum nehmen, mich abgrenzen können«. Dieser Abschnitt beginnt mit einer Weisheitsgeschichte oder einem Märchen. Als Kind konnte ich mit Märchen nichts anfangen, heute liebe ich sie sehr und trage sie schon seit vielen Jahren zusammen, da sie mich immer wieder inspirieren und auf sanfte Weise lehren. Sie können dich an tief in dir verborgenes Wissen und bisher unbewusste Antworten auf deine Fragen erinnern. In der Innenreise wird das Thema dann vertieft und in deinem eigenen Leben bewusst gemacht, also z. B.: »Nehme ich mir meinen Raum?«, »Kann ich mich gut abgrenzen?« Mithilfe der Qualitäten des jeweiligen Baumes können dann bestehende Probleme oder innere Blockaden bei diesem Thema bewusst gemacht, befreit und gewandelt werden. Der Ahorn z. B. ist ein Meister im Abgrenzen, und ich habe eine Menge von ihm gelernt!

Wenn du intensiver mit einem Thema beschäftigt bist, hilft es, den passenden Baum zu besuchen. Eine Anleitung dazu findest du ab Seite 169. Lasse dir von dem Baum dann ein Blatt, eine Frucht oder ein Stück Holz schenken, das du zu Hause in der Hand halten kannst, während du die Innenreise machst. Das verbindet dich noch stärker mit den Qualitäten des Baumes.

Die Innenreisen als Jahresprogramm

»In der Natur fühlen wir uns wohl, weil sie kein Urteil über uns hat.«
(Friedrich Nietzsche)

22 einheimische Bäume bieten dir in diesem Buch ihre Botschaften und Innenreisen an, angefangen bei der Weide mit dem Thema »Verantwortung für mein Leben übernehmen« über den Apfelbaum, dessen Botschaft des »Reifenlassens« ich gerade in der heutigen Zeit so wichtig finde, wo alles immer sofort passieren muss, bis zum Holunder mit dem Thema »in die Erfüllung kommen«. Die Bäume sind nach den Themen der Innenreisen sortiert. Es hilft, die Innenreisen in der angegebenen Reihenfolge zu durchlaufen, denn sie bauen thematisch aufeinander auf. Gehst du etwa zwei- bis dreiwöchentlich zum nächsten Baum über – je nachdem, wie wichtig oder belastend das Thema für dich ist –, brauchst du ungefähr ein Jahr für den gesamtem Selbstcoaching-Prozess. Ich habe diesen Jahresprozess inzwischen mehrfach komplett durchlaufen und jeweils am Herbstanfang begonnen mit Weide, Espe, Ahorn usw. Es geht dann in die dunkle Jahreszeit, was gut zu der ersten Hälfte der Innenreisen passt, die sich u. a. mit den Themen »Altes verabschieden und loslassen« und »Beziehungen heilen und vergeben« beschäftigen. Der zweite Teil der Innenreisen beginnt dann am Frühlingsanfang, wenn es in die helle Jahreshälfte geht. Themen sind z. B. »Neues in mein Leben bringen bzw. entstehen lassen«, was du auf mehr Lebendigkeit, mehr Freude am Sein, mehr Fülle oder mehr Erfüllung beziehen kannst. Der Jahresprozess endet im Sommer mit dem Holunder und dem Thema »in die Fülle, die Erfüllung kommen«. Die Themen »mich selbst kennen- und lieben lernen«, »Denk-, Verhaltens- und Glaubensmuster erkennen und wandeln« sowie »Selbstwert und Selbstvertrauen stärken« kommen (fast) in jeder Innenreise vor. Du

kannst natürlich zu jedem beliebigen Zeitpunkt mit dem Jahresprogramm beginnen – lasse dich nicht davon abhalten, falls z. B. gerade Weihnachten ist.

Wie du mit den Innenreisen arbeiten kannst

Wenn ich gerade ein inneres Thema habe, mit dem ich weiterkommen möchte, dann suche ich mir den passenden Baum dafür. Oder der passende Baum findet mich, indem ich von ihm angezogen werde. Dann verbinde ich mich gezielt mit ihm, lasse mich inspirieren und mir von ihm in meinem Prozess helfen, indem ich mit ihm auf Innenreise gehe.

Du kannst alle diese Innenreisen zu Hause auf dem Sofa durchführen und musst dafür nicht hinaus in den Wald gehen. Ich tue das aber oft und setze mich bewusst zu dem entsprechenden Baum. Das hilft mir, mich mit der besonderen Baumqualität zu verbinden. Ganz gleich, wo du bist: Achte darauf, dass du für die Zeit des Prozesses geschützt und möglichst ungestört bist.

Wenn du möchtest, kannst du zu Beginn das entsprechende Porträt lesen, um dich mit den Qualitäten des jeweiligen Baumes zu verbinden. Lies vor der Innenreise die Geschichte, denn sie hilft dir, dich für das Thema zu öffnen, um das es geht.

Danach lies dir die Innenreise zunächst komplett durch. Schaue dir dann den ersten Abschnitt noch einmal an, schließe die Augen, und lasse die Aussagen, Bilder und Fragen auf dich wirken. Reflektiere das Gelesene. Beobachte, was in deinem Inneren passiert: Welche Gefühle, Gedanken, Bilder und Assoziationen steigen auf?[20]

Fahre dann mit dem nächsten Abschnitt und entsprechend bis zum Ende fort. Falls starke Emotionen aufkommen, nimm dir die Zeit und den Raum, diese bis zum Ende zu fühlen, d. h., bis das Gefühl von allein verschwindet und sich Freude ausbreitet. Dadurch geschieht Heilung! Lasse dich darauf ein. Bleibe am Ende einige Momente still sitzen, und lasse dabei deine Gedanken schweifen. Es ist hilfreich, Erfahrungen, Bilder und Assoziationen in eine Art Coaching-Tagebuch zu schreiben bzw. zu skizzieren und sich diese Notizen z. B. vor der nächsten Innenreise noch einmal anzuschauen.

Es kann passieren, dass das Thema nach der Innenreise noch weiter in dir arbeitet, dir Situationen, Glaubensmuster oder Gewohnheiten in deinem Leben bewusst werden. Dann lasse es arbeiten und sich wandeln – das Bewusstwerden ist schon der erste und wichtigste Schritt dafür. Hole dir ggf. Hilfe von dem jeweiligen Baum: innerlich als Bild oder äußerlich, indem du ihn besuchst. Es kann auch hilfreich sein, sich die Innenreise für einige Zeit wiederholt durchzulesen, z. B. morgens im Bett oder abends vor dem Einschlafen. Schon das achtsame Lesen ist »Balsam für die Seele«, wie mir eine Freundin als Rückmeldung schrieb. Wenn das Thema dich weiter verfolgt, solltest du einige Tage später dieselbe Innenreise mit der dann aktuellen Situation wiederholen. Du wirst erstaunt sein, was sich verändert hat! Und mit der Zeit wirst du deine eigene Umgangsweise mit dem Selbstcoaching-Prozess entwickeln.

Viel Freude, Erfolg, Bewusstwerdung und Heilung wünsche ich dir!

20 Schön ist es auch, den Prozess zu zweit zu machen. Dann kann einer vorlesen (auf Pausen achten!) und der andere sich ganz auf das innere Wahrnehmen konzentrieren. Anschließend könnt ihr wechseln.

SELBSTCOACHING MIT DER WEISHEIT DER BÄUME

WEIDE

Verantwortung für mein Leben übernehmen

Silberweide (Salix alba),
Familie der Weidengewächse (Salicaceae)

Der Baum

Die Weide wächst fast in ganz Europa und steht bevorzugt nah am Wasser. Ihr lateinischer Name »Salix« kommt vom keltischen »sal«, »nahe« und »lis«, »Wasser«. Auch wochenlange Zeiten der Überschwemmung machen dem Baum nichts aus. Die Weide ist neben der Pappel der schnellwüchsigste Baum. So rasch, wie sie wächst, so bald verausgabt sie sich auch und stirbt. Sie wird nur 80–120 Jahre alt. Ihr Holz ist weich und fault schnell. In hohlen alten Weidenbäumen bin ich als Kind oft herumgeklettert. Alle Gegenstände, die aus Weide gefertigt werden, dienen zum Aufnehmen von etwas: geflochtene Körbe, Stühle, Backtröge, Boote, Holzschuhe, auch Zäune und Flechtwände.[1] Weidenruten sind extrem biegsam und elastisch. Das Wort »Weide« kommt von dem indogermanischen Wort »uei«, das »biegen, winden, flechten« bedeutet. Davon abgeleitet wurden auch die Wörter »weich«, »Weib«, »winden« und »Wand«.[2]

Die Weide mit ihrem schnellen Wachsen und Vergehen steht in Beziehung zum Mond, der auch stetig zu- und abnimmt. Sie wird assoziiert mit der weiblichen Energie, den Gefühlen, dem zweiten Chakra und dem Element Wasser. Alles Weiche, Biegsame, Wässrige, Aufnehmende, Feuchte, Kühle gilt als »mondhaft«, so, wie der Mond das Licht der Sonne sanft aufnimmt und reflektiert, anstatt selbst zu leuchten.

Weiden sind unglaublich kreativ. Es gibt (je nach Auslegung des Artbegriffs, siehe Seite 184) 300–500 verschiedene Arten, von denen etwa 50 in Mitteleuropa vorkommen. Neben stattlichen Bäumen kann man gerade im Hochgebirge viele verschiedene Zwergweiden finden, die oftmals kaum eine Höhe von 10 Zentimetern erreichen. Der Botaniker Carl von Linné hat sie als die »kleinsten Bäume der Welt« bezeichnet.[3]

1 Vgl. F. Hageneder: Der Geist der Bäume.
2 Vgl. W.-D. Storl: Pflanzen der Kelten.
3 Vgl. S. Fischer-Rizzi: Blätter von Bäumen.

Die Weide blüht sehr früh im Jahr, oft schon Ende Februar oder Anfang März, weshalb sie eine wichtige Nahrungsquelle für Bienen ist. Keltische Stämme feierten das Fest der Wiedergeburt der Natur zur Zeit der Weidenblüte und steckten Weidenzweige in die Erde ihrer Felder, um deren Fruchtbarkeit zu erhalten. Weiden haben eine enorme Regenerationsfähigkeit und Lebenskraft. Abgeschnittene Zweige, aber erstaunlicherweise auch dicke Stämme treiben neu aus, sofern es ausreichend feucht ist. Außer viel Wasser brauchen sie wenig und sind sehr anpassungsfähig. Die Weide steht für Erneuerung und Wiedergeburt und versinnbildlicht die Stärke in der (vermeintlichen) Schwäche. Die blühende Weide steht schon seit alten Zeiten in Verbindung mit der Lichtgöttin Brigid, der Muse der Heilerinnen und Zauberer.

Früher wurden Fieber und Gicht von Heilern oft in hohle Weidenbäume gebannt.[4] In der Weidenrinde steckt der Stoff Salicin, ein schmerzstillendes, fiebersenkendes und entzündungshemmendes Mittel, das heute als Aspirin (Acetylsalicylsäure) auf dem Markt ist und nachweislich seit 700 v. Chr. von Menschen genutzt wird. Außerdem wirkt Weidenrinde antirheumatisch: Dort, wo der Schmerz entsteht und sichtbar wird (im Feuchten), entsteht auch das Heilmittel dafür. Eine geniale Schöpfung der Natur!

Unter Weiden zu sitzen, wirkt beruhigend und lösend – ich kann es jedem nur empfehlen! Gerade bei Trauer und Enttäuschung nach Verlust oder Trennung haben mir die Weiden schon des Öfteren geholfen. Die Tränen kommen leichter und vergehen schneller. Kein Wunder, ist die Weide doch der Baum des Wassers.

4 Vgl. W.-D. Storl: Pflanzen der Kelten.

So, wie sie sich im Wasser spiegelt, kann sie (wie ihre Bachblüte »Willow«) helfen, unser eigenes Leben im Spiegel zu betrachten, und uns in die Eigenverantwortung bringen.

Schmerzen – körperliche wie seelische – verschwinden, sanfte Heilung geschieht.

Weiden besuchen

Als Kind hatte ich einen Lieblingsbaum: Auf dem Weg zur Schule stand eine Goldweide, deren leuchtend hellgrüne Blättchen und goldgelbe Zweige mich faszinierten. Immer wieder habe ich bei ihr verweilt. Ihre im Herbst abfallenden Zweige haben mich damals inspiriert, erste Korbflechtereien zu versuchen. So ist intuitiv-spielerisch ein geflochtener Korb entstanden, der einige Jahre lang den Papierabfall meiner Eltern aufgenommen hat.

In **Kleingartach-Eppingen,** 25 Kilometer westlich von Heilbronn in Baden-Württemberg, gibt es ein Arboretum mit über 50 verschiedenen Weidenarten. Daneben stehen kunstvolle Weideninstallationen: geflochtene Kugeln, »Spinnennetze« und ganze Weidenskulpturen! Wer in der Nähe ist, sollte sich den Weidengarten nicht entgehen lassen.[5]

2019 habe ich Mittelsibirien im Rahmen einer biologischen Expedition besucht. Besonders das Gebiet rund um den **Baikalsee** ist bei Weiden beliebt. Der Ostsajan, ein Gebirgszug westlich des Baikalsees, beheimatet 32 verschiedene Weidenarten und damit eine besonders große biologische Vielfalt. Im üppig bewachsenen Selenga-Delta am Ostufer des Baikal sind 90 Prozent der dort wachsenden Baum- und Straucharten Weiden. An vielen Stellen ist es wirklich schwierig, durch das Weidendickicht bis an den See heranzukommen.

5 www.kleingartacher-weidenlehrpfad.de

Selbstcoaching mit der Weide: Verantwortung für mein Leben übernehmen

»Wem du die Schuld gibst,
dem gibst du auch die Macht.«
(Verfasser unbekannt)

Der Student und die Weide

Ein junger Mann begann, Informatik zu studieren. Es war sein Ziel, eine eigene Softwarefirma zu leiten und neben viel Geld ein eigenes Haus, ein Segelboot und ein kleines Flugzeug zu besitzen. So kam er an die Hochschule, war aber bald enttäuscht und unzufrieden, weil in seinem Studium nicht alles so lief, wie er es sich vorgestellt hatte. Das Studentenleben stellte sich als mühsamer heraus als gedacht. Und seine Kommilitonen zogen sich bald von ihm zurück, weil er ständig recht haben wollte, sich schlecht behandelt fühlte und einen Schuldigen für seine Unzufriedenheit suchte und natürlich auch fand. So wurde er nach und nach zum Einzelgänger. Auch fachlich kam er nicht wirklich gut voran, denn in seiner Unlust und Unzufriedenheit merkte er gar nicht, wie er immer weniger Zeit ins Lernen investierte. Als er das erste Mal durch eine Prüfung fiel, war sein Urteil klar: Der Professor war unfair gewesen und hatte ihm schwierigere Fragen gegeben als den anderen. So gingen die Studienjahre dahin, und irgendwie schaffte er mit Mühe und Not seinen Abschluss. Natürlich ärgerte er sich über seine schlechten Noten, aber er hatte nun ein Diplom und gründete sofort seine eigene Firma.

Da er keine Mitarbeiter finden konnte, die seinen Ansprüchen genügten, blieb er zunächst allein. Aber auch ein Kundenstamm wollte sich nicht so recht aufbauen, weil er auch zu Auftraggebern – ohne es zu merken – unfreundlich war, ihnen gegenüber über seinen wirtschaftlichen Misserfolg jammerte und sich als Opfer der Verhältnisse darstellte.

So gingen einige Jahre mehr schlecht als recht dahin, und seine Träume vom eigenen Haus, Segelboot und Flugzeug rückten in weite Ferne. Bei einer Konjunkturflaute musste er schließlich Konkurs anmelden.

Als er wieder einmal aus Langeweile spazieren ging, kam er an einen kleinen See. Die Sonne schien heiß herab, und so stellte er sich auf der Suche nach Schatten unter eine alte Weide mit ausladenden Ästen. Arbeitslos, verschuldet, enttäuscht und unzufrieden machte er seinem Ärger Luft, indem er laut auf Gott und die Welt schimpfte. Er fühlte sich vom Leben betrogen. Seine Tirade war gerade auf dem Höhepunkt, als sein Blick in den See fiel und er plötzlich sein Spiegelbild und das der Weide im Wasser wahrnahm. Und nun geschah etwas Wundersames mit ihm: Seine Gedanken wurden langsam ruhiger, und er vernahm das Rauschen der Blätter. Es war fast wie ein Traum, mitten am Tage! Je mehr er sich seinem Spiegelbild zuwandte und sich dem Hören öffnete, desto stiller wurde es in ihm. Und plötzlich kamen ganz neue Gedanken und Bilder zu ihm. Er sah sein bisheriges Leben vor sich. Sah, wie er immer anderen und den Umständen die Schuld an seinem Misserfolg gegeben hatte. Und er konnte nun zum ersten Mal seinen eigenen Beitrag an seinem Geschick erkennen. Er verstand, wie starr und selbstbezogen er gewesen war, wie wenig er sich für andere interessiert hatte, wie urteilend er gewesen war. Er sah, dass er sein Leid selbst geschaffen hatte, seine Einsamkeit, seinen beruflichen Misserfolg. Eine große Traurigkeit überkam ihn. Doch dann sah er, wie die Weide aus ihrem alten hohlen Stamm immer wieder neue Zweige trieb, die golden in der Sonne leuchteten. Und er fand neuen Mut. Ja, auch er konnte neu anfangen – er spürte es plötzlich ganz deutlich! Er konnte jetzt sein Leben selbst in die Hand nehmen und es eigenverantwortlich gestalten. Während er so unter der Weide stand, wurde er innerlich noch stiller und begann, bewusst zu lauschen, was die Weide ihm zuflüsterte. Und er erhielt eine Vision seines zukünftigen Lebens: Er wollte nicht mehr Computer installieren. Er wollte etwas Neues erschaffen, was Menschen helfen würde, ihre Fähigkeiten untereinander weiterzugeben. Ja, er wollte Menschen vernetzen, die sich helfen und unterstützen könnten. So begann er sein neues Projekt. Und siehe da: Nach kurzer Zeit knüpfte er neue Kontakte, und sogar Freundschaften entstanden. Und wenn es Rückschläge gab, erinnerte er sich an seinen Tagtraum und die Erkenntnis, dass er anpassungsfähig, flexibel und biegsam wie die Weide mit dem Fluss des Lebens schwimmen konnte.

Innenreise

Schließe deine Augen, und verbinde dich mit deiner inneren Führung. Bitte sie, dich zu leiten und zu begleiten.
Stelle dir vor, wie du spazieren gehst, um eine Weide zu besuchen. Du kommst an ein Gewässer, an einen Bach, Fluss oder See, denn hier ist ihr bevorzugter Lebensraum. Vielleicht kannst du sie schon sehen: einen oder auch mehrere Weidenbäume. Eine von ihnen wirkt besonders anziehend auf dich. Sie scheint dich geradezu zu sich zu rufen. Vielleicht ist sie dick und hat einen hohlen Stamm, vielleicht wächst sie fast waagerecht zum Wasser hin. Wie auch immer: Du kannst dich unter ihre weit ausladenden Zweige setzen wie unter ein Zelt. Mache es dir bequem, entspanne dich. Die Weide behütet dich.
Du sitzt am Wasser. Vielleicht hörst du es plätschern, vielleicht riechst oder schmeckst du es. Spüre, wie die Weide dich empfängt, dich annimmt und aufnimmt. Sie lässt dich ein, so, wie du dich einlässt.
Sieh ins Wasser: Du kannst dich darin spiegeln. Die Weide hält dir den Spiegel vor. Sieh hinein, fühle hinein! Schaue, ob du in allen Bereichen deines Lebens die volle Verantwortung übernimmst. Machst du jemanden oder etwas verantwortlich für deine Lebensumstände? Siehst du dich

als Spielball der Umstände, als deinen Gewohnheiten ausgeliefert? Fühlst du dich als Opfer des Schicksals? Gibst du anderen die Schuld, dass du nicht glücklich genug, nicht wohlhabend genug, nicht erfolgreich genug, nicht gesund genug bist? Beklagst du dich darüber, dass du nicht genug Zeit hast, nicht den passenden Job, nicht genügend oder zu viele Herausforderungen, dass du eigentlich einen ganz anderen Traum hast oder hattest? Ärgert es dich, dass du unglücklich in deiner Beziehung bist oder keine Beziehung hast? Gibst du die Verantwortung ab, indem du hoffst, irgendwer wird es schon richten? Oder bist du verbittert, weil es das Leben scheinbar in manchen Bereichen nicht gut mit dir meint, du dich ungerecht behandelt fühlst, zu kurz gekommen im Vergleich mit den anderen? Vielleicht hast du dich zurückgezogen und denkst: Es hat keinen Sinn, die Welt ist ungerecht, und ich bekomme sowieso nicht, was mir zusteht, ich habe nie so viel Glück wie andere.

Ja, natürlich: Du kannst anderen die Schuld für dein Leiden geben, du kannst dein Leben als Strafe sehen, dich zurückziehen und wehklagen. Das ist bequem, trotz all des Schmerzes, den du fühlst, weil du damit die Verantwortung für dein Leben an andere abgibst. Aber damit gibst du ihnen auch die Macht über dich. Willst du das wirklich? Oder möchtest du lieber selbst die Verantwortung für dein Leben übernehmen und mächtig sein? Entscheide dich – jetzt!

Wenn du dein Leben von nun an in allen Bereichen selbst in die Hand nehmen willst, dann lasse dir von der Weide eine Situation aus deinem Leben zeigen, in der du genau dies bisher nicht getan hast.

Verbinde dich innerlich mit der Weide, sieh und fühle in den Weidenspiegel hinein, und empfange, was jetzt zu dir kommt. Lasse dir zeigen, wie du diese Situation selbst erschaffen hast. Sieh, wie du bewusst oder unbewusst entschieden hast, so zu leben. Wie du Ja gesagt hast zu diesem Job, zu dieser Beziehung, zu dieser Wohnung, zu diesem ungesunden Lebensstil, zu dem, was dich unglücklich macht. Schaue dir an, wie du es hast geschehen lassen, ohne Nein zu sagen oder um Hilfe zu bitten. Wie du dich angepasst hast, ohne etwas Neues zu versuchen. Es ist nicht die Strafe Gottes, das Schicksal, die Schuld der anderen … Erkenne, welcher dein eigener Anteil an deiner Situation ist. Du bist kein Opfer! Du bist, bewusst oder unbewusst, der Schöpfer deines Lebens!

Vielleicht ist es schmerzlich für dich, dir das einzugestehen. Dann verbinde dich jetzt mit der Qualität der Trauerweide. Sie löst alten Schmerz, alte Angewohnheiten, erweicht und erneuert. Gestauter Schmerz, gestaute Wut, Ohnmacht, alles kann sich jetzt befreien. Mit ihrer bitteren Rinde kann die Weide Bitterkeit auflösen und

Schmerzen heilen – nicht nur körperliche, auch seelische Schmerzen. Du sitzt am Wasser, unter dieser wundervollen Weide, eingebunden in ihren Kreislauf. Lasse das Wasser durch deinen Körper fließen, erlaube ihm, ihn zu reinigen von Verspannungen, Verhärtungen, Vergiftungen … Fühle, wie das Wasser durch dich strömt, wie es dich reinigt. Höre es plätschern, rieche und schmecke das frische Wasser. Das Wasser der Weide fließt durch deine Gefühle. Du kannst jetzt den Schmerz, den Groll, die Bitterkeit, die Verletzungen fühlen, mit ihnen fließen. Und dann lasse alles von dem Wasser, an dem du sitzt, sanft davontragen. Erlaube dem Wasser nun auch, durch deine Gedanken zu fließen, sodass auch Schuldzuweisungen, Be- und Verurteilungen forttreiben können.

Verzeihe dir! Wir Menschen fühlen uns manchmal als Opfer, manchmal als Schöpfer unseres Lebens. So lernen wir und entwickeln uns. Wenn du gesehen hast, wie du deine Lebensumstände selbst mitverursacht hast, dann kannst du sie auch ändern und neu erschaffen. Die Weide hat eine enorme Regenerationskraft. Sie steht für Erneuerung und Wiedergeburt. Sie kann dir helfen, dich dem Leben zu stellen. Sie zeigt dir, wie du biegsam und geschmeidig mit den Herausforderungen des Lebens umgehen, wie du mit dem Fluss des Lebens fließen kannst.

Frage dich selbst, ob du jetzt bereit bist, die volle Verantwortung für dein Leben zu übernehmen. Wenn die Antwort »Ja« lautet, kannst du die Weide bitten, dich immer wieder an diese Bereitschaft zu erinnern.

Schaue ins Wasser, schaue in den Weidenspiegel, höre, fühle, rieche, schmecke die Situation. Bitte darum, dass dir jetzt Schritte gezeigt werden, die du tun kannst, damit sich dein Leben in die gewünschte Richtung verändert. Du siehst, was du jetzt tun kannst, lassen oder ändern kannst, um dein Leben bewusst zu gestalten, um geschmeidig in deinem Lebensfluss zu schwimmen. Sei der Schöpfer deines Lebens – jetzt!

Abschließend bedanke dich bei der Weide für ihre Hilfe, bedanke dich bei deiner inneren Führung, und bedanke dich bei dir selbst, dass du dich darauf eingelassen hast, dich deinem Leben zu stellen.

Komme langsam wieder im Hier und Jetzt an, spüre deinen Körper, und öffne deine Augen.

ESPE, ASPE, ZITTERPAPPEL

Verlorenes freigeben, Abschied nehmen

Espe (Populus tremula),
Familie der Weidengewächse (Salicaceae)

Der Baum

Die Espe, Aspe oder Zitterpappel hört man schon von Weitem rauschen, denn ihre langen, elastischen und abgeflachten Blattstiele lassen die Blätter schon beim leisesten Windhauch erzittern – daher kommt der Spruch »zittern wie Espenlaub« und der lateinische Artname »tremula«, »zittern«. Die »Botschaft der Götter« kann durch sie orakelhaft zu uns kommen. Folglich ist sie mit dem Element Luft und Merkur bzw. Hermes, dem Götterboten, assoziiert. Durch die starke Bewegung der Blätter wird mehr Feuchtigkeit verdunstet, und sie können auf der Vorder- und der Rückseite Fotosynthese betreiben, sodass der Baum mehr Nährstoffe und Wasser aus dem Boden saugen und schneller wachsen kann – über 1 Meter pro Jahr ist möglich!

Zum Vergleich: Eiche oder Buche schaffen in derselben Zeit nur einige Zentimeter.[6] Dabei verausgabt sich die Espe schnell und wird nicht alt. Sie entwässert und entgiftet nicht nur den Boden, sondern kann auch unseren Körper entwässern und bei Rheuma, Gicht, Nieren- und Blasenproblemen helfen. Keltische Heilerinnen und moderne Kräuterfrauen stellten schmerzlindernde Pappelsalbe aus den Knospen her und nutzten die Rinde als Wundverband.[7] Die Espe ist ein Symbol für Hingabe, Flexibilität und Toleranz. Sie liebt das Licht und ist der schnellwüchsigste Baum in unseren Gegenden. Deshalb und, weil ihr Holz nicht rußt, bestehen Streichhölzer aus Espenholz. Ansonsten wird sie heutzutage zu Sperrholz und Zellulose verarbeitet.

Die Espe, die ihre weiße Samenwolle im Frühjahr in die Welt fliegen lässt, gilt als Baum der großen Abschiede. Manchmal nimmt uns das Leben etwas Liebgewonnenes: einen Menschen durch Tod oder Trennung, einen Job, eine körperliche Fähigkeit. Die Espe kann uns dann helfen, unsere Anhaftung an das Verlorene zu erkennen, um es nach einer Zeit der Trauer freizugeben und loszulassen. Sie wirkt gegen Stagnation und symbolisiert Bewegung.

6 Vgl. P. Wohlleben: Bäume verstehen.
7 Vgl. W.-D. Storl: Pflanzen der Kelten.

Im Gegensatz zur Weide wird die Espe windbestäubt. Die winzigen Samen können weit fliegen, denn sie wiegen weniger als 1 Milligramm und haben nur wenig Reservestoffe bei sich.[8] Die Espe ist ein Pionierbaum. Nach der letzten Eiszeit besiedelten Espen und Moorbirken als erste Bäume das noch nasse Land. Espen können ein undurchdringliches Gestrüpp von Hunderten von Ablegern bilden und schützen sich dadurch vor Fressfeinden. Damit symbolisieren sie das eine im vielen und das viele im einen.

Wenn wir zusehen, wie die Sonne die silber-grünen Blätter im Wind glitzern und flimmern lässt, wie die Espe Impulse und Herausforderungen aus allen Windrichtungen aufnimmt und damit spielt, kann uns das Zuversicht, innere Stärke und Frieden geben. Selbst hochsensibel, kann sie auch feinfühligen Menschen helfen. Sie lindert Ängste, besonders die schwer fassbaren oder unbewussten Ängste, Ängste vor dem Unbekannten oder vor der Dunkelheit. Sie ist für uns da, wenn Vorahnungen uns in Schrecken versetzen. Insbesondere die Bachblüte Aspen, die aus den Blüten der Zitterpappel gewonnen wird, kann helfen, aus dem Unbewussten aufsteigende Botschaften einzuordnen, zu integrieren und zu interpretieren. Dadurch können aus Ängsten Gelegenheiten werden, und wir trauen uns, uns auf neue Erfahrungen einzulassen.

Übrigens wurden zu keltischen Zeiten tatsächlich Kampfschilde aus Espenholz gefertigt, obwohl es sehr weich ist. Außerdem ist es aber auch leicht und aufgrund der Verfilzung der Fasern zäh und splitterfest. Und ein »Schild gegen die Angst« ist im Krieg sicher auch nicht zu verachten.[9]

8 Vgl. P. Wohlleben: Bäume verstehen.
9 Vgl. F. Hageneder: Der Geist der Bäume.

Espen besuchen

Auf einem Baumspaziergang habe ich mich einige Zeit unter die Krone einer Espe gelegt. Ich lag dort in völliger Hingabe, genau wie die Espe über mir. Um mich herum stürmte es, ich aber lag am Boden in der Ruhe, Stille und Geborgenheit des Baumes. Sich hinzugeben, ist auch eine Form von Schutz. Die Espe behütet uns, indem sie uns genau dabei hilft. Wenn ich mich dem Leben hingebe und einverstanden bin mit dem, was ist, gibt es nichts Schlimmes zu befürchten.

Vielleicht möchtest du einmal Espen besuchen, ihrem Lichtspiel zusehen, ihnen zuhören, dich auf sie einlassen und lauschen. Welche Botschaft hat die Espe wohl für dich?

Im **Fishlake National Forest** in Utah, USA, gibt es eine (!) Amerikanische Zitterpappel (Populus tremuloides), die aus 40 000 Stämmen besteht und eine Fläche von 400 000 Quadratmetern einnimmt. Die einzelnen Stämme sind über Rhizome miteinander verbunden und bilden somit einen einzigen Organismus. Dieser hat den Namen »Pando« bekommen von lateinisch »pandere«, »ausbreiten«. Er gilt als das älteste und schwerste bekannte Lebewesen der Erde. Die einzelnen Baumstämme sind im Durchschnitt 130 Jahre alt. Das Alter von Pando als Ganzes wird aufgrund seiner Größe auf mindestens 80 000 Jahre geschätzt.[10]

10 www.fs.usda.gov/fishlake.

Selbstcoaching mit der Espe: Verlorenes freigeben, Abschied nehmen

»Alles, was wir empfangen,
müssen wir auch wieder loslassen –
ein Grundgesetz des Lebens.«
(Ulf Münkemüller)

Der Heilige und der König (eine Geschichte aus Indien)

In einem weit entfernten Königreich lebt ein heiliger Mann. Er wird vom König verehrt, und die beiden führen oft tiefsinnige Gespräche. Um dem Heiligen noch näher zu sein, beschließt der König eines Tages, ihn einzuladen, in seinem Palast zu wohnen. Er richtet alles aufs Beste, aber tief in seinem Inneren hofft der König, dass er ablehnen wird. Ein Heiliger hat unter seinem Baum zu sitzen und sonst nichts. Aber der Heilige sagt zu und zieht in den Palast. Er trägt die goldenen Kleider, die ihm der König anbietet, sitzt in der Kutsche neben ihm und genießt offenbar das bequeme Leben am Hof. Der König ist irritiert. »Was ist eigentlich der Unterschied zwischen ihm und mir?«, denkt der König. Der Heilige genießt nur all den Luxus, während der König sich auch noch um die Regierungsgeschäfte kümmern muss. Der König fühlt sich ausgenutzt und betrogen und wird immer finsterer. Die schönen Gespräche gibt es schon lange nicht mehr. Er geht dem offensichtlichen Betrüger immer häufiger aus dem Weg. Irgendwann hält es der König nicht mehr aus und fragt den Heiligen: »Was ist eigentlich der Unterschied zwischen deiner angeblichen Heiligkeit und meinem weltlichen Königsein?« Der Heilige lächelt – auf diese Frage hat er schon länger gewartet. »Begleite mich ein Stück, und ich werde deine Frage beantworten.«

Der heilige Mann und der König laufen eine ganze Weile. Endlich kommen sie an der Grenze des Königreichs an. Der Heilige zieht die goldenen Kleider aus, gibt sie dem König und sagt: »Das ist der Unterschied zwischen mir und dir: Ich benutze die Kleider, aber ich hänge nicht daran. Sie bedeuten mir nichts, ebenso wenig wie der Luxus am Königshof. Ich werde nun in die Wälder gehen. Kommst du mit mir?« Der König kann nicht. Die Verpflichtungen und die Familie binden ihn. Und in einer Höhle will er auch nicht leben, er findet seinen Palast nämlich sehr schön. Und während der Heilige sich vor ihm verbeugt und dann in den Wäldern verschwindet, wird dem König bewusst, was der Unterschied zwischen ihnen ist: Der wahre Heilige benutzt die Dinge der Welt, aber er hängt nicht an ihnen. Frei und ungebunden, ist ihm alles gleich – der Palast wie die Höhle.

Innenreise

Auch im wirklichen Leben sind wir manchmal »der Heilige«, also frei und ungebunden, und manchmal sind wir »der König«, unfrei und verhaftet. Bisweilen glauben wir, wir hafteten an nichts an, doch wenn uns das Leben dann etwas Liebgewonnenes nimmt, merken wir, wie sehr wir daran hängen, es nicht loslassen wollen, unter dem Verlust leiden und es zurückbekommen wollen. Dann erkennen wir, wie unfrei wir wirklich sind.
Ja, wir brauchen Halt im Leben. Solange wir den nicht in uns finden, suchen wir ihn im Außen, halten an Menschen und Gegenständen fest und wollen sie nicht wieder loslassen. Wir haben vergessen, dass wir getragen und gehalten werden im großen Gefüge des Daseins.

Schließe deine Augen, und verbinde dich mit deiner inneren Führung. Bitte sie, dich zu leiten und zu begleiten. Betrachte dein Leben dahin gehend, wo dir etwas genommen wurde, dem du nachtrauerst, einen Verlust erlitten hast, den du nicht akzeptieren willst oder kannst. Das kann der Verlust eines geliebten Menschen sein, den du durch Trennung oder Tod verloren hast, das kann der Verlust deines Jobs sein, der Verlust einer geliebten Sache wie deines Autos, deiner Wohnung oder deines Geldes. Das kann auch der Verlust einer körperlichen Fähigkeit sein, etwas, was du früher konntest: laufen, Fußball spielen, balancieren, den großen Zeh in den Mund stecken. Vielleicht ist es auch der Verlust einer Vorstellung, eines Selbstbildes, eines tollen Gefühls, einer Verbundenheit. Lasse kommen, was jetzt kommen möchte! Nimm das Erste, was sich dir zeigt.
Jetzt lade innerlich die Espe, die Zitterpappel, ein, und verbinde dich mit ihr. Schon von Weitem hörst du sie rauschen, ihre Blätter sich vom leisesten Windhauch bewegen. Die Espe raunt uns die Botschaft des Göttlichen zu. Sie ist der Baum der großen Abschiede und kann uns helfen, unsere Anhaftung an Verlorenes zu erkennen und loszulassen.
Nimm diese Qualität der Espe jetzt zu dir. Erinnere dich an den Verlust, den du nicht akzeptieren kannst oder willst, an das Verlorene, das du vermisst. Bitte die Espe, dir jetzt zu zeigen, was dein Anhaften an diese Sache ist, wo dein Ego nicht von seiner Idee loslassen will, wie die Welt zu sein hat, wie dein Leben zu sein hat. Erkenne, wo dein Ego etwas anderes will, als jetzt da ist. Womit ist dein Ego nicht einverstanden, im Widerstand mit dem Fluss des Lebens? Wo soll dein Wille geschehen und nicht der kosmische Wille? Sieh, wo du den Lauf der Welt anhalten oder ändern willst.

Wenn du die Anhaftung gesehen hast, verzeihe dir! Wir Menschen haften an, und wir lassen los. Auf diese Art lernen wir und entwickeln uns.
Nun ist es an der Zeit, traurig zu sein über das Verlorene und Abschied zu nehmen. Es ist ein Verlust. Sei traurig, nicht, weil dein Ego verletzt ist, sondern wegen des realen Verlustes. Lasse die Trauer zu, und gib ihr Zeit und Raum, da sein zu dürfen. Heiße sie willkommen. Fühle sie so intensiv und tief, wie es dir jetzt möglich ist.
Verbinde dich mit den besonderen Qualitäten der Espe. Stelle dir vor, wie du dich an ihren starken Stamm lehnst und von ihrer Energie einhüllen lässt. Der Baum liebt das Licht und steht für Flexibilität und Anpassungsvermögen. Er kann uns Zuversicht, innere Stärke und Frieden geben, unsere unbewussten Ängste lindern und uns dabei helfen, uns auf neue Erfahrungen einzulassen. Die silber-grünen Blätter flimmern in der Sonne, und der Baum gibt seine weiße Samenwolle frei und lässt sie in die Welt fliegen. Erinnere dich daran, dass du getragen und gehalten bist im großen Gefüge des Daseins. Vielleicht kannst du in Verbindung mit der Espe das Getragen- und Gehaltensein fühlen, das Vertrauen in die Welt, in das Leben, das Vertrauen in dich selbst.
Lasse nun das Verlorene los, gib es frei! Das Leben gibt, und das Leben nimmt. Das

ist der Fluss des Lebens. Lasse los, und gib frei: kein Widerstand mehr, kein Leiden mehr.
Bitte die Espe darum, dass sich deine Anhaftung an das Verlorene vollständig auflöst, du den Verlust akzeptieren kannst und frei bist, offen und bereit für neue Erfahrungen.
Zum Abschluss bedanke dich bei der Espe für ihre Hilfe, bedanke dich bei deiner inneren Führung, und bedanke dich bei dir selbst, dass du dich auf diese Reise zur Freiheit eingelassen hast.
Komme langsam wieder im Hier und Jetzt an, spüre deinen Körper, und öffne die Augen.

AHORN

Grenzen setzen, zu mir stehen, mir meinen Raum nehmen

Spitzahorn (Acer platanoides), Familie der Seifenbaumgewächse (Sapindaceae)

Der Baum

Der Ahorn ist ein Meister der Farben. Mit ihren im Herbst strahlend roten Blättern begeistern mich diese Bäume immer wieder. Während andere Bäume, sobald die Tage kürzer werden, einfach das grüne Chlorophyll aus den Blättern abziehen, um es für das nächste Jahr zu speichern, und dadurch gelbe Blätter bekommen (z. B. Eiche, Buche, Espe) oder es sich leisten können, ihr Laub grün abzuwerfen (z. B. Erle, Holunder, Esche), macht es der Ahorn anders: Er produziert eigens in dieser Übergangszeit einen Blattfarbstoff, der zur Gruppe der Anthocyane gehört und für die rote Färbung verantwortlich ist (und auch für die Rotfärbung reifer Früchte sorgt).

Mit diesem Farbstoff hält sich der Ahorn unliebsame Konkurrenz vom Stamm, denn die Anthocyane wirken wie ein Unkrautvernichtungsmittel. Das Laub auf dem Boden tötet fremde Baumsprösslinge ab.[11] Der Baum grenzt damit seinen Bereich ab und schützt ihn gegen Eindringlinge. Wer schon einmal unter einem Ahorn gesessen hat, der im Wald oder am Waldrand wächst, dem ist vielleicht aufgefallen, dass unter ihm keine anderen Bäume wachsen, meist nicht einmal fremde Zweige in seinem Gebiet liegen. Während z. B. Eiche und Kiefer öfter ineinander- und durcheinanderwachsen, steckt der Ahorn sein Revier ab, nimmt sich seinen Raum und schützt ihn auch vor Übergriffen.
Das drückt der Ahorn auch mit seinen großen Blättern aus. Sie sind nicht schmal wie bei der Weide oder klein wie bei der Buche, sondern groß und breit. Sie zeigen in alle Richtungen. Beim Spitzahorn sind es sieben Hauptspitzen, sodass zusammen mit dem Stiel alle acht Himmelsrichtungen eingenommen und ausgefüllt werden. Sein lateinischer Name »acer« heißt »spitz« oder »scharf«. Die Zweige des Ahorns gabeln sich wieder und wieder, was man im Winter gut erkennen kann. Damit schaffen sie ein geschlossenes Blätterdach, fungie-

11 Vgl. S. Fischer-Rizzi: Blätter von Bäumen.

ren aber auch als Fühler in den Himmel.[12]
Der Ahorn kann Menschen helfen, die sich leicht beschwatzen lassen und Schwierigkeiten haben, sich ihren Raum zu nehmen und ihn einzunehmen, Grenzen zu setzen, auch einmal Nein zu sagen und zu ihrer Intuition und inneren Wahrheit zu stehen.
Das kostbarste Geschenk des Ahorns ist sein dicker, süßer Saft, der eine beruhigende Wirkung auf erschreckte oder aggressive Menschen hat. Spitzahornsaft enthält 3–4 Prozent Zucker, weshalb er Ende des 18. Jahrhunderts auch in Deutschland zur Zuckergewinnung verwendet wurde, bis die Zuckerrübe ihn ablöste. Junge Blätter schmecken ebenfalls süß. Aber Vorsicht: Die Blätter und Früchte des Bergahorns sind für Menschen und Tiere giftig.[13] Heute kommt der Ahornsirup im Wesentlichen aus Kanada, und zwar vom Zuckerahorn (Acer saccharum). Dort hat er es als Symbol auf die Nationalflagge geschafft.
Das Holz des Ahorns ist hart, kurzfaserig, hell und zeigt eine feine Textur. Es hat, wie die Tischler sagen, ein »gutes Stehvermögen«, d. h., es verzieht sich nur wenig und hat eine große Abriebfestigkeit. Daher kann es auch uns sozusagen den Rücken stärken. Ahornholz wird zum Drechseln und Schnitzen verwendet, für Tischplatten, Messergriffe und Landwirtschaftsgeräte. Eine besondere Form, der sehr seltene Riegelahorn,[14] wird schon seit Jahrhunderten für Geigenböden verwendet und heißt im Englischen »fiddle back maple«.[15]
Am Thünen-Institut für Forstgenetik in Braunschweig wird gerade erforscht, wie sich diese spezielle, wellenförmige Textur bildet, vererbt und am lebenden Baum erkennen lässt.[16]
Der Ahorn gilt als »Handwerkerbaum« und ist dem ersten Chakra zugeordnet. Er ist handfest und kommt mit vielen Lebenssituationen gut zurecht. So wächst er in Europa, Japan und in Kanada. Wenn man mit ihm kommuniziert, bekommt man klare Ansagen. Er redet nicht um den heißen Brei herum. So, wie er seinen Bereich absteckt und verteidigt, sich mit seinen spitzen Blättern abgrenzt, können wir von ihm lernen, klar zu kommunizieren, unsere Wünsche und Bedürfnisse zu äußern und zu unserer inneren Wahrheit zu stehen. Er lehrt uns, ehrlich zu sein – zu uns und anderen. Ein Nein zur richtigen Zeit schützt uns vor Überforderung und kann viele spätere Schwierigkeiten vermeiden.

Unter einem Ahorn zu sitzen oder sein Holz anzufassen, ist nicht nur kühlend und entspannend, sondern kann uns auch ins Gleichgewicht bringen. Gerade nach

12 Vgl. F. Hageneder: Der Geist der Bäume.
13 Sie enthalten Hypoglycin A, das im Darm Giftstoffe bildet und zu Muskelschwäche bis hin zum Tod führen kann, vgl. www.botanikus.de/informatives/giftpflanzen/alle-giftpflanzen/ahorn.
14 Der Riegelahorn ist keine eigene Art, sondern eine Anomalie in der Holztextur, die bei mehreren Arten vorkommt.
15 Vgl. D. Grosser, W. Teetz: Informationsdienst Holz, Einheimische Nutzhölzer: Ahorn 10.
16 www.thuenen.de.

erschütternden Erlebnissen hilft uns der Baum, wieder klarer zu sehen, unser Denken zu harmonisieren und in inneren oder äußeren Konflikten einen kühlen Kopf zu bewahren. Auch bei lang andauerndem Fieber und bei geschwollenen Gelenken, Insektenstichen oder entzündeten Augen kann ein Umschlag aus gequetschten Blättern kühlend und heilend sein.

Der Ahorn ist nicht nur ein Künstler mit den Farben des Herbstes, auch seine Früchte, die lustigen »Nasen«, die vermutlich jedes Kind schon einmal aufgesetzt hat, laden zu Spiel und Freude im Leben ein. Der Ahorn nimmt nicht alles bitterernst, sondern zeigt uns die amüsanten Seiten. Er kann uns helfen, spielerisch mit neuen Situationen umzugehen, uns auszuprobieren und neugierig Unbekanntes zu erforschen.

Ahornbäume besuchen

Im Waldviertel in Niederösterreich gibt es nahe der Donau bei **Maria Laach** den 960 Meter hohen Jauerling. Der Name kommt vom slawischen Wort »Javornik«, was »Ahornberg« bedeutet.[17] Hier stehen neben den angepflanzten Fichten tatsächlich sehr viele Bergahorne. Maria Laach selbst hat am Ortsrand Richtung Jauerling eine Ahornallee.

Am Ende des **Risstals in der Eng,** im Karwendel in Tirol, befinden sich der große und der kleine Ahornboden. Das ist eine wunderschöne Hochebene auf 1200 Metern Höhe, umgeben von den Bergen des Karwendelgebirges. Hier wachsen etwa 2000 Bergahornbäume. Sie sind bis zu 600 Jahre alt, was man ihnen z. T. nicht ansieht. Denn wegen der großen Höhe wachsen sie sehr langsam. Obwohl der Ahornboden in Österreich liegt, ist er nur von Deutschland aus erreichbar. Der große Ahornboden ist durch eine Autostraße erschlossen, den kleinen Ahornboden in einem Seitental kann man nur zu Fuß erreichen. Seit 1972 ist der gesamte Ahornboden Naturpark.[18]

Im Südharz, am nordwestlichen Ortsende von **Ilfeld,** gibt es das sehr sehenswerte Arboretum »Ahornpark Ilfeld«, in dem in den vergangenen Jahren fast 300 nicht nur heimische Ahornbäume gepflanzt wurden. Etwas entfernter vom Ort, im Fuhrbach- und Steinmühlental, wachsen große alte Bergahornbäume. Ein Besuch lohnt sich besonders im Herbst zur prächtigen Laubfärbung.

17 Vgl. R. Bouchal, G. Lukacs: Kraftorte im Waldviertel.
18 www.ahornboden.com.

Selbstcoaching mit dem Ahorn: Grenzen setzen, zu mir stehen, mir meinen Raum nehmen

»Wer ständig Aufgaben übernimmt,
übernimmt sich.«
(Verfasser unbekannt)

Manchmal sag ich NEIN (von Amei Helm)[19]

Manchmal sag ich NEIN,
wenn ich JA zu mir selber mein',
manchmal heißt es NEIN,
das JA zu mir!
Manchmal auch ICH WILL,
ich halt jetzt nicht mehr länger still,
manchmal auch ICH WILL,
ich bleibe nicht mehr still!

Innenreise

Vielleicht kennst du solche oder ähnliche Situationen: Jemand bittet dich um einen Gefallen, und noch bevor du richtig hineingespürt hast, ob das für dich stimmig ist, hörst du dich »ja, natürlich« sagen. Erst viel später merkst du, dass du eigentlich weder Zeit noch Energie dafür hast.
Oder du hättest gern Zeit nur für dich, um dich zu spüren, um bei dir anzukommen, um mit dir allein zu sein. Aber du machst den Mund nicht auf, verschiebst es immer wieder, deinen Wunsch zu äußern, obwohl er schon so lange in dir drängt.
Manchmal hast du ein schlechtes Gefühl bei einer Sache, deine Intuition sagt dir: »Hier stimmt etwas nicht.« Aber du traust dich nicht, Stopp zu sagen. Oder jemand bedrängt dich, überschreitet deine Gren-

19 A. Helm, M. Wunram, G. Antara: Beautiful Planet – Schöne Erde.

zen, labert dich voll, kommt dir zu nahe. Statt eines beherzten Stopps ziehst du dich immer mehr zurück, sagst nichts mehr, gibst dich geschlagen und bist hinterher erschöpft und ausgelaugt.

Schließe jetzt deine Augen, verbinde dich mit deiner Herzensintelligenz, und lasse eine solche Situation aus deinem Leben auftauchen. Vielleicht erlebst du sie immer wieder in verschiedenen Ausprägungen. Du stehst nicht zu dir, zu deinen Bedürfnissen, zu deiner inneren Wahrheit, zu deiner Intuition, nimmst sie vielleicht nicht einmal wahr, kommunizierst sie nicht, vertrittst sie nicht kraftvoll. Nimm die erste Situation, die sich dir jetzt zeigt.

In solchen Situationen kann dir der Ahorn helfen. Er stärkt dir den Rücken, hat ein gutes Stehvermögen und bleibt, wie er eben ist. Er nimmt sich seinen Raum. Stelle dir jetzt vor, wie du dich mit dem Rücken an einen Ahornbaum lehnst. Vielleicht spürst du, wie er dir bereits dadurch den Rücken stärkt, dich hält und unterstützt. Du fühlst dich angenommen und willkommen.

Nun lasse dir zeigen, was an Gefühlen und Verletzungen in dir ist, die dazu führen, dass du dich zurücknimmst, deinen Raum nicht einnimmst, deine Grenzen nicht schützen kannst, nicht zu dir stehst. Erlaube den Gefühlen, dazuzukommen: Angst vor Ablehnung, vor Liebesentzug, vor dem Ausgeschlossenwerden, vor der Einsamkeit ... Erkenne, wie gering du dich wertschätzt, wie du dich selbst weniger wichtig nimmst als andere. Fühle deine Angst, etwas Falsches, etwas Verletzendes zu sagen. Was auch immer an Gefühlen jetzt kommt, nimm sie an! Lasse dich auf das Fühlen ein, denn ohne durch diesen Schmerz zu gehen, ist eine klare Grenzsetzung kaum möglich. Erlaube es – der Ahorn stützt dich!

Vom Ahorn kannst du lernen, deinen Raum einzunehmen und ihn gegen Übergriffe zu schützen, zu dir und deinen Bedürfnissen, deinen Gefühlen, deiner Intuition, deiner inneren Wahrheit zu stehen und dich, wenn nötig, abzugrenzen, Nein oder Stopp zu sagen.

Mache dir bewusst, dass du so geschaffen bist, wie du bist. Du wirst angenommen und geliebt, genau so, wie du bist. Öffne dich für die Liebe, das Angenommensein, das Akzeptiertsein. Fühle die Geborgenheit, das Gewollt- und Willkommensein unter diesem Ahorn, das Aufgehobensein im großen Gefüge des Lebens. Lasse diese Liebe dich jetzt ganz durchdringen. Bade darin, genieße es. Ja, du wirst geliebt, so, wie du bist.

Wenn du jemand bist, der oft Bedürfnisse und Wünsche anderer wichtiger als die eigenen nimmt, dann kannst du jetzt innerlich zu dir sprechen: »Ich sage Ja zu mir. Ich stehe zu mir und meinen Bedürfnissen.« Vielleicht auch: »Ich liebe mich so, wie ich bin.« Sage dir als kleine Übung für den Alltag genau das jeden Morgen vor dem Spiegel, und schaue dir dabei in die

Augen. Dazu kannst du ein Blatt oder ein Stück Ahornholz in die Hand nehmen.[20]
Gehe wieder in die Situation aus deinem Leben, in der du nicht zu dir gestanden hast, dir nicht deinen Raum genommen hast. Mache dir bewusst, dass der Ahornbaum jetzt mit seiner Energie hinter dir steht und dir hilft, bei dir zu bleiben, dir deinen Raum und deine Zeit zu nehmen. Mit dieser Kraft des Ahorns kannst du jetzt in deiner Vorstellung die Situation verändern. Sei mutig! Wenn jemand etwas von dir möchte, bitte dir Zeit aus, darüber nachzudenken, hineinzuspüren, was für dich stimmig ist. Schaue, ob du dem anderen zuliebe etwas mitmachen willst oder eben nicht. Beides ist in Ordnung – aber triff eine bewusste Entscheidung. Du wirst auf Dauer kaum gern etwas für andere tun, wenn du nicht auch Nein sagen kannst. Wenn du Zeit für dich brauchst, in einer Situation ein schlechtes Gefühl hast oder jemand deine Grenzen missachtet, nimm es ernst, schiebe es nicht weg. Du kannst dich nicht schützen mit einem halbherzigen »vielleicht«, weil du dich nicht unbeliebt machen möchtest. Stehe zu deinem Gefühl. Lasse aus deinem Herzen eine stimmige Entscheidung für diese Situation kommen. Eine Lösung, in der du zu dir stehst, dich genauso wichtig nimmst wie den anderen. Der Ahorn kühlt Körper und Geist und lässt dich einen klaren Kopf behalten.
Stelle dir nun genau vor, wie du deine neue Sichtweise vermittelst. Drücke dich nicht vor einem klaren Wort! Sprich von dir, sprich in Ich-Sätzen. So kannst du dein Nein vermitteln, ohne den anderen zu verletzen. Der Ahorn sagt klar seine Meinung, ohne Schuldgefühle deswegen zu bekommen. Nimm dir ein Beispiel daran! Du darfst das, und du kannst das! Gib dir innerlich die Erlaubnis, Nein zu sagen. Du musst deine Entscheidung nicht rechtfertigen.
Wenn demnächst in deinem Alltag eine ähnliche Situation auftaucht, dann weißt du, dass und wie du anders handeln kannst. Erinnere dich an den Ahorn, du kannst viel von ihm lernen. Er geht spielerisch mit herausfordernden Situationen um. Schaue, wie er im Herbst mit Farben spielt, wie seine Früchte am Baum lustig hin und her wackeln und bei Wind wie Propeller durch die Gegend fliegen. Nimm die Dinge nicht zu ernst, spiele mit der Situation. Konstruktives Neinsagen und Grenzensetzen will ebenso wie Grenzenöffnen gelernt und geübt sein. Vielleicht fallen dir lustige, pfiffige Lösungen ein. Vertritt humorvoll deine Position.
Ja, vielleicht machst du dich damit bei manchen Menschen unbeliebt. Aber oft ist es das wert, wenn du dafür wirklich dein Ding machst, authentisch bleibst und zu dir und deinen eigenen Aufgaben und Bedürfnissen stehst. Wenn du deine Tages- oder Lebensaufgabe erfüllen willst, kannst du nicht ständig die Wünsche und Erwartungen anderer bedienen. Niemand kann allen Bitten, die von anderen kommen, entsprechen. Du musst Vertrauen in dein eigenes Gefühl, deine Intuition entwickeln und lernen, selbstverständlicher Nein oder Stopp zu sagen, wenn etwas nicht deiner Wahrheit entspricht.
Zum Abschluss bedanke dich beim Ahorn für seine Hilfe, bedanke dich bei deiner Herzensintelligenz für die Führung und Unterstützung. Bedanke dich bei dir selbst, dass du dich darauf eingelassen hast, zu dir zu stehen.
Komme jetzt wieder im Hier und Jetzt an, spüre deinen Körper, und öffne langsam deine Augen.

20 Wie man gezielt solche Krafthölzer findet, wird ab Seite 175 beschrieben.

EBERESCHE, VOGELBEERE, DROSSELBEERE, KRAMETSBEERE, QUICKBAUM, QUIETSCHE

Mich ausrichten und meinen Beitrag leisten

Gewöhnliche Eberesche (Sorbus aucuparia), Familie der Rosengewächse (Rosaceae)

Der Baum

Fast jeder kennt die wunderschöne Eberesche oder Vogelbeere mit ihren weißen Blütendolden im Frühjahr und den orangeroten Beeren, die im Herbst und oft weit in den Winter hinein an ihr hängen. Sie gibt damit vielen Vögeln – besonders Drosseln, die lokal auch Krammet heißen – Nahrung und Schutz und steht deshalb auch für Gastfreundschaft. Sie opfert mögliche Größe für eine reiche Fülle an Früchten. Ganz uneigennützig ist das nicht, findet doch mithilfe der Vögel die Verbreitung der Samen statt. Ihr lateinischer Name »aucuparia« von »avis«, »Vogel« und »capere«, »fangen« deutet allerdings auf eine weniger vogelfreundliche Verwendung der Beeren hin. Der Name Eberesche stammt vermutlich von »Eibenesche« (keltisch »eburos«, »Eibe«), weil sie ähnliche Blätter wie die Esche und ähnliche Früchte wie die Eibe hat, allerdings mit beiden biologisch nicht verwandt ist.[21]

Auch für Menschen können die Vogelbeeren nützlich sein. Roh sind sie leicht giftig, beim Kochen zersetzt sich allerdings die ungenießbare Parasorbinsäure. Die Beeren enthalten neben Gerbstoffen sehr viel Vitamin C, mehr als Zitronen. Sie wirken immunstärkend, antirheumatisch und sind hilfreich bei Gicht, Nierenbeschwerden sowie Lymphflussstörungen.[22] Sie können nicht nur unser Blut reinigen, sondern auch unsere Seele von negativen Verhaltensweisen und selbstzerstörerischen Mustern befreien. Bei Stimmbänderentzündung haben sie sich als Gurgelmittel bewährt. Früher wurde aus den Beeren der Zuckerersatzstoff Sorbit für Diabetiker hergestellt. Süße Vogelbeeren (Mährische

21 Vgl. F. Hageneder: Der Geist der Bäume.
22 Vgl. W.-D. Storl: Pflanzen der Kelten.

Ebereschen, Sorbus aucuparia var. moravica) haben keine Parasorbinsäure und können zu vitaminreicher Marmelade oder Gelee verarbeitet werden.[23]
Obwohl die Eberesche vom Wuchs her eher klein und oft strauchförmig wächst, war sie bei den Kelten einer der geachtetsten Bäume. Ihre Zweige durften nur zu rituellen Zwecken geschnitten werden. Sie kann an unglaublichen Stellen wurzeln, die kaum Erde bieten. Vielfach habe ich sie schon in Felsspalten wachsen sehen, in der Astgabel anderer Bäume (als »Aufsitzer«) und sogar in Dachrinnen. Sie scheint zwischen Himmel und Erde zu schweben und symbolisiert dadurch auch genau diese Verbindung. Ich ordne sie dem Kronenchakra zu, also unserer Verbindung zum Himmel. Sie gilt als Mittler, als Medium zwischen den Welten und kann uns helfen, die Verbindung zu unserem höheren Bewusstsein, unserer inneren Präsenz zu fühlen. Deshalb habe ich gern ein Stück Ebereschenholz in meiner Hosentasche.
Mit dieser Eigenschaft ist die Eberesche auch ein Schutzbaum. Eigentlich sind alle Bäume Schutzbäume, nur schützt jeder auf eine andere, ganz spezifische Weise. Während die Eiche durch äußere Stärke schützt, die Buche durch die Gemeinschaft und der Ahorn durch Abgrenzung, schützt die Eberesche dadurch, dass sie uns die Verbindung zu unserer inneren Führung, unserem höheren Selbst bewusster werden lässt. Dadurch bewahrt sie uns vor Manipulation, Verwünschungen und der Verführung durch falsche Propheten. Gerade in der heutigen Zeit eine nicht zu unterschätzende Hilfe!
Aber die Eberesche kann noch mehr. Sie erleichtert nicht nur den Zugang zur inneren Stimme, sondern kann uns auch helfen, unsere Bestimmung und Lebensaufgabe zu finden, unser inneres Potenzial zu erkennen!

Bei den Kelten galt sie außerdem als Baum des Lebens, weil sie als einer der ersten Bäume im Frühjahr Blätter trägt und damit das neue Leben nach dem harten Winter anzeigt. Natürlich spielte auch die blutrote Farbe der Beeren eine Rolle. Ihr Name Quickbaum oder Quietsche kommt von »erquicken« – sie teilt den Segen des Lebens aus. Mit Ebereschenruten wurden Mensch und Tier geschlagen, um Lebenskraft, Gesundheit, Glück und Fruchtbarkeit zu stärken.[24] Der Baum wird ca. 80 Jahre, vereinzelt auch bis zu 200 Jahre alt. Sein Holz hat einen dunklen Kern und

23 Vgl. M. und R. Spohn: Kosmos-Baumführer Europa.

24 Vgl. F. Hageneder: Der Geist der Bäume.

hellen Splint. Früher war es als Wagnerholz beliebt, d. h., in der Werkstatt des Stellmachers oder Wagners wurden Räder, Wagen und andere landwirtschaftliche Geräte daraus gefertigt. Heute werden noch Werkzeugstiele daraus hergestellt, und es wird für Drechselarbeiten verwendet. Forstwirtschaftlich hatte der kleine Baum lange Zeit keine Bedeutung, sondern galt als »Waldunkraut«. Da er aber als Pionierbaum Kahlflächen besiedeln kann und widerstandsfähig gegen Umweltverschmutzung ist, setzt langsam ein Umdenken ein.
Die Eberesche kommt in Europa fast flächendeckend vor. Zusammen mit Birke und Weide wächst sie in Skandinavien bis fast ans Nordkap, und in Island ist sie der einzige echte Baum. In den Alpen bildet sie zusammen mit Latschenkiefern und Grünerlen die Baumgrenze in ca. 2000–2400 Metern Höhe.[25] Deshalb wird sie mancherorts auch als »Herrin der Berge« bezeichnet.

Ebereschen besuchen

Ebereschen finden sich in Mischwäldern fast überall. Im Oberharz allerdings sprechen einige Wissenschaftler von einem eigenen Waldtyp, in dem Ebereschen bestandsbildend sind. Das ist der sogenannte Karpatenbirken-Ebereschen-Blockwald im Hohnegebiet östlich vom Brocken, oberhalb von **Drei-Annen-Hohne** (Sachsen-Anhalt).[26] Dort wachsen Ebereschen vielfach auch in Felsspalten, also an Stellen, wo man eigentlich jeden Baumbewuchs ausschließen würde. Die Eberesche schafft es trotzdem, dort zu überleben! Schön wandern kann man in dieser Gegend auch, ein Besuch lohnt sich auf jeden Fall!

Ein anderer Standort, an dem man kaum glauben kann, dass hier Bäume wachsen, ist auf dem steinigen Gipfel des Lusen im **Bayerischen Wald.** Hier hat der Legende nach die »Lusen-Hexe«, eine graue Riesin, ihre Schürze voller Steine ausgeschüttet.[27] Und genau so sieht es dort auch aus: Ein Gewirr aus großen und kleinen Granitbrocken bildet den oberen Teil des Gipfels, der praktisch frei von Bewuchs ist – bis auf ein paar Ebereschen, die dort unglaublicherweise wachsen! Hinauf führt die »Himmelsleiter« (auch als »Sommerweg« bezeichnet), ein jungsteinzeitlicher Pilgerpfad, der in Gipfelnähe aus einer steinernen Treppe aus Granitblöcken besteht. Ein eindrucksvoller Aufstieg verbunden mit einem prächtigen Rundumblick!

25 Vgl. D. Grosser, W. Teetz: Informationsdienst Holz, Einheimische Nutzhölzer: Vogelbeere 23.

26 www.nationalpark-harz.de/de/downloads/125-Jahre-Brockengarten

27 Vgl. H. Göttner-Abendroth, K. Derungs: Mythologische Landschaft Deutschland.

Selbstcoaching mit der Eberesche: Mich ausrichten und meinen Beitrag leisten

> »Wachstum geschieht,
> wenn Absicht, Anstrengung
> und Gnade zusammenkommen.«
> (Sri Bhagavan)

Über Kamele (eine Sufi-Geschichte)

Ein Sufi-Meister reist mit seinem Schüler durch die Wüste. Eines Abends kommen sie zu einer Karawanserei und beschließen, dort zu übernachten. Der Meister trägt dem Schüler auf, sich um die Kamele zu kümmern, und geht schlafen. Am nächsten Morgen sind die Tiere verschwunden, und es stellt sich heraus, dass der Schüler sie nicht angebunden hatte. Als der Meister fragt, warum er so nachlässig war, antwortet der Schüler: »Du hast mich doch gelehrt, auf Allah zu vertrauen. Also dachte ich, dass Allah sich um mich und die Kamele kümmern wird.« Darauf sagt der Meister: »Allah kümmert sich nur um dich, wenn du deine Kamele anbindest.«

Innenreise

Wir alle wollen wachsen, uns entwickeln, bewusster werden – sonst wären wir nicht offen für solch einen Selbstcoaching-Prozess. Wachstum geschieht aber nicht von allein. Auch »Zufälle« und »Fügungen« kommen meist nur zu uns, wenn wir ausgerichtet sind und unseren Beitrag leisten, also »unsere Kamele anbinden«. Indem wir eine Absicht bewusst setzen, fokussieren wir uns auf unser Ziel. Anstrengung ist nötig, um ins Handeln zu kommen, unseren Beitrag zu leisten und trotz Hindernissen dabeizubleiben. Wenn wir uns dann auf unser höheres Bewusstsein, unsere Herzensintelligenz einstimmen und uns davon führen lassen, geschieht das, was wir »Glück«, »Zufall«, »Fügung« oder »Gnade« nennen. Dann werden wir zur passenden Zeit an der passenden Stelle auf unserem Weg mit den nötigen Mitteln unterstützt.

Bei der Verbindung mit dieser inneren Führung, der Ausrichtung auf die Unterstützung durch das große Ganze kann uns die Eberesche helfen. Sie, die selbst zwischen Himmel und Erde in einer Felsspalte oder in der Astgabel eines anderen Baumes wachsen kann, ist ein Medium, ein Mittler zwischen den Welten. Daher kann sie uns auch helfen, die Verbindung zu unserer Herzensintelligenz, unserem höheren Selbst, unserer inneren Führung zu intensivieren.

Schließe jetzt deine Augen, und stelle dir vor, wie du einen Weg entlanggehst. Du genießt es, auf einer Wiese, vielleicht an einem Bach unterwegs zu sein. Vor deinem geistigen Auge siehst du nun eine Eberesche. Sie wächst nicht auf der Erde, sondern zwischen Himmel und Erde in der Astgabel eines Baumes, auf Felsen oder in der Regenrinne eines Hauses. Sieh, wie sie zwischen Himmel und Erde zu schweben scheint. Gehe zu ihr, und tauche in ihre besondere Stille ein.

Stelle, lege oder setze dich in die Nähe dieses Baumes. Lasse dich durchströmen von der Kraft der Stille, die er ausstrahlt. Tritt in Kontakt mit der Eberesche, und bitte sie, dich zu unterstützen, deine Verbindung mit deinem höheren Selbst, deiner inneren Führung, deiner Herzensintelligenz deutlicher zu spüren. Du bist durch diese Verbindung geschützt. Lasse dein Herz weit werden und offen für das, was jetzt zu dir kommen möchte.

Aus deinem Herzen kommt ein Wunsch nach persönlicher Entwicklung, nach Wachstum, nach Bewusstwerdung. In welchem Bereich möchtest du gern wachsen, wo möchtest du dich weiterentwickeln, wo möchtest du bewusster sein? Was möchtest du jetzt Neues lernen, welche ungeliebte Angewohnheit ablegen? Welche Qualität soll sich in dir entwickeln und entfalten? Welche Energie möchtest du in dein Leben holen? Das kann eine Absicht für dein Leben sein: »Ich will jetzt gesund sein und werde alles mir Mögliche dafür tun« oder: »Ich beabsichtige jetzt, meinen Fokus auf höheres Bewusstsein zu lenken, zu halten und mich belehren und führen zu lassen.« Es kann auch eine kleine Sache sein, z. B.: »Ab morgen räume ich meine Sachen immer gleich weg.« Das ist eine kleine Achtsamkeitsübung, und deine Mitmenschen freut es auch – Wachstum geschieht.

Nimm den Wunsch, der im Moment die stärkste Energie hat, bei dem sich deine Leidenschaft, dein stärkstes Gefühl zeigt: »Ja, das tue ich jetzt, das ist jetzt dran, darum will ich mich kümmern, da ist mein Herz dabei!«

Verbinde dich mit der Eberesche, dem Baum, der unsere Wünsche und Absichten nach oben trägt. Sieh die fein gefiederten Blätter und die roten Beeren, oder rieche die filigranen, weißen, duftenden Blüten, fühle die Rinde. Richte deine Aufmerksamkeit auf deinen Wunsch, auf deine Absicht aus, indem du innerlich zu dir sagst: »Ich beabsichtige jetzt, Folgendes zu tun (oder zu lassen)« oder: »Ich beabsichtige jetzt, Folgendes zu lernen oder zu sein.« Bleibe dabei in deinem Gefühl der Vorfreude, der Leidenschaft. Schreibe zusätzlich deine Absicht auf einen Zettel oder in dein Coaching-Tagebuch, und lege den Zettel oder das Tagebuch zu Hause gut sichtbar hin.

Wo kommt dein Wunsch her? Aus dem Bedürfnis nach persönlicher Erfüllung, aus Freude und Begeisterung an der Sache? Oder willst du anderen imponieren? Willst du besser sein, es jemandem beweisen, es allen zeigen? Sei ehrlich mit dir!

Wenn deine Absicht aus Verbitterung, Unsicherheit oder dem Wunsch, jemanden zu beeindrucken, kommt, verzeihe dir. Wir Menschen sind manchmal so. Wir wachsen nicht, indem wir uns Wünsche verkneifen, sondern, indem wir uns bewusst machen, was hinter unseren Wünschen und Absichten steht.

Frage dich jetzt selbst: »Was bin ich bereit, über das Bisherige hinaus zu investieren? Was ist mir die Realisierung meiner Absicht wert an Zeit, an Geld, an Anstrengung?«

Die Eberesche verbindet uns mit unserer inneren Führung, mit unserem höheren Bewusstsein, unserer Inspiration und Kreativität. Lasse dir nun den allerersten Schritt zeigen, den du tun kannst, um deine Absicht Wirklichkeit werden zu lassen. Vielleicht ist der erste Schritt, jemanden um Hilfe zu bitten. Vielleicht geht es auch darum, dir Zeit zu nehmen, um einen Plan aufzustellen. Oder lediglich die Idee: »Ich schreibe mir einen Zettel mit ›Sachen wegräumen‹ und lege ihn auf meinen Tisch.« Schaue, dass die Mittel, die du nutzt, die Schritte, die du machst, positiv für dich sind und niemandem schaden. Lege fest, bis zu welchem Zeitpunkt du diesen ersten Schritt getan hast. Schreibe den ersten Schritt mit dem Zeitpunkt der Erledigung auf, und tue ihn dann auch.

Gerade im Herbst fällt die Eberesche durch ihre Fülle an orangen Beeren, den Vogelbeeren, auf. Sie bringt großzügig ihre Früchte in die Welt. Sie ist ein Symbol dafür, wie du durch dein Wachstum auch immer mehr Früchte in die Welt bringen kannst. Das Leben ist dafür da, dass wir wachsen und uns entwickeln, bewusster werden und damit auch anderen helfen, zu wachsen.

Sieh vor deinem inneren Auge die Eberesche. Vielleicht kannst du sie fühlen, ihren zarten Duft riechen oder ihr Blätterrauschen hören. Mithilfe ihrer Energie ist es nun leicht, die Verbundenheit mit deiner inneren Führung, deiner inneren Präsenz zu spüren. Bitte darum, dass sich deine Absicht in deinem Leben manifestiert.

Bedanke dich abschließend bei der Eberesche, bedanke dich bei deiner inneren Führung, und bedanke dich bei dir selbst, dass du dich darauf eingelassen hast und bereit bist, deinen Anteil am Gelingen deiner Entwicklung zu leisten.

Komme langsam wieder im Hier und Jetzt an, spüre deinen Körper, und öffne dann deine Augen.

ILEX, STECHPALME,
HÜLSE, CHRISTUSDORN,
SCHRATTLBAUM, SCHORNSTEINHOLZ

Die Beziehung zu mir heilen, Liebe und Mitgefühl wachsen lassen

Gewöhnliche Stechpalme (Ilex aquifolium), Familie der Stechpalmengewächse (Aquifoliaceae)

Der Baum

Der Ilex oder die Stechpalme ist ein immergrüner Strauch oder kleiner Baum, der besonders im Winter auffällt. Dann leuchten seine roten Beeren, und die harten, spitzen, dunkelgrünen Blätter glänzen. Der lateinische Name »ilex« bedeutet »immergrün«, »aquifolium« kann man mit »nadelblättrig« übersetzen. Der Ilex ist einer der wenigen immergrünen einheimischen Bäume und gilt daher als ein Symbol der Unsterblichkeit bzw. Wiedergeburt. Im Englischen heißt die Stechpalme »holly« von »holegn«, was mit »holy«, »heilig« nicht wirklich verwandt ist, sondern schlicht »Hülsenholz« bedeutet.[28] Der Name des berühmtesten Stadtteils von Los Angeles, Hollywood, heißt dann auch nichts anderes als »Stechpalmenwald«. Nicht nur wegen der dornigen Blätter und der blutroten Beeren wird der Ilex schon von alters her mit Christus assoziiert[29] und dem Herzchakra zugeordnet. Der Baum steht für Mitgefühl, Vergebung und die unbegrenzte, universelle Liebe, während die Linde die partner- und freundschaftliche Liebe im Leben symbolisiert. Doch was haben stachelige Blätter mit Liebe und dem Herzchakra zu tun? Die Blätter des Ilex sind nur nach außen und bis zu einer Höhe von etwa 1,50 Metern spitz, also bis zur Fraßhöhe der heimischen

28 Vgl. W.-D. Storl: Pflanzen der Kelten.

29 Den Namen Christusdorn gibt es häufiger. Der einzige heimische Baum mit diesem Namen ist der Ilex. Ansonsten werden noch Euphorbia milii aus der Familie der Wolfsmilchgewächse, die Amerikanische Gleditschie/Amerikanischer Christusdorn (Gleditsia triacanthos) aus der Familie der Johannisbrotgewächse, die bei uns häufig in Parks wächst (allerdings meist die dornenlose Sorte), und der im Mittelmeerraum beheimatete Gewöhnliche Christdorn (Paliurus spina-christi) aus der Familie der Kreuzdorngewächse so genannt.

Tiere. Darüber und nach innen haben sie glatte Ränder. Die Zweige biegen sich oft bis auf die Erde hinab und bilden so einen geschützten Raum um den Stamm herum. Manchmal empfinde ich eine Einladung in diesen Raum, und wenn ich ihn betrete, fühle ich mich wunderbar geschützt und sicher darin. Auch Feen und Kaninchen sollen sich dort sehr wohlfühlen. Dort kann ich mich öffnen und die Liebe fließen lassen, die Verbundenheit mit allem und allen fühlen. Ich fühle mich eins, ganz, angenommen, geborgen und geliebt. Wenn wir aber Angst haben vor Verletzung, uns ungeliebt, unsicher oder bedroht fühlen, dann schließen wir unser Herz. Auch das Umgekehrte gilt: Wenn wir ein offenes Herz haben und alles liebevoll annehmen können, was zu uns kommt – wer oder was kann uns dann noch bedrohen? Dann sind wir ge- und beschützt.

Der Ilex selbst benötigt auch Schutz, nämlich vor der Winterkälte. Den findet er oft im dunklen Buchenwald (siehe Seite 52), wo er neben der Eibe der einzige andere Baum ist, der sich zwischen den Buchen entwickeln kann. Im winterkalten Osteuropa kommt er nicht vor. Die Blüten sind klein und weiß, fast unscheinbar und duften angenehm. Nur etwa die Hälfte aller Stechpalmen tragen die leuchtend roten Beeren, denn der Ilex ist zweihäusig, d.h., es gibt männliche und weibliche Bäume. Weil sie so dekorativ sind, einen fast undurchdringlichen Schutz bieten und sich gut beschneiden lassen, sind sie beliebt in Vorgärten und als Heckenpflanzen. Vögel mögen die Beeren, aber für Menschen sind diese leicht giftig. Die Blätter enthalten Spuren von Teobromin und Koffein. Verwandt ist der Ilex mit dem Mate-Strauch (Ilex paraguariensis), aus dessen Blättern Tee mit anregender Wirkung gewonnen wird und der in Argentinien und Uruguay ein Nationalgetränk ist.[30] Auch bei uns wird er immer beliebter.

Bei den Kelten galt der Ilex als heilige Druidenpflanze. Mit der Christianisierung im 16. Jahrhundert wurde aus der »Stechhülse« dann die »Stechpalme« bzw. der »Christusdorn«[31]. War sie anfangs als heidnischer Weihnachtsschmuck ausdrücklich verboten, wurde sie bald mit der Dornenkrone Christi assoziiert und zu Palmsonntag (eine Woche vor Ostern) und zu Weihnachten als Kirchendekoration verwendet.[32]

30 Vgl. A. Newman: Bäume, Machtvolle Zeugen des Lebens.

31 Christliche Mönche haben vielen heidnischen Heil- und Zauberpflanzen, die sie nicht »verbieten« konnten, neue, christliche Namen gegeben (z.B. Johanniskraut, Mariendistel, Engelwurz). Daran lässt sich auch erkennen, wie wichtig diese Pflanzen schon zu vorchristlichen Zeiten waren. Je religiöser der Name, desto größer war vermutlich auch die Verehrung beim Volk.

32 Vgl. W.-D. Storl: Pflanzen der Kelten.

Der Ilex wächst extrem langsam. Er blüht erst nach 20 Jahren, und blühende und Früchte tragende Bäume besitzen manchmal nur einen Stammdurchmesser von 2 Zentimetern! Er kann 100–500 Jahre alt werden, bis zu 15 Meter hoch und bis zu ½ Meter Durchmesser erreichen. Sein Holz ist fein, zäh, dicht und hart. Da es sich gut färben lässt, gilt es als »Ebenholz der Armen«.[33] Es wird für Intarsien, Holzschnitte, Messergriffe und Drechselarbeiten verwendet. Deshalb gibt es die regional verwendeten Namen Hülse, Stechhülse oder Hulstbaum (von »Hülse«, »feste schützende Hülle«). Abgeleitet davon sind viele Orts- oder Familiennamen (z. B. Hülsede, Hüllhorst und Hüllshoff).

Die belaubten Zweige können gebündelt und an einem Seil befestigt zur Reinigung des Schornsteins verwendet werden, sie funktionieren wie eine Stahlbürste.[34] Im österreichischen Raum heißt der Baum auch Schrattlbaum, weil er Waldschrate, Nachtteufel und andere üble Gesellen vertreiben kann. In Deutschland wurden seine Zweige und Blätter einst gegen die Ratten- und Mäuseplage eingesetzt. So ist aus Lübeck bekannt, dass im Kanzleigebäude Hohlräume in den Decken zur Abwehr mit »Hülsbusch« ausgefüllt waren.[35]

Ilex besuchen

Bei den Externsteinen im **Teutoburger Wald** (Nordrhein-Westfalen), um den Schliepstein und Bärenstein herum, wachsen noch Reste eines alten Hudewalds, in dem viele Stechpalmen zu finden sind. Der Wald besteht überwiegend aus alten Eichen und Buchen, die im Mittelalter Futter für das Vieh lieferten, und Ilex, die dem Verbiss der Tiere standhalten konnten.

Die größte und dickste Stechpalme in Deutschland mit einem Umfang von 1,25 Metern und einer Höhe von etwa 13 Metern befindet sich in **Trösel, Gorxheimertal** (Hessen), 10 Kilometer östlich von Weinheim, 25 Kilometer östlich von Mannheim. Für einen Ilex ist das wirklich außerordentlich dick!

33 Vgl. A. Newman: Bäume, Machtvolle Zeugen des Lebens.
34 Vgl. W.-D. Storl: Pflanzen der Kelten.
35 Vgl. H. Tannert: Eine eigenartige Verwendung der Stechpalme (Ilex aquifolium L.) in Lübeck.

Selbstcoaching mit dem Ilex: Die Beziehung zu mir heilen, Liebe und Mitgefühl wachsen lassen (Vergebung Teil 1)

»Die hohe Lebenskunst ist es,
sich zu akzeptieren,
obwohl wir nicht perfekt sind.«
(Sabine Asgodom)

Verzeihung ist die größte Heilung (aus Sambia, Afrika)

Ich habe eine wundervolle Geschichte von den Babemba, einem Volksstamm aus dem südlichen Teil Afrikas, gehört: Wenn dort ein Stammesmitglied unverantwortlich oder egoistisch gehandelt hat, wird er in die Dorfmitte gebracht, alle Bewohner hören auf, zu arbeiten, und versammeln sich um ihn. Dann beginnt eine traditionelle Zeremonie, bei der jedes Stammesmitglied, ob alt, ob jung, zu der Person in der Mitte spricht. Sie wird aber nicht etwa beschimpft, verurteilt und ausgeschlossen, sondern daran erinnert, was sie in ihrem Leben Gutes getan hat, wofür sie geschätzt und respektiert wird und womit sie das Leben jedes Einzelnen bereichert hat. Alle sprechen ausführlich, ehrlich und mit großer Liebe – das Ritual kann mehrere Tage dauern. Die Person in der Mitte muss es aushalten, dass ihr ihre konstruktiven und die Gemeinschaft fördernden Eigenschaften bewusst gemacht werden. Wenn jeder aus dem Stamm gesprochen hat, wird der Kreis geöffnet. Ist die Person in der Mitte bereit, wird sie im Rahmen eines fröhlichen Festes wieder in die Gemeinschaft aufgenommen. In den meisten Fällen wirkt dies nachhaltiger und intensiver als jede Strafe. Wenn unser Herz sich für den anderen öffnet, zeigt sich unser Mitgefühl, und Vergebung und neuerliche Integration in die Gemeinschaft geschehen – denn die Liebe kann alles heilen und in die Ordnung bringen. Sie schließt alles ein.

Innenreise

Wir alle kennen diese besonderen Momente oder Lebensphasen, in denen wir uns verbunden fühlen, geliebt, geborgen und willkommen in dieser Welt. Wir sind ganz und eins mit allem. Für dieses Sich-eins-Fühlen im Außen ist das Einssein im Innen zumindest zeitweise eine Voraussetzung. Denn wenn ich Anteile in mir habe, die ich nicht mag, z. B. Wut, Angst, Neid, Traurigkeit, begegnet mir irgendwann im Außen jemand, der genau diese ungeliebten Anteile verkörpert. Dann fühle ich eine Distanz zur Welt. Kann ich diese Anteile in mir aber annehmen und akzeptieren, vielleicht sogar lieben – sie gehören ja sowieso zu mir –, dann entstehen mir selbst und auch anderen gegenüber Mitgefühl, Liebe und Frieden.

Schließe jetzt deine Augen, und verbinde dich mit deinem Herzen, der Herzensintelligenz in dir. Du kannst deine Hände auf dein Herz legen: unten die linke, darüber die rechte Hand. Vor deinem geistigen Auge siehst du nun einen Wald. Die Bäume erstrahlen im frischen Grün des Frühlings. Ein schmaler, gewundener Pfad führt hinein, und du folgst ihm. Du kommst zu einem Stechpalmenwäldchen inmitten des großen Waldes. Der Ilex mit seinen stacheligen Blättern, den weißen Blüten und roten Früchten lädt dich ein. Vielleicht kannst du den feinen Duft der Blüten riechen, vielleicht möchtest du den Baum berühren. Seine spitzen Blätter machen dich wach und helfen dir, zu erfassen, was wirklich ist. Setze dich zunächst so, dass du einen der Bäume direkt vor dir hast. Seine Zweige biegen sich bis auf die Erde und bilden so einen geschützten Raum um den Stamm. Es sieht so aus, als wolle der Ilex etwas verbergen, niemanden nah an sich heranlassen, damit keiner hinter seine Maske schauen und den schönen Schein hinterfragen kann.

Betrachte nun dein Leben, wo es Anteile gibt, die du an dir nicht magst, die du am liebsten loswerden willst, vielleicht sogar hasst. Aspekte, die du vor anderen verbirgst, ihnen nicht zeigen willst und womöglich sogar vor dir selbst zu verstecken versuchst. Es kann Unsicherheit sein oder Angst, die du nicht zeigen willst. Oder es ist deine Wut, die dir peinlich ist. Womöglich hasst du deinen Körper, die Form deiner Nase, deine Migräneattacken. Überlege, wo du anderen und möglicherweise auch dir selbst etwas vormachst: »Ich bin ja nicht eifersüchtig, ich kenne keinen Hass, ich besitze ja keine Fähigkeiten oder Qualitäten.« Schaue, wobei du nicht ehrlich, nicht authentisch bist! Was soll niemand von dir wissen? Wo hast du »Mist gebaut« und willst es nicht zugeben, kannst es dir nicht vergeben? Was sind Stärken von dir, die du aus Angst vor dem Neid oder

der Ablehnung der anderen nicht zeigen willst? Wann stellst du dich selbst besser oder schlechter dar, als du bist? Machst du dir selbst Vorwürfe, kritisierst und verurteilst du dich? Lasse dir jetzt Anteile von dir zeigen, die du nicht magst, die du nicht haben willst oder die dir peinlich sind.

Beobachte auch, was du an anderen nicht magst, was dich an ihnen nervt: deren Unzuverlässigkeit, deren Unklarheit, deren Eifersucht, deren Wutausbrüche oder auch deren abstehende Ohren, deren dicker Bauch, deren Pickel im Gesicht. Lasse dir Situationen aus deinem Leben zeigen, in denen dich Anteile von anderen gestört, genervt, geärgert haben.

Der Ilex hat eine andere, verborgene Seite. Er wird im Deutschen auch Christusdorn genannt. Denn wie Jesus hilft er uns, uns für Vergebung, Liebe und Mitgefühl mit uns selbst und mit allen Wesen zu öffnen. Und nur, wenn wir alles annehmen, können wir ganz und heil werden.

Bitte den Ilex, vor dem du sitzt, jetzt um Einlass in seinen inneren Raum. Er lädt dich ein, unter seine schützenden Zweige zu kommen, in seinen Raum der Liebe. Gehe achtsam hinein in den sicheren, absolut geschützten Bereich an seinem Stamm. Berühre seine Rinde und seine Blätter, die nach innen hin gar nicht spitz, sondern rund sind. Mache es dir bequem, vielleicht möchtest du dich an seinen Stamm lehnen. Und dann lasse seine Kraft, seine Liebesenergie durch dich fließen. Er ist der Christusdorn, Symbol der universellen, bedingungslosen Liebe. In diese Liebe hüllt er dich ein, lässt sie durch dich fließen, dich darin baden, tankt dich auf und stärkt dich.

Denke nun an Begebenheiten, für die du dankbar sein kannst. Vielleicht bist du dankbar für dein Leben, deine Gesundheit, deine Beziehungen? Vielleicht bist du dankbar für diesen Moment, in dem du dem Erblühen deines Herzens näher kommen kannst?

Erinnere dich daran, was du an dir hasst, nicht akzeptieren, nicht lieben kannst. Was nützt es dir, wenn andere dich loben, wenn du dich selbst nicht magst? Der Ilex mit seinen Stacheln macht dich wach! Er ist das »Schwert der Wahrheit«. Sei also ehrlich mit dir!

Und wenn du bereit bist, dann schaue jetzt hin, und sieh, was du in solchen Situationen bewusst oder unbewusst gefühlt, gedacht, vielleicht gesagt oder gewünscht hast! Fühle den Selbsthass, die Scham, vielleicht die Schuldgefühle. Fühle das, was es jetzt zu fühlen gibt.

Bitte den Ilex um Hilfe, die Persönlichkeitsanteile von dir, die du selbst nicht leiden kannst, in seine Liebe, sein Mitgefühl einzuhüllen. Die Liebe kann alles heilen! Sie kann alles in Ordnung bringen, in die Ordnung bringen. Und während der Christusdorn in seiner unendlichen, unbegrenzten Liebe diese Anteile annimmt, kannst auch du diese Anteile annehmen und lieben. Sie gehören zu dir. Die Maske kann fallen. Du kannst nur mit diesen Anteilen ganz sein.

Du sitzt unter dem Ilex, bist absolut geschützt und geliebt. Bitte ihn nun, auch alle die Anteile in seine Liebe und sein Mitgefühl einzuschließen, die dich bei anderen Menschen stören, ärgern, nerven … Du bemerkst – vielleicht erstaunt –, dass du auch diese Anteile akzeptieren und lieben kannst. Und wenn du ehrlich bist und ganz genau hinschaust, kannst du vielleicht erkennen, dass es diese Anteile auch in dir gibt.

Lasse diese Bereiche von der unbegrenzten Liebe durchströmen. Fühle, was jetzt zu fühlen ist, und akzeptiere alles – rechtfertige dich nicht! Totale Akzeptanz lässt uns frei werden. Sie lässt die Masken fallen und öffnet unser Herz für das Mitgefühl und die Liebe uns selbst und auch anderen gegenüber.

Fühle die Wandlung, fühle die Befreiung! Dein Herz wird offener für dich und für andere. Frieden breitet sich in dir aus.

Offen, liebevoll und mitfühlend mit uns selbst und anderen zu sein, das ist unser natürlicher Zustand! Dann sind wir nicht davon abhängig, ob andere uns lieben oder nicht, sondern können uns und unsere Gaben verschenken an die Welt und den Samen der Liebe weitergeben. Im Alltag wirst du merken, dass dich vieles nicht mehr so schnell stört und du alles leichter nehmen kannst. Das ist Frieden: weniger Konflikte im Innen, weniger Konflikte im Außen. So entdeckst du dein Liebespotenzial und lässt es sich entfalten.

Zum Abschluss bedanke dich beim Ilex, bedanke dich bei deiner Herzensintelligenz, und bedanke dich bei dir selbst, dass du dich darauf eingelassen hast, ungeliebte Anteile anzunehmen.

Komme langsam wieder im Hier und Jetzt an, spüre deinen Körper, und öffne deine Augen.

BUCHE, ROTBUCHE

Die Beziehung zur (inneren) Mutter heilen

Rotbuche (Fagus sylvatica), Familie der Buchengewächse (Fagaceae)

Der Baum

Die Buche ist die nährende Mutter des Waldes und versorgt Tier und Mensch. Ihr lateinischer Name »fagus« bedeutet »essen«. Besonders nach heißen Sommern produziert sie eine Fülle von Bucheckern, pro Hektar Buchenwald mehr als 300 Kilogramm, die auch für Menschen schmackhaft und gesund sind. Das Jahr 2016 war solch ein Mastjahr, und das bei fast allen Baumarten – nur die Eschen machten nicht mit. Bäume sprechen sich dazu artübergreifend ab, sie kommunizieren mittels chemischer Botenstoffe.[36] Nach einer alten Bauernregel lässt solch ein Mastjahr auf einen langen und harten Winter schließen – und das ist er dann auch gewesen.

Die Buche ist ein echter Familienbaum. Die Wurzeln alter und junger Bäume sind untereinander verbunden und bilden ein regelrechtes Netzwerk, über das Nachrichten und Nährstoffe ausgetauscht werden. Junge Buchensämlinge brauchen den Schutz ihrer Mutter. Sie sind, anders als z. B. Pappel- oder Birkensämlinge, »Nesthocker«. Sie werden von »Mama Buche« wie in einem Kindergarten erzogen – mit Strenge und Mitgefühl. Durch ihr dichtes Blätterdach sorgt sie dafür, dass ihr Nachwuchs nur langsam wächst und einen direkten Weg zum Licht wählt. Dadurch wird gleichmäßiges und kompaktes Holz ausgebildet. Das macht Buchen stabil gegen Sturm und Schneelast, führt zu hochwertigem Holz, und die kleinen Bäumchen lernen schon früh, optimal mit Licht und Wasser umzugehen.[37]

So sozial, mitfühlend und hilfsbereit, wie sie zu ihren Familienmitgliedern ist, so ausgrenzend und verdrängend ist die Buche anderen Baumarten gegenüber. Dadurch macht sie uns auf das Thema »Toleranz« und »gleichwertige Anerkennung der anderen« aufmerksam.

36 Vgl. V. Arzt: Kluge Pflanzen.

37 Vgl. P. Wohlleben: Das geheime Leben der Bäume.

Im Buchenwald ist es dunkel. 97 Prozent des einfallenden Lichtes nimmt die Buche mit ihren Blättern auf.[38] Das macht es für andere Pflanzen schwer, dort zu überleben. Es gibt kaum Unterwuchs im Buchenwald, nur ein paar Frühblüher sowie Eibe und Ilex können sich bei dem wenigen Licht entwickeln.[39] Damit der eigene Nachwuchs im Schatten des Mutterbaumes überleben kann, wird er über die Wurzeln mit Nährstoffen versorgt und muss geduldig warten, bis ein großer Baum stirbt, damit er dann einen Lichtblick hat und selbst groß werden kann. Deshalb steht die Buche auch für Ausdauer, Geduld, Durchhaltevermögen und konsequentes Verfolgen eines Ziels. Die Buchenwaldfamilie schützt sich gegenseitig vor Kälte, Hitze, UV-Strahlung, Wind und Krankheiten. Durch diese gegenseitige Unterstützung, diesen Zusammenhalt des Buchenwaldes ist die Baumart so erfolgreich, dass sie der natürlicherweise vorherrschende Baum in Mitteleuropa ist. Buchen sind sehr langsam, aber beharrlich und unaufhaltsam nach der letzten Eiszeit vorgedrungen. Wenn wir keine Forstwirtschaft hätten, würde der größte Teil unserer Wälder aus Buchen bestehen. So sind immerhin 15 Prozent der deutschen Waldfläche Buchenwald.[40]

Einzeln stehende Buchen haben es schwerer und werden auch nicht so alt wie Waldbäume, die bis zu 300 Jahre leben können. In dem Wald, an dem ich wohne, wurde vor 2 Jahren die erste Reihe Buchen am Waldrand gefällt. Daraufhin ist bei etlichen Bäumen aus der ehemals zweiten Reihe die dünne Rinde unter dem Sonnenlicht aufgeplatzt und verbrannt. Einige Bäume versuchen nun, ganz unten beblätterte Zweige auszutreiben, um Schatten für den eigenen Stamm zu erzeugen, aber so schnell geht das nicht …

Obwohl (oder vielleicht gerade weil) sie ein Familienbaum ist, steht die Buche auch für Individualisierung und Selbstentfaltung. Beides sind Herausforderungen in einer Großfamilie, wo jeder auf den anderen schaut. Buchen sind im Gegensatz z. B. zu Fichten oft sehr individuell. Mit Abstand die meisten Baumgesichter habe ich auf Buchenstämmen gesehen!

38 Vgl. P. Wohlleben: Das geheime Leben der Bäume.

39 Dass wir Menschen im Buchenwald nicht »im Dunkeln stehen«, liegt daran, dass Chlorophyll im grünen Bereich eine sogenannte Bandlücke hat. Pflanzen können diesen Bereich des Lichts nicht nutzen, wir Menschen sehen dort aber sehr gut. Unser Vorteil im Wald! Das ist auch der Grund, weshalb Blätter für uns meist grün aussehen – alle anderen Farben werden von den Bäumen »geschluckt«, vgl. P. Wohlleben: Das geheime Leben der Bäume..

40 Vgl. www.sdw.de/waldwissen/wald-faq/.

Die Buche ist auch der Baum der Akademiker, die Hüterin des Wissens. Das Wort »Buchstabe« kommt von den Buchenstäbchen, die für Runenorakel benutzt wurden, und das »Buch« heißt so, weil die ersten Bücher auf Buchenbrettchen geschrieben wurden (mit Tinte, die aus Eichen-Galläpfeln gewonnen wurde[41]).[42] Die ölhaltigen Früchte der Buche, die Bucheckern, sind Nervennahrung und fördern die Intelligenz. Der Baum steht für Gelehrsamkeit, geduldiges Lernen, Offenbarung von tief Verborgenem und die Erhaltung von Wissen und Weisheit im geschriebenen Wort. Unter einer Buche zu sitzen, kann helfen, die eigene Mitte zu finden, in die Ruhe zu kommen und sorgfältige, klare Entscheidungen zu treffen. Sie hilft bei Erschöpfung und Ermüdung infolge von Reizüberflutung oder monotoner Arbeit, indem sie uns das Hilfreiche und Nützliche an der gegenwärtigen Situation erkennen und nutzen lässt.

Die Buche liefert ein hervorragendes Nutz- und Brennholz. Nicht nur im Ofen gibt sie Wärme und Geborgenheit. Buchenasche ist ein gutes Scheuer- und Reinigungsmittel, das früher in Seife und Zahncreme enthalten war. Ich heize bewusst alle paar Wochen mit Buchenholz, um anschließend die Ofentüren mit der Asche zu reinigen.

Von der Buche werden Blätter, Holz und die Früchte zu Heilzwecken verwendet. Buchenextrakte haben eine zusammenziehende, entzündungshemmende und juckreizstillende Wirkung und sind hilfreich bei Wunden, Hautleiden, Entzündungen und Schwellungen. Beim Anlehnen an ihren Stamm kann die Buche Kopf- sowie Rückenschmerzen und Migräne aufnehmen und gibt als »Mutterbaum« Halt, Geborgenheit und Unterstützung. Als ich ein paar Tage lang jeden Nachmittag Rückenschmerzen bekam, die bis zum nächsten Morgen anhielten, rief mich eines Tages im Wald eine Buche zu sich, und ich stellte mich mit dem Rücken an ihren Stamm. Dann begann ich, meinen Rücken auf- und abzubewegen, mich am Stamm zu schubbeln und so meinen Rücken zu massieren. Nach etwa 20 Minuten bedankte ich mich bei der Buche und ging. Die Rückenschmerzen sind von da an nicht wieder aufgetreten.

41 Die ca. 1 Zentimeter großen, runden Galläpfel kann man manchmal an der Unterseite von Eichenblättern sehen. Es sind Eier der Gemeinen Eichengallwespe (Cynips quercusfolii). Werden gemahlene Galläpfel mit Eisensalzen gemischt, entsteht eine schwarze Tinte,vgl. de.wikipedia.org/wiki/Gallapfel.

42 Vgl. F. Hageneder: Der Geist der Bäume.

Buchen besuchen

Der Huy (gesprochen »Hüh«) auf 300 Metern ist ein Höhenzug am nördlichen Harzrand, etwas nördlich von **Halberstadt** (Sachsen-Anhalt). Er ist mit knapp 12 Kilometern Länge und bis zu 3 Kilometern Breite der größte zusammenhängende nahezu reine Buchenwald Mitteleuropas. Von dort aus hat man einen Blick nach Halberstadt und weit ins Harzvorland hinein. Ruhe und Abgeschiedenheit kann der Huy auch bieten. Sein kalkiger Boden lässt an etlichen Stellen Orchideen gedeihen, weshalb sich ein Besuch im Frühjahr besonders lohnt.

Eine botanische Rarität sind die Süntelbuchen, Bäume, die vermutlich aufgrund eines nur im **Süntel,** einem Teil des Weserberglandes in Niedersachsen, 45 Kilometer südwestlich von Hannover, aufgetretenen Gendefekts mehr in die Breite als in die Höhe wachsen und dabei verdrehte, verkrüppelte und miteinander verwachsene Zweige bilden. Mit ihren herabhängenden Zweigen bilden die Süntelbuchen halbkugelförmige Kronen aus.[43] Sie sind ideale Kletterbäume! Früher fast ausgerottet, weil sie zu nichts außer Brennholz nütze waren, werden sie heute geschützt und bewundert. Man findet sie nicht nur im Süntel (Dachtelfeld und Bleeksgrund), sondern auch in etlichen Parks und Grünanlagen, z. B. im Berggarten in **Hannover-Herrenhausen.**

Etwas Besonderes sind die Haushecken in der Eifel, die oft aus Rotbuchen bestehen, weil diese auch im Winter belaubt sind. Die verwelkten Blätter fallen erst im Frühjahr ab, wenn das neue Laub austreibt. Besonders in Kalterherberg und um **Monschau** herum sind schöne Exemplare zu sehen, die bis zu 250 Jahre alt sind. Die Hecken dienen dem Schutz vor Wind und Wetter und sind teilweise haushoch, weshalb Tore und Fenster in sie eingearbeitet wurden.

43 Vgl. de.wikipedia.org/wiki/S%C3%BCntel-Buche.

Selbstcoaching mit der Buche: Die Beziehung zur (inneren) Mutter heilen (Vergebung Teil 2)

> »Fürchte dich vor der Unbewusstheit, nicht vor anderen Menschen.«

Diese und die Innenreise mit der Eiche sind besonders, denn es geht um die Beziehung zu den eigenen Eltern (bzw. zu den Personen, die diese Rolle übernommen haben). Nach meiner Erfahrung tragen viele Menschen noch Verletzungen aus dieser frühesten Beziehung mit sich, die sich in aktuellen Beziehungen zu weiblichen bzw. männlichen Personen wiederholen. Es genügt nicht, dass unser »erwachsenes Ich« das Verhalten unserer Mutter und unseres Vaters heute verstehen kann, solange unser inneres Kind noch verletzt ist. Eventuell ist mit dem einmaligen Durchführen dieser Innenreisen die Beziehung zu den Eltern nicht ganz geheilt. Dann ist es hilfreich, diese Innenreisen mit einigen Tagen Abstand mehrfach durchzuführen und auch tatsächlich einmal in der Natur bei einer Buche bzw. Eiche zu sitzen. Lasse dir dann von dem Baum ein Symbol geben, z. B. ein Blatt oder ein Stück Holz, mit dessen Hilfe du dich bei der nächsten Innenreise zu Hause leichter mit ihm verbinden kannst. Sollte das Thema »Beziehung zu den Eltern« sehr intensiv für dich sein, insbesondere, wenn körperlicher oder psychischer Missbrauch stattgefunden hat, dann wende dich bitte an eine Psychologin oder einen Therapeuten.

Himmel und Hölle (ein russisches Märchen)

Ein Rabbi kommt zu Gott und sagt: »Herr, ich möchte die Hölle sehen und auch den Himmel.« – »Nimm Elia als Führer«, spricht der Schöpfer, »er wird dir beides zeigen.« Der Prophet nimmt den Rabbi bei der Hand. Er führt ihn in einen großen Raum. Ringsum sitzen Menschen mit langen Löffeln. In der Mitte, auf einem Feuer kochend, steht ein Topf mit einem köstlichen Gericht. Alle schöpfen mit ihren langen Löffeln aus dem Topf. Aber die Menschen sehen mager aus, blass und elend. Kein Wunder: Ihre Löffel sind zu lang. Sie können sie nicht zum Mund führen und das herrliche Essen nicht genießen. Die beiden gehen hinaus. »Welch seltsamer Raum war das?«, fragt der Rabbi den Propheten. »Die Hölle«, lautet die Antwort.

Sie betreten einen zweiten Raum. Alles ist genau so wie im ersten. In der Mitte, auf einem Feuer kochend, steht ein Topf mit einem köstlichen Gericht. Ringsum sitzen Menschen mit langen Löffeln. Aber sie sehen alle wohlgenährt und gesund aus, sind freundlich und glücklich. Der Rabbi schaut genau hin. Diese Menschen benutzen ihre genauso langen Löffel dazu, die Suppe vorsichtig den anderen in den Mund zu schieben. Sie geben einander zu essen. Da weiß der Rabbi, wo er ist.[44]

Innenreise

Schließe deine Augen, gehe mit deiner Aufmerksamkeit in dein Herz, und verbinde dich mit deiner inneren Führung. Gehe in deiner Vorstellung in einen Buchenwald. Große, mächtige Bäume stehen hier, und auch mittlere und kleine Buchen umgeben dich. Bemerkst du, wie schattig es hier ist? Aber einige Blätter leuchten in der Sonne. Am Boden liegen Bucheckern, und auch an den Zweigen hängen welche. Befühle sie, rieche an ihnen! Vielleicht möchtest du ein paar probieren. Wie schmecken sie dir? Wurzeln kommen hier und da aus der Erde. Du bemerkst, wie verschiedene Bäume, alte und junge, miteinander über die Wurzeln verbunden sind. All diese Bäume um dich herum unterstützen sich gegenseitig und bilden eine Familie. Nun heißen sie auch dich in ihrer Familie willkommen! Eine besonders große Buche, sie scheint die Mutter dieses Waldes zu sein, lädt dich zu sich ein. Gehe zu ihr.

Spüre die Struktur ihrer glatten Rinde unter deiner Handfläche. Rieche an ihrer Rinde, an den Blättern, Blüten oder Früchten. Sie lädt dich ein, dich zu ihr zu setzen, mit dem Rücken an ihrem Stamm. Sie umarmt dich mit ihren Zweigen. Genieße die Geborgenheit, den Frieden und die Liebe dieses wundervollen Platzes.

Betrachte nun dein Leben. Wie war in deiner Kindheit das Verhältnis zu dem Menschen, der in deinem Leben die Mutterrolle übernommen hat – das muss nicht deine leibliche Mutter gewesen sein. Habt ihr euch gegenseitig unterstützt, oder hat jeder für sich versucht, zu überleben? Hat deine Mutter dich genügend genährt, auch emotional? Hast du dich von ihr geliebt gefühlt – egal, was du angestellt hattest? Hat sie dich in den Arm genommen, war sie zärtlich zu dir? Hat sie sich dir zugewandt, dich gesehen, dich gespürt, war sie ausreichend für dich da? Hat sie dich getröstet, wenn es dir schlecht ging? Hat sie dich liebevoll umsorgt? Oder hast du zu wenig Zuwendung, zu wenig Liebe bekommen? Gab es Kontrolle statt Liebe, Festhalten statt Freilassen, kein oder zu wenig Vertrauen in dich, fühltest du dich nicht geliebt oder hattest nicht das Gefühl, dass deine Mutter immer für dich da ist? Hat sie gesehen und gespürt, was du brauchtest und was für dich das Beste war?

Schaue es dir an.

44 einklich.net/person/betrieb5.htm.

Wenn du von deiner Mutter nicht genügend genährt und geliebt wurdest, wenn da noch Leid ist in der Beziehung zu ihr, dann ist es jetzt Zeit, den Schmerz zu fühlen. Spüre die mächtige, starke Buche in deinem Rücken, wie ihre Zweige dich einhüllen, dich halten und unterstützen. Die gesamte Familie der Buchen fühlt jetzt mit dir! Sobald du bereit bist, lasse den Schmerz, die Verletzung kommen. Fühle die Traurigkeit, die deine Mutter in dir ausgelöst hat, weil sie nicht genügend da war, nicht mit dir war. Fühle deinen Schmerz darüber, allein gelassen zu werden, nicht geliebt zu werden, nicht genährt zu werden, hilflos, enttäuscht zu sein, nicht gesehen, übergangen, nicht ernst genommen zu werden. Empfinde die Ablehnung, die Zurückweisung, wenn du nicht getröstet, nicht gehalten wirst. Lasse deine Gefühle kommen: Angst, Traurigkeit, vielleicht Wut oder Hass. Womöglich sind da auch Körpergefühle: Verspannungen oder Schmerzen im Rücken, ein Ziehen in der Schulter. Erlaube dir, jetzt alles zuzulassen. Heiße den Schmerz willkommen, wenn es dir möglich ist. Fühle, was zu fühlen ist. Atme tief durch, wenn etwas unangenehm ist. Lasse es in dir arbeiten.

Du sitzt immer noch an der mächtigen Buche inmitten des Waldes. Kannst du mit deinem Rücken die Struktur ihrer Borke spüren? Befühle ihre Rinde mit den Fingern. Ihre grünen Blätter umgeben dich. Hörst du sie leise im Wind rauschen? Du wirst gehalten. Kannst du fühlen, wie du bei »Mama Buche« aufgehoben, angekommen und angenommen, erwünscht und geliebt bist, so, wie du bist? Stärker und stärker durchströmt dich ihre Mutterliebe, und dein Herz heilt. Ihre Energie, ihre liebevolle Fürsorge, ihr Vertrauen hüllen dich ein. Die Buche flüstert dir ins Ohr: »Du bist mein geliebtes Kind. Ich bin immer für dich da.« Was spricht sie noch zu dir? Lasse dich von ihr nähren, umsorgen, halten und unterstützen.

Bleibe mit der Buche in deinem Rücken verbunden, und rufe nun deine Mutter vor dein inneres Auge. Schaue ihr ins Gesicht, in die Augen. Sie hat dir das Leben geschenkt, das kostbarste Geschenk, das sie dir machen konnte. Sie hat dich geboren oder zumindest großgezogen. Danke ihr für das, was sie für dich getan hat.

Wenn es etwas zu vergeben gibt, dann vergib ihr. Sage zu ihr: »Ich vergebe dir den Schmerz, den du mir bereitet hast.« Das rechtfertigt nicht ihr Tun oder Lassen, aber es macht dich frei! Lasse nun die Liebe und Unterstützung der Buche in deinem Rücken durch dich hindurch auch zu deiner Mutter fließen, und vergib ihr, so gut es dir jetzt möglich ist.

Deine äußere Mutter kannst du nicht ändern, aber deine innere Mutter, das Bild der Mutter in dir, das kannst du ändern. Male dir jetzt ein heiles, ein heileres Bild von deiner inneren Mutter, das Bild einer heilen Beziehung zu ihr. Kreiere es so, wie es dir am meisten hilft. Vielleicht kanntest du als Kind (oder auch später als Erwachsener) so eine Frau, die du dir (heimlich) als Mutter gewünscht hättest. Erschaffe dir

eine innere Mutter, die dich unterstützt, die dir eine gute Freundin ist, die dir vermittelt, dass du unendlich geliebt wirst und immer zu ihr kommen kannst, egal, wie es dir gerade geht. Sie ist für dich da. Sie gibt dir Halt, Geborgenheit, ein Zuhause, das Gefühl, so gewollt zu sein, wie du bist.
Lasse dir von der Buche zeigen, wie du dir selbst eine gute Mutter sein, gut für dich sorgen kannst. Finde immer genauer heraus, was dir guttut und dich nährt, und setze dein Wissen auch um. Die Buche kann dir helfen, die Beziehungen innerhalb deiner Familie zu heilen, sodass gegenseitiger Respekt, Unterstützung und Liebe wachsen. Schaue dir bei der Buche ab, wie sich die Bäume gegenseitig unterstützen, indem sie Nahrung, Schutz und Informationen austauschen. Wie sie im Schatten, im Schutz und mit der Unterstützung anderer Bäume emporwächst und sich dann zu voller Kraft, Schönheit und Stärke entfaltet. Wie sie anderen Nahrung und ein Zuhause gibt. Sie gibt dich frei, wenn es an der Zeit ist. Trotzdem kannst du immer wieder zu ihr kommen und bei ihr ein Heim finden.
Bedanke dich abschließend bei der Buche, bei der ganzen Buchenfamilie, bedanke dich bei deiner inneren Führung. Bedanke dich bei dir selbst, dass du dich darauf eingelassen hast, dich mit deiner Mutter zu konfrontieren und die Beziehung zu heilen.
Komme langsam wieder im Hier und Jetzt an, spüre deinen Körper, und öffne deine Augen.

EICHE

Die Beziehung zum (inneren) Vater heilen

Stieleiche (Quercus robur),
Familie der Buchengewächse (Fagaceae)

Der Baum

Jeder kennt die großen, starken, oft schon alten Bäume. Sie laden dazu ein, sich an sie zu lehnen und Kraft zu tanken – was tatsächlich regenerierend, stärkend und geistklärend sein kann. Die Eiche gilt als König der Bäume. Dass sie schon von alters her mit Festigkeit, (Lebens-)Kraft, Willenstärke, (Kampfes-)Mut, Standhaftigkeit und Ausdauer in Verbindung gebracht wird, ist mehr als naheliegend. Sie symbolisiert das männliche, schöpferische Element und ist dem dritten Chakra zugeordnet.

Sie steht auch für das Beschützende, Behütende und Nährende und ist ein sehr väterlicher Baum, der sich gut mit anderen Arten verträgt. Im Herbst produziert sie eine Fülle von Eicheln: mehrere 10 000 Stück, die Nahrung für über 500 verschiedene Tierarten sind. Namen wie Eichelhäher, Eichenbock und Eichengallwespe sprechen für sich. Kein anderer Baum nährt und beherbergt so viele verschiedene Spezies. In Notzeiten und auch bei spirituellen Zeremonien wurde Eichelmehl im Brot verbacken. Auch Kaffee wurde daraus gemacht.[45] Der Baum gehört zusammen mit der Esskastanie (Maroni, Castanea sativa) und der Rotbuche (Fagus sylvatica) zu den Fagaceen, also den »Essensbäumen«. Seine Früchte sind anders als bei (Ess-)Kastanie oder Buche offen zugänglich. Die Eiche schenkt sie der Welt, nährt und unterstützt mit ihrer Kraft andere. Eicheln enthalten viel Stärke. Eichensprösslinge sind schon als kleine Bäumchen stark, weil sie durch die Eichel so reich genährt sind, dass sie auch im Schatten oder hohen Gras wachsen können. »Papa Eiche« sorgt gut für sie. Eine alte Bauernregel sagt: »Auf Eichen wachsen die besten Schinken.« Das bedeutet, dass das Fleisch von Schweinen, die mit den stärkehaltigen Eicheln genährt werden, besser schmeckt als das Fleisch von Schweinen, die mit ölhaltigen Bucheckern gemästet werden.[46] Das Wort »Mast« kommt vermutlich vom keltischen »messu«, »Eichel«.[47] Im Mittelalter wurde der Wert eines Waldes nicht danach bemessen, wie viel Holz in ihm wuchs, sondern nach seinem Reichtum an Bucheckern und Eicheln. Das bestimmte, wie viele Schweine und andere Nutztiere in diesen »Hude-« oder »Hutewäldern« weiden konnten. Eine einzige Eiche kann bis zu 750 Kilogramm Eicheln pro Jahr liefern und damit etwa ein halbes Schwein satt machen.

45 Vgl. F. Hageneder: Der Geist der Bäume.

46 Z. B. beruhte die Qualität des Westfälischen Schinkens auf Eichelmast und der Aufzucht der Schweine in der freien Natur, vgl. U. Stiller: Westfälische Küche; M. und R. Spohn: Kosmos-Baumführer Europa.

47 Vgl. W.-D. Storl: Pflanzen der Kelten.

Heute ist das Wertvollste an der Eiche ihr Holz. Sie hat festes, hartes, dauerhaftes und schädlingsresistentes Holz wie kein anderer Baum. Es ist geeignet für Häuser, Schiffe, Fässer, Tische und Türen. Eichenholz kann man auch nach langer Lagerung am Geruch erkennen, im frischen Anschnitt vernimmt man deutlich die nach Essig riechende Gerbsäure. Diese ist der Grund dafür, dass Wein häufig in Eichenfässern gelagert wird, um zu reifen – die sogenannte Barriquelagerung. Unter Wasser wird Eichenholz schwarz und ist nahezu unbegrenzt haltbar. Venedig und Amsterdam stehen deshalb zum großen Teil auf Eichenholzpfählen.[48] Wegen der Gerbsäure ist der Baum wenig anfällig für Pilzbefall und kann selbst große Verletzungen wegstecken, ohne dass seine Stabilität gefährdet würde. Eichenrinde kann zum Gerben verwendet werden. Dazu wurde sie früher in den »Lohmühlen« zerkleinert. Die Gerbsäure wirkt u.a. zusammenziehend, stopfend, entzündungshemmend, blutstillend und keimtötend.

Die Äste von Eichen sind selten gerade, sondern weisen einen Zickzack-Wuchs auf, in dem sich der Rhythmus der Natur zeigt. Daran kann man Eichen im Winter schon von Weitem erkennen. Ebenso wie in der Form der Blätter zeigt sich hier die Strukturiertheit dieses Baumes. Sie kann auch uns Menschen helfen, Struktur in unser Leben zu bringen, die Gedanken zu ordnen, und uns zu geistiger Klarheit verhelfen. Die Eiche kann man auch zum Auftanken und zur allgemeinen Stärkung nach kräfteraubender Arbeit oder Krankheit nutzen. Mit einer Eiche im Rücken meistert man die Stürme des Lebens besser, denn sie kann die heile Vaterenergie in uns aktivieren. Dadurch umsorgen wir uns selbst wie ein Vater, beispielsweise bei der Strukturierung des Tages mit Pausen für die Regeneration. Bei bzw. mit ihr findet man den Mut und die Stärke, die eigenen Ideen zu verwirklichen!

Die Eiche benötigt viel Licht. Mit ihrer Pfahlwurzel reicht sie tief in die Erde, was

48 Vgl. M. und R. Spohn: Kosmos-Baumführer Europa.

sie standhaft und ausdauernd macht. Sie wächst langsam, stetig und kann sehr alt werden. Die sogenannten 1000-jährigen Eichen, die es vielerorts gibt, sind oft tatsächlich (fast) so alt.

Für die Kelten war die Eiche einer ihrer wichtigsten Bäume, sie galt als der Archetypus des Baumes.[49] Es gab heilige Eichenhaine, und die Druiden, die geistigen Führer, hießen »Eichen-Weise« (keltisch »dru, dreu«, »Eiche«).[50] Neben Linden waren auch Eichen Gerichts- und Versammlungsorte. Unter Eichen wurden überlebenswichtige Angelegenheiten des Stammes beraten, wurde Recht gesprochen und wurden Urteile vollstreckt. Bei den Germanen war die Eiche Donar, dem Gewitter- und Wettergott geweiht. Das war nicht zufällig so, denn in Eichen schlägt der Blitz wohl tatsächlich häufiger ein als in andere Bäume (vermutlich, weil Eichen hoch sind und mit ihren tiefen Wurzeln gern auf Wasseradern stehen). Daher kommt der Merkspruch für Gewitter: »Eichen sollst du weichen, Buchen sollst du suchen, kannst du Linden grad nicht finden.« Im 18. Jahrhundert wurde die Eiche zum deutschen Wappenbaum, während gleichzeitig im Volk die Linde an Bedeutung gewann.[51]

49 Vgl. W.-D. Storl: Pflanzen der Kelten.

50 Davon abgeleitet ist nicht nur das Wort »Treue«, weil die Eiche so widerstandsfähig ist, sondern auch unsere Wörter »Tür« und »Tor«. Bei den Kelten war die Eiche verbunden mit den Sonnenwenden, dem Tor in die jeweils andere Jahreshälfte. Auch heute noch brennt in Mittsommerfeuern oft Eichenholz, vgl. W.-D. Storl: Pflanzen der Kelten.

51 Vgl. S. Fischer-Rizzi: Blätter von Bäumen.

Eichen besuchen

Reine Eichenwälder sind heute selten. Sie werden langsam von den Buchen verdrängt und auch vom Menschen dezimiert. Die wenigen alten Hudewälder, die es bei uns noch gibt, werden mit ihren verkrüppelten Bäumen oft als »Urwälder« angesehen. Dabei sind sie alte Wirtschaftswälder, in denen Nutztiere gemästet wurden. Alten Hudewald findet man z. B. im **Reinhardswald** bei Kassel (Nordhessen), den »Urwald Sababurg«. Eine Fläche von 92 Hektar wird seit über 100 Jahren nicht mehr forstwirtschaftlich genutzt und steht seit 1907 unter Schutz. Hier dürfen Bäume noch alt werden und artgerecht sterben. Kilometerlange Eichenalleen, alte Baumriesen, z. T. als Baumgerippe, stehen dort. Seltene Holzpilze haben sich angesiedelt, der Waldkauz brütet in Höhlen alter Ei-

chen und Buchen. Man kann sich wirklich verzaubern lassen.

Das **Zisterzienserstift Zwettl** im Waldviertel (Niederösterreich) ist der Gründungslegende nach im Jahr 1137 an dem Platz erbaut worden, wo im Winter eine blühende Eiche gefunden wurde, nachdem der designierte Abt davon geträumt hatte. Das Stift liegt in einem lichten Tal des Kamp, und der Name »Zwettl« leitet sich vom slawischen »svetla«, »lichtvoll, hell« ab. Teile dieser winterblühenden Wundereiche sind im Kruzifix des Altars der Stiftskirche verewigt.[52] Ich finde, dass die besondere Energie der Eiche dort sehr deutlich spürbar ist. Es ist ein Kraftplatz mit einer sehr starken männlichen, väterlichen »Eichenenergie«.

Ähnlich fühlt sich für mich auch der Platz der Wallfahrtskirche in **Maria Taferl** (auf einem Plateau hoch über der Donau in Niederösterreich) an. Auch dieser Platz ist der Legende nach mit einem heiligen Eichenhain verbunden.

52 R. Bouchal, G. Lukacs: Kraftorte im Waldviertel.

Selbstcoaching mit der Eiche: Die Beziehung zum (inneren) Vater heilen (Vergebung Teil 3)

»Sei der Mensch, den du selbst am meisten gebraucht hättest.«

(Verfasser unbekannt)

Lies zu diesem Thema des Selbscoachings bitte auch den Hinweis auf Seite 55.

Vom Wert der Dinge und der Menschen[53]

Im Rahmen eines Seminars hielt der Trainer einen 50-Euro-Schein in die Luft. Er fragte: »Wer von Ihnen möchte diesen 50-Euro-Schein haben?« Überall gingen die Hände hoch. »Okay, einen kleinen Moment«, sagte er und zerknüllte den 50-Euro-Schein. »Wer möchte diesen nun zerknüllten 50-Euro-Schein haben?« Wieder gingen die Hände in die Luft. »Okay, warten Sie«, sagte er und warf den zerknüllten 50-Euro-Schein auf den Boden und trat mit seinen Schuhen darauf herum, bis der Schein voller Schmutz war. Er hob ihn an einer Ecke auf und hielt ihn wieder in die Luft. »Wer von Ihnen möchte diesen dreckigen, zerknitterten

53 Verfasser unbekannt, gefunden in: www.stefan-vocke.de/html/stories/wert.html.

50-Euro-Schein immer noch haben?« Und erneut hoben sich alle Hände. »Sehen Sie, Sie haben gerade eine sehr wertvolle Lektion erfahren. Was auch immer ich mit dem Geldschein mache, wie schmutzig und zerknüllt er auch ist, er hat dadurch nicht an Wert verloren. Es sind immer noch 50 Euro. So oft in unserem Leben werden wir selbst fallen gelassen, sind am Boden zerstört und kriechen vielleicht im Schmutz – und fühlen uns wertlos. Aber all das ändert ebenso wenig etwas an unserem Wert wie das, was ich mit diesem Schein tat. Der Wert von jedem einzelnen von uns bleibt immer erhalten, wie schmutzig, arm oder verloren wir auch immer sein mögen.«

Innenreise

Schließe deine Augen, gehe mit deiner Aufmerksamkeit in dein Herz, und verbinde dich mit deiner inneren Führung. Gehe in deiner Vorstellung auf einem schönen Weg spazieren. Die Sonne scheint, und du kommst zu einer Wiese. Darauf siehst du eine große, mächtige Eiche stehen. Kraftvoll wirkt sie, stark, beständig. Sieh, wie ihre Blätter in der Sonne leuchten. Hörst du sie im Wind rauschen? Gehe zu dem Baum, er lädt dich ein.

Sieh dich um! Eicheln hängen an den Zweigen und liegen am Boden. Nimm einige in die Hand, und befühle sie. Lehne dich jetzt mit deinem Rücken an den starken Stamm. Fühle die grobe Rinde in deinem Rücken. Spürst du ihre Lebenskraft und Standhaftigkeit? Lasse dir den Rücken von ihr stärken. Der Eichenbaum ist ein väterlicher Baum, der dir Halt gibt, dich beschützt und behütet. Seine Energie wird dir jetzt helfen, in Berührung zu kommen mit deiner inneren Quelle der Stärke, deinem Wert als Mensch und deiner heilen inneren Vaterenergie.

Lenke deine Aufmerksamkeit in dein Herz, und betrachte dein Leben. Schaue, wie in deiner Kindheit das Verhältnis zu dem Menschen war, der in deinem Leben die Vaterrolle übernommen hat – das muss nicht dein leiblicher Vater gewesen sein. Hat er dir Halt gegeben, wenn du es brauchtest? Hat er dir den Rücken gestärkt wie diese mächtige Eiche? Hat er in schwierigen Situationen zu dir gestanden, dich unterstützt mit Kraft, Energie, vielleicht Geld? Hat er dir geistige Klarheit, Wachheit, Willenskraft und Struktur vermittelt, wenn du konfus und zerstreut warst? Hat dein Vater dir vermittelt, dass du wertvoll und einzigartig bist, egal, wie du dich fühltest, und gleich, was du getan hattest? Hast du dich von ihm geliebt gefühlt? Oder war er selten für dich da? Hat er dich nicht unterstützt, dich nicht oder zu wenig wertgeschätzt? Gab es keine oder kaum Ermutigung, kein oder zu wenig Vertrauen in dich, sagte er nie: »Du schaffst das schon«, oder »Ja, du kannst das«? Schaue es dir an.

Wenn du nicht genügend unterstützt wurdest von deinem Vater, wenn da noch Leid ist in der Beziehung zu ihm, dann ist es jetzt Zeit, es zu fühlen. Spüre die mächtige Eiche, an der du stehst. Sie hält dich und stärkt dir den Rücken. Kannst du fühlen, wie ihre Lebenskraft, Stärke und Standhaftigkeit dich durchströmen? Sobald du bereit bist, lasse den Schmerz kommen, der sich jetzt ausdrücken will. Die Verletzungen, die dein Vater in dir ausgelöst hat, weil er nicht da war, nicht mit dir, nicht für dich da war. Fühle deinen Schmerz, fühle, wie du allein gelassen, zu wenig geliebt, nicht genügend gesehen, übergangen wurdest. Fühle die Hilflosigkeit, die Enttäuschung, die Wertlosigkeit. Lasse deine Gefühle kommen: Angst, Traurigkeit, Minderwertigkeit, Resignation, vielleicht Wut oder Hass. Erlaube dir, jetzt alles zuzulassen. Öffne dich dem Schmerz, auch wenn es wehtut, denn das ist der Weg zur Befreiung. Fühle, was zu fühlen ist. Atme tief durch, wenn etwas unangenehm ist. Lasse es in dir arbeiten.

Du stehst an dem mächtigen, starken Eichenbaum. Er unterstützt dich mit seiner väterlichen Energie. Lasse dich von ihm zu deinem inneren Quell der Stärke führen, zu deinem »Urwert an sich«. Die Vaterliebe dieses Eichenbaumes fließt jetzt durch dich und heilt dein Herz – erst behutsam und dann stärker und kraftvoller. Seine Energie, seine Stärke, seine Willenskraft strömen durch dich hindurch. Seine Klarheit, seine Wachheit, seine Struktur machen auch dich klarer, wacher und strukturierter.

Bleibe mit der Eiche in deinem Rücken verbunden, und rufe nun deinen Vater vor dein inneres Auge. Schaue ihm ins Gesicht, in die Augen. Danke ihm für alles, was er für dich getan hat.

Wenn es etwas zu vergeben gibt, dann vergib ihm. Sage zu ihm: »Ich vergebe dir den Schmerz, den du mir bereitet hast.« Das rechtfertigt nicht sein Tun oder Lassen, aber es macht dich frei. Lasse nun die Liebe und Unterstützung der Eiche in deinem Rücken durch dich hindurch auch zu ihm fließen, und vergib ihm, so gut es dir jetzt möglich ist.

Deinen äußeren Vater kannst du nicht ändern, aber deinen inneren Vater, das Bild des Vaters in dir und der Beziehung zu ihm, das kannst du ändern. Erschaffe dir jetzt ein heiles, ein heileres Bild von deinem inneren Vater und eine heile Beziehung zu ihm. Gestalte es so, wie es dir am meisten hilft. Erschaffe dir einen inneren Vater, der immer für dich da ist, der dich liebevoll unterstützt, der dir Halt und Willenskraft, innere und äußere Stärke, Ausdauer, Struktur und Klarheit vermittelt. Der dir ein Freund ist und dir vermittelt, dass du unendlich geliebt und wertvoll bist, auch wenn du dich schmutzig, arm oder verloren fühlst. Lasse dich dabei von der Eiche beraten und unterstützen. Sie hat die Fähigkeit, dich mit deiner inneren Quelle der Stärke, deinem »Wert an sich« und deiner wahren Identität in Berührung zu bringen. Schaue dir bei ihr ab, wie robust und stabil sie ist, wie sie vor Lebenskraft strotzt und damit andere unterstützen kann. Sieh, wie ihre Blätter und manchmal auch die Äste im Rhythmus der Natur strukturiert sind und wie sie dich als innere Vaterenergie damit in Berührung kommen lässt. So ein innerer Vater kann dir Halt, Willenskraft und Struktur geben, wenn du zerstreut und konfus bist. Die Eiche kann dich durch ihre tiefe Verwurzelung Standhaftigkeit und Ausdauer lehren. Der Baum ist von jeher wertvoll für den Menschen, und so kann er dir vermitteln, dass du wertvoll für die Menschen bist. Lasse dir von der Eiche helfen, wenn du das Bild deines inneren Vaters und die Beziehung zu ihm nun heilst. Denn du brauchst diese Kraft in deinem Leben.

Bedanke dich abschließend bei der Eiche, bedanke dich bei deiner inneren Führung. Bedanke dich bei dir selbst, dass du dich darauf eingelassen hast, dich mit deinem Vater zu konfrontieren und die Beziehung zu ihm zu heilen.

Komme langsam wieder im Hier und Jetzt an, spüre deinen Körper, und öffne die Augen.

FAULBAUM, PULVERHOLZ, GRINDHOLZ, SCHUSTERHOLZ, GICHTHOLZ

Angestautes und Belastendes loslassen

Gewöhnlicher Faulbaum (Frangula alnus/Rhamnus frangula), Familie der Kreuzdorngewächse (Rhamnaceae)

Der Baum

Der Faulbaum ist ein kleiner Baum oder Strauch mit unscheinbaren Blüten. Er wächst oft als Unterholz in Laub- und Mischwäldern, liebt aber auch feuchte Erlenbrüche oder Auwälder. Wegen seiner geringen Standortansprüche wächst er fast in ganz Europa und bis nach Sibirien.[54] Er ist zwar ein Kreuzdorngewächs, hat aber keine Dornen. Seine Zweige sind dunkelgrün, später graubraun und auffällig weiß gesprenkelt – daher der Name Grindholz. Diese »Pusteln« sind sogenannte Kork- oder Lentizellen, das sind Öffnungen in der Rinde, die einen Gasaustausch zwischen der Umgebungsluft und dem Rindengewebe ermöglichen, eine Art »Atemlöcher«.[55] Die erbsengroßen, dreisamigen Früchte variieren je nach Reifegrad von grün über rot bis tiefschwarz. Oft sind verschiedenfarbige Früchte zusammen mit den weißlichen Blüten an einem Zweig zu sehen. Durch seine lange Blütezeit von Mai bis September ist der Faulbaum eine wichtige Nahrungsquelle für Insekten. Neben Bienen, Wespen und Fliegen fressen auch

54 Vgl. M. und R. Spohn: Kosmos-Baumführer Europa.
55 Vgl. de.wikipedia.org/wiki/Lentizelle.

Vögel und einige Schmetterlinge von ihm. So kann man z. B. den Zitronenfalter häufig am Faulbaum beobachten.[56]
Obwohl der Faulbaum so unscheinbar ist, hat er es in sich. Sein Holz verbrennt sehr aschearm, und zusammen mit Salpeter und Schwefel wurde aus seiner Holzkohle früher Schießpulver hergestellt, daher sein anderer Name »Pulverholz«.[57] Deshalb wurde er bis zum Ende des 19. Jahrhunderts kultiviert, hier und dort kann man noch verwilderte Plantagen finden. Seine faulig riechende Rinde und auch die Beeren sind ein starkes Abführmittel. Der Faulbaum hilft uns also, etwas explosionsartig loszulassen. Er macht uns »Feuer unterm Hintern«. Im Norwegischen wird er passenderweise »Trollkirsche« genannt. Er reinigt nicht nur den Körper, sondern auch unsere Psyche, indem sein Holz oder die Rinde verräuchert wird. Er kann dabei helfen, Stauungen zu lösen und wieder in den Fluss zu kommen. Ein Tee aus seiner Rinde regt den Gallen-, Leber- und Milzfluss an. Regional wird daher auch der Name »Gichtholz« verwendet. Die Rinde muss mindestens ein Jahr gelagert werden, um verwendet werden zu können. In dieser Zeit verändern sich die Anthrachinonverbindungen, und aus dem Brechmittel wird ein Abführmittel. Der Tee aus der Rinde wird auch äußerlich zur Behandlung von Hautkrankheiten, Ekzemen und Ausschlägen verwendet.[58] Der Faulbaum »schafft das Untere nach oben« und »das Innere nach außen«, heißt es in dem Baumheilkundebuch von René Anton Strassmann.[59] Seit dem Mittelalter ist er ein geschätztes Heilmittel. Er kann helfen, gestaute, heruntergeschluckte Belastungen auszuscheiden, Unbekömmliches loszulassen und sich zu öffnen, damit Wut, Ärger und Trauer sich wandeln. Außerdem kann man mit den Früchten und der Rinde Textilien und Haare färben, und zwar in Farbtönen von Zitronengelb über Goldgelb bis zu Rotbraun.

Das Holz des Faulbaums ist wunderschön! Es hat einen leuchtend gelbroten bis ziegelroten Kern und einen schmalen, gelben Splint. Weil es leicht bricht (der lateinische Name »Frangula« leitet sich von »frangere«, »zerbrechen« ab), wird es fast nur für Drechselarbeiten verwendet. Der Name »Schusterholz« stammt daher, dass aus Faulbaumholz Schuhnägel hergestellt wurden, mit denen Sohle und Oberleder verbunden wurden.

56 Vgl. S. Fischer-Rizzi: Blätter von Bäumen.
57 Vgl. M. und R. Spohn: Kosmos-Baumführer Europa.
58 Vgl. S. Fischer-Rizzi: Blätter von Bäumen.
59 R. A. Strassmann: Baumheilkunde.

Faulbäume besuchen

Es ist nicht leicht, den unauffälligen kleinen Baum im Unterholz zu finden. Aus den Zeiten, als Faulbaumholz noch zur Schießpulverherstellung verwendet wurde, gibt es verwilderte Plantagen. Eine solche findet sich z. B. im **Teutoburger Wald** etwas westlich vom Fernsehturm Bielefeld (Nordrhein-Westfalen), oberhalb des Steinbruchs »Am Sennberg«. Hier stehen auf kleiner Fläche eine Vielzahl von Faulbäumen, überragt nur von einigen Eichen und Fichten.

Eine Menge Faulbäume kann man auch auf dem Lippischen Velmerstot, 5 Kilometer südlich von **Horn-Bad Meinberg** finden. Die Wanderung durch das romantische Silberbachtal ist besonders zu empfehlen. Wer dort ist, sollte sich dann auch gleich das Arboretum in Bad Meinberg ansehen. Der seit einigen Jahren wieder gepflegte Baumpark zeigt nach Kontinenten geordnete Baumgemeinschaften (fast) der gesamten Welt.

Selbstcoaching mit dem Faulbaum: Angestautes und Belastendes loslassen

»Alles Leid kommt von der Anhaftung,
alles Glück kommt vom Loslassen.«
(aus Tibet)

Wie Afrikaner einen Affen fangen (aus Afrika)[60]

Weißt du, wie Buschmänner in Afrika Affen fangen? Dazu ketten sie in der Nähe einer Affenhorde einen Kanister, eine leere Kokosnuss oder einen hohlen Kürbis an einen Baum. Das Gefäß hat ein Loch, das gerade so groß ist, dass ein Affe mit seiner Hand hineingreifen kann. In den Kanister kommt etwas Leckeres für die Affen, z. B. eine Banane oder Nüsse. Die Buschmänner ziehen sich zurück und lassen die Affen mit der Falle allein. Es dauert nicht lange, und Neugier und Gier überwältigen den mutigsten Affen. Er nähert sich dem Gefäß, riecht daran – und greift schließlich mit der so schlank wie möglich gemachten Hand hi-

60 www.aquila40-31.de/loslassen-k%C3%B6nnen/.

nein. Er greift die Banane – aber: Mit der geschlossenen Hand kann er nicht zurück durch das enge Loch. Nun kommen die Buschmänner mit großem Geschrei hervor. Alle anderen Affen fliehen. Der Bananendieb aber steckt fest. Denn Affen lassen etwas, was sie haben, nicht wieder los! Sie wollen sich unter keinen Umständen von dem begehrten Objekt, dem Ziel ihrer Wünsche, lösen. Der Affe müsste einfach nur loslassen, um freizukommen, aber er tut es nicht. Er ist gefangen: innerlich und äußerlich!
Übrigens fangen Buschmänner die Affen nicht unbedingt, um sie zu töten und zu essen, sondern, um Wasser zu finden. Sie geben dem Affen Salz zu fressen. Wenn dieser davon durstig geworden ist, folgen sie ihm zu seiner versteckten Wasserstelle.

Innenreise

Schließe deine Augen, und verbinde dich mit deiner inneren Führung. Stelle dir vor, wie du in einer schönen Landschaft spazieren gehst. Da ist ein kleiner Wald, und du gehst hinein. An einer Stelle findest du plötzlich Faulbäume – ein ganzes Areal. Obwohl der Faulbaum klein und eher unscheinbar ist, hat er es in sich. Nicht umsonst glauben die Norweger, dass er mit den Trollen in Verbindung steht. Denn der Faulbaum hilft uns, etwas explosionsartig loszulassen, und trägt dadurch zur körperlichen und seelischen Reinigung bei.
Betrachte nun dein Leben. Wo gibt es etwas loszulassen, damit Neues in Gang kommen kann? Wo hat sich in dir etwas gestaut, was in den Fluss kommen möchte? Sitzt in dir eine alte Verletzung, eine heruntergeschluckte Belastung, die dich behindert? Ist dein innerer Raum verschmutzt durch alte Kränkungen und Verletzungen, die du nicht vergeben kannst? Hältst du verbissen an einem schmerzlichen Erlebnis oder einer krank machenden Situation fest? Lässt dich die Angst vor Veränderung erstarren? Willst du die Kontrolle nicht loslassen und dich dem Lebensfluss nicht hingeben? Welches deiner eigenen oder übernommenen Ziele ist längst überholt und gar nicht mehr stimmig, und trotzdem hältst du daran fest? Auch Träume und Sehnsüchte muss man manchmal loslassen, weil sie nicht mehr zum aktuellen Leben passen. Opferst du vielleicht seelische oder körperliche Gesundheit und Lebensfreude für Anerkennung, Geld und Karriere, anstatt loszulassen und wirklich »dein Ding« zu machen? In welchem Bereich willst du eine »Leckerei« einfach nicht hergeben?

Welche deiner Angewohnheiten behindert dich schon lange, und trotzdem gehst du ihr weiter nach? Welche Dinge oder Umstände willst du vielleicht aus Bequemlichkeit nicht aufgeben, obwohl du weißt, dass sie dir schaden? Was behindert deine Entwicklung? Was staut sich in dir? Was kannst du nicht loslassen? Gibt es so etwas in deinem Leben? Dann lasse es dir jetzt zeigen!

Gehe jetzt innerlich zu einem der Faulbäume in dem kleinen Wäldchen. Er lädt dich ein, dich unter ihn zu setzen, mit dem Rücken an seinen Stamm gelehnt. Vielleicht reibst du dich etwas an seiner Rinde und kannst den fauligen Geruch wahrnehmen. Verbinde dich mit den besonderen Qualitäten des Faulbaums. Er macht dir »Feuer unterm Hintern« und wirkt wie geistiges Schießpulver, wie seelisches Abführmittel … lasse alles los, was es jetzt loszulassen gilt, was dich belastet, sich in dir angestaut hat und nicht wirklich zu dir gehört. Der Pulverbaum lässt den Damm in dir brechen und alles abgehen, was dich bisher behindert hat. Jetzt – in diesem Moment! Dein innerer Raum wird rein und sauber, und du wirst offen für Neues.

Du kannst diese Innenreise hier beenden oder noch eine Ebene tiefer gehen.

Betrachte noch einmal dein Leben. Schaue, wo du zu sehr identifiziert bist mit dem, was dein Verstand dir erzählt, was dein Körper fühlt, was du rein aus Gewohnheit tust. Hängst du an Vorstellungen und identifizierst dich mit deinem Denken, Fühlen oder Handeln? Wo in deinem Leben willst du etwas nicht oder etwas anderes? In welchen Bereichen denkst du: »Das ist meins und das nicht, ich bin dies und ich bin das, und das bin ich nicht.« Lasse dir zeigen, wo du deshalb leidest!

Die Qualität des Faulbaums ist die Energie des Loslassens, und sie wirkt plötzlich, oft unerwartet schnell und heftig. Du bist nicht dein Körper, du bist nicht dein Denken oder Fühlen, du bist nicht dein Handeln. Lasse dir vom Faulbaum helfen, deine Identifikation, deinen Widerstand, dein Leiden loszulassen – jetzt! Fühle die Befreiung, die neue Leichtigkeit, Reinheit, deine Öffnung für Neues!

Bedanke dich abschließend beim Faulbaum für seine Hilfe, bedanke dich bei deiner inneren Führung. Bedanke dich bei dir selbst, dass du dich darauf eingelassen hast, alte Wege in deinem Leben zu verlassen und dich für Neues zu öffnen.

Komme langsam wieder hier an, spüre deinen Körper, und öffne die Augen.

KASTANIE, ROSSKASTANIE, BITTERKASTANIE, GICHTBAUM

Sich der Grenzen des Verstandes bewusst werden und sich für das Darüber-Hinausgehen öffnen

Gewöhnliche/weiße Rosskastanie (Aesculus hippocastanum L.), Familie der Seifenbaumgewächse (Sapindaceae)

Der Baum

Rosskastanien mit ihren großen, gefingerten Blättern und den braunen Früchten in stacheliger Hülle sind beliebt bei Groß und Klein.[61] Selbst im Winter sind Kastanien mit ihren großen, klebrig glänzenden Knospen und den nach oben geschwungenen Enden der Äste gut zu erkennen. Weniger bekannt ist, dass die Kastanie erst 1576 in Wien aus Samen vom östlichen Balkan gezogen worden ist und dadurch zu uns kam. Anschließend verbreitete sie sich langsam über ganz Mitteleuropa.[62] Auf nahrhaftem Boden wächst sie gut und verbreitet sich selbstständig weiter. Sie wächst schnell und kann ein Alter von 150–200 Jahren erreichen. Die Kastanie liebt es gesellig und wird gern als Allee- und Parkbaum gepflanzt. Biergartenbesucher genießen ihren Schatten und den natürlichen UV-Schutz, den sie gibt. Allerdings kann man seit einigen Jahren beobachten, dass die Kastanienblätter schon im Sommer braun werden – ein Befall durch die aus dem

61 Eine spanische Verkleinerungsform von Kastanie ist Kastagnette. Damit werden kleine Rhythmusinstrumente aus zwei ausgehöhlten, an Kastanienschalen erinnernden Hartholzschälchen bezeichnet, die man (z. B. beim Flamenco) gegeneinanderschlägt.

62 Vgl. R. A. Strassmann: Baumheilkunde.

Balkan eingeschleppte Kastanien-Miniermotte ist dafür verantwortlich. Die rot blühende Variante (Aesculus carnea) scheint weniger anfällig zu sein, weshalb sie jetzt vermehrt nachgepflanzt wird.[63]

Die prachtvollen Blüten geben mit ihren gelben und roten Flecken Insekten Botschaften: gelb – es ist Nektar zu holen, rot – es ist kein Nektar mehr da, ein Besuch lohnt nicht. Eine bestens funktionierende, artübergreifende Kommunikation! Was die biologische Geschlechtlichkeit angeht, ist die Kastanie sehr ungewöhnlich: An einem Blütenstiel gibt es eine Vielzahl männlicher Blüten und wenige zwittrige Blüten. Dazwischen sitzen ganz wenige rein weibliche Blüten.[64]

Unter einer Kastanie zu sitzen, gibt uns innere Ruhe, der Lärm der Welt wird gedämpft, Freude und Lust am Leben kommen auf. Kreisende Gedanken, eventuell von Kopfschmerz, innerer Ruhelosigkeit und Schlaflosigkeit begleitet, können sich entspannen.

Als Heilmittel ist die Kastanie zur Vorbeugung und Linderung von Rheuma und Gicht bekannt. Dazu werden die reifen Früchte am Körper (in der Hosentasche oder in der Hand) getragen. Außerdem stärkt die Kastanie Venen und Nerven, regt den Stoffwechsel an, hilft bei Stauungen, wirkt entzündungshemmend und fördert die Durchblutung. Der in den Früchten enthaltene Stoff Aescin kann UV-Strahlung binden und wird deshalb für Sonnenschutzmittel verwendet. Aus Kastanienblüten kann man einen schleimlösenden Hustentee machen.[65] Die Kastanie ist heilend bei Krampfadern und kann uns auch von krampfhaften Vorstellungen befreien. Die Bachblüte der weiß blühenden Rosskastanie wird bei »Unbelehrbarkeit« verordnet.[66] Außerdem hilft sie Menschen, die Konzentrationsprobleme haben, zu viel grübeln, in ihrem Gedankenkarussell gefangen sind und deshalb im Alltag verspannt sind. Die Kastanie kann uns dabei unterstützen, die Grenzen unseres Verstandes zu erkennen, und bringt uns aus dem endlosen Denken ins Hier und Jetzt und Tun.

Die Früchte der Kastanie sind sehr stärkehaltig und deshalb bei Tieren ein beliebtes Futter. Schon die Osmanen nutzten sie als Pferdefutter und als Heilmittel gegen Pferdehusten. Daher kommt der deutsche

63 Vgl. M. und R. Spohn: Kosmos-Baumführer Europa.
64 Vgl. S. Fischer-Rizzi: Blätter von Bäumen.
65 Vgl. S. Fischer-Rizzi: Blätter von Bäumen.
66 Vgl. R. A. Strassmann: Baumheilkunde.

Name Rosskastanie.[67] Für Menschen führen die in den Früchten enthaltenen Saponine zu Übelkeit, Fieber und sogar Atemlähmung. In Notzeiten wurden die Früchte aber ausgelaugt und zu Mehl, Öl und Kaffeeersatz verarbeitet.[68]

Die Rosskastanie zählt nicht von ungefähr zur Familie der Seifenbaumgewächse: Kastanienmehl ist ein gutes Waschmittel für rissige, raue Hände, und auch zum Wäschewaschen eignet es sich. Außerdem wurden Kastanien früher als Weißmacher für Wolle und Seide gebraucht. Buchbinder und Tapezierer nutzten die Früchte, um daraus einen insektenabwehrenden Leim herzustellen.[69] Das Holz der Bäume ist weich, nicht witterungsbeständig, wenig belastbar und gilt als minderwertig. Es wird wenig verwendet, wohl auch, weil auffallend viele Kastanienbäume drehwüchsig sind. Warum das so ist, wird unter Wissenschaftlern kontrovers diskutiert. Allein für Obststiegen wird Kastanienholz gern verwendet, weil es sehr saugfähig ist: Ein gammeliger Apfel steckt dann seinen Nachbarn nicht so schnell an.

67 Eine teilweise Namensübereinstimmung mit der Edelkastanie oder auch Esskastanie (Castanea sativa) beruht auf einer oberflächlichen Ähnlichkeit der Früchte, nicht auf Verwandtschaft; beide gehören unterschiedlichen Familien an.
68 Vgl. M. und R. Spohn: Kosmos-Baumführer Europa.
69 Vgl. S. Fischer-Rizzi: Blätter von Bäumen.

Kastanien besuchen

Eine eindrucksvolle Kastanienallee gibt es in **Moltzow,** 50 Kilometer südöstlich von Güstrow in Mecklenburg-Vorpommern. Die Allee reicht vom Friedhof bis zum Gutspark in Moltzow. [70]

Direkt am Weserstein in **Hannoversch Münden** in Niedersachsen, 30 Kilometer südwestlich von Göttingen, wo sich Werra und Fulda zur Weser vereinigen, steht eine mächtige Rosskastanie. Sie ist etwa 120 Jahre alt und hat einen Umfang von knapp 4,50 Metern und eine Höhe von 27 Metern. Baumumfänge werden übrigens standardisiert gemessen: immer in einer Baumhöhe von 1,30 Metern. Steht der Baum am Hang, ist der hangaufwärts gerichtete Stammfuß maßgeblich.[71] Wer die Kastanie besucht, sollte sich unbedingt auch den forstbotanischen Garten östlich der Innenstadt von Hannoversch Münden ansehen. In diesem Arboretum stehen etliche sehenswerte (exotische) Bäume!

70 Vgl. K. Lemke, H. Müller: Naturdenkmale: Bäume, Felsen, Wasserfälle.
71 Vgl. baum-des-jahres.de/index.php?id=500.

Selbstcoaching mit der Kastanie: Sich der Grenzen des Verstandes bewusst werden und sich für das Darüber-Hinausgehen öffnen

»Der größte Aberwitz des Menschen ist der Versuch, sich selbst und die Welt um sich herum zu verstehen.«
(Sri Amma Bhagavan)

Die Leiden des jungen Georg Gegenwehr

Georg Gegenwehr aus dem Dörfchen Kampfhahn war das erste Mal in Herzberg. Ein neuer Jugendclub hatte eröffnet, und den wollte er besuchen. Auf dem Weg dorthin kam er durch den Stadtpark. Unter einer großen Kastanie stand ein Schild, das sowohl seine Aufmerksamkeit fesselte als auch seinen Unwillen erregte: »Betreten der Blumenrabatte bei Strafe verboten.« Innerer Aufruhr überkam ihn: Wie konnte er als echter »Gegenwehr« einem schnöden Schild gehorchen und sich davon in seiner Freiheit einschränken lassen? Immerhin war er fast volljährig! Würde er sich nach dieser demütigenden Unterwerfung noch selbst in die Augen sehen können? Die Alternative war allerdings, im Beet herumzutrampeln, sich womöglich erwischen zu lassen und eine Strafe zu riskieren.
Beides war für ihn unannehmbar. Hin- und hergerissen zwischen Nicht-gehorsam-sein-Wollen und Nicht-bestraft-werden-Wollen fragte er sich, wie er hier hinauskommen soll. Es gab keine annehmbare Lösung …
So stand er lange da. Und plötzlich geschah etwas Wundersames: Sein Blick fiel auf die Rabatte: Rote, rosa und weiße Rosen blühten dort, und sie waren wunderschön!

Innenreise

Schließe jetzt die Augen, und verbinde dich mit deiner Herzensenergie. Begib dich in deiner Vorstellung zu einem großen, kräftigen Kastanienbaum. Vielleicht ist er Teil einer Kastanienallee, oder er steht in einem Park auf einer Wiese. Prächtig sieht er aus mit seiner Fülle an fast reifen Stachelfrüchten. Die meisten davon hängen noch am

Baum. Beim Näherkommen siehst du aber auch einige auf der Erde liegen. Vielleicht möchtest du sie dir genauer anschauen. Hole ein paar Kastanien aus der Schale, freue dich an ihrem frischen Glanz, und nimm sie in deine Hände. Wie fühlen sie sich an? Wie riechen sie? Die Kastanie lädt dich ein, zu ihr zu kommen. Gehe an ihren mächtigen Stamm. Fühle ihre Rinde, und lehne dich bei ihr an. Verbinde dich mit ihrer Energie! Du bemerkst, wie du langsam stiller wirst. Dein Denken beruhigt sich, dein Körper entspannt sich. Kannst du es wahrnehmen?

Denken ist ein hilfreiches Werkzeug, das dazu da ist, Lösungen zu finden. Aber wie oft scheint es sich zu verselbstständigen und das Leben komplett zu bestimmen?

Betrachte jetzt dein Leben, und lasse dir vor deinem inneren Auge zeigen, wo dein Denken dein Leben bestimmt, wo deine im Kopf kreisenden Gedanken dich von der Wahrnehmung dessen, was ist, ablenken. Erkenne, wie oft du mit deinen Gedanken ganz woanders bist, in welchen Situationen sich deine unkontrollierbaren Gedanken zwischen dich und die Realität stellen. Beobachte, wie dein Verstand krampfhaft versucht, dein Leben und die Welt zu verstehen, höhere Wahrheiten zu erfassen. Wie er alles unter Kontrolle behalten will. Er sieht immer nur ein Entweder-oder, entweder Sieg oder Niederlage, Gewinn oder Verlust, ich oder der andere. Auf diese Weise sucht dein Verstand Antworten: Warum dies und warum das nicht? Siehst du, wie dein Verstand ständig bewertet, mit dem Finger auf dich oder andere zeigt und alles gut oder schlecht findet?

Sobald du bereit bist, gehe tiefer, und lasse dir zeigen, wo sich dein Denken immer wieder im Kreis dreht, ohne zu einer Lösung zu kommen. Wie deine Gedanken gefangen sind zwischen den Alternativen, eingesperrt im Raum des Denkens wie in einer geschlossenen Kastanie. Wie oft bereiten dir kreisende Gedanken um Alltagssorgen Kopfschmerzen, Unruhe oder Schlaflosigkeit? Erkenne, wie deine Gedanken dein Leben bestimmen! Wie sie dich stören, wirklich wahrzunehmen, was ist.

Erlaube jetzt deinen Gefühlen, dazuzukommen, und erinnere dich daran, dass du an dem großen, kräftigen Kastanienbaum stehst oder sitzt. Vielleicht spürst du Hilflosigkeit den kreisenden Gedanken gegenüber, vielleicht ist da auch Wut oder Zorn. Was fühlst du, und wo im Körper fühlst du es? Lasse die Gefühle zu, und sei mit ihnen, fühle sie! Vielleicht will dein Kopf fast zerspringen, platzen vor Denken, vor nicht enden wollenden Gedanken. Wo in deinem Körper entsteht Anspannung vor lauter Begreifenwollen, Verstehenwollen, Verstehenmüssen? Hast du Angst, die Kontrolle zu verlieren? Wo spürst du sie? Wie fühlt sie sich in deinem Körper an? Empfinde den Schmerz und das krampfhafte Nicht-loslassen-Können, gib ihm Raum – jetzt! Kannst du die Rinde in deinem Rücken spüren? Die Sonne scheint durch das lichte Blätterdach. Schatten tanzen um dich herum. Plötzlich siehst du, dass eine große Kastanienfrucht genau vor dir hängt! Beobachte, wie sie sich langsam öffnet, dann ganz aufplatzt, zerspringt und die braune Frucht freigibt. So, wie die reife Kastanie in ihrer einengenden Schale steckt, so darf sich dein reifer Verstand seiner eigenen Grenzen bewusst werden und erkennen, dass er das Leben, das Menschsein und die höheren Wahrheiten nicht verstehen kann. Er darf begreifen, dass er das Leben nie wirklich kontrollieren kann. Und dann darf er, genau wie die reife Kastanie, sich öffnen, loslassen, sich entspannen und hingeben, weil er erkennt, dass er nicht alles verstehen kann und auch nicht muss. Sobald er die Kontrolle loslässt, übernimmt die Herzensintelligenz, die die Verbundenheit mit allem fühlt, die Führung in deinem Leben. Dann kannst du erkennen, dass alles einfach da ist, frei von Bewertung, Kontrolle und Verstehen. Die Schale ist geplatzt, und du kannst die Freiheit sehen! Deine Herzensintelligenz erwacht und wird immer stärker in deinem Leben.

Lasse dich nun einhüllen von der Stille und der Ruhe des Kastanienbaumes. Spüre den Baum in deinem Rücken. Fühle die braunen Früchte in deinen Händen. In deinem Kopf wird es ruhiger, leichter und klarer, und die Verbindung zu deiner Herzensenergie wird immer stärker. Genieße diesen Zustand, in den du mithilfe der Kastanie gekommen bist, und erinnere dich an sie, wenn dich wieder einmal dein Gedankenkarussell nicht zur Ruhe kommen lässt. Bedanke dich abschließend bei der Kastanie für ihre Hilfe, bedanke dich bei deinem Verstand für die Mühe, die er sich täglich gibt, um dich zu unterstützen. Bedanke dich bei deiner Herzensintelligenz für ihre Führung, und bedanke dich bei dir selbst, dass du dich darauf eingelassen hast, über deinen Verstand hinauszugehen.

Komme langsam wieder im Hier und Jetzt an, spüre deinen Körper, und dann kannst du die Augen öffnen.

LÄRCHE

Vorstellungen loslassen, meine Einzigartigkeit erkennen, leben und lieben

Europäische Lärche (Larix decidua), Familie der Kieferngewächse (Pinaceae)

Der Baum

Die Lärche ist anders als andere Bäume. Im Gegensatz zu allen übrigen (heimischen) Nadelbäumen hat sie weiche, zarte, hellgrüne Nadeln, die sich im Herbst goldgelb färben und abfallen.[72] Doch ein Laubbaum ist sie mit ihren Nadeln und dem harzhaltigen Holz auch nicht. Ihre kleinen Blüten sind goldgelb (die männlichen Blüten) bzw. dunkelrot (die weiblichen Blüten) und erscheinen als Erste an Nadelgehölzen Anfang April. Die Lärche ist ein Baum der intensiven Farben und Farbwechsel: dunkelrot und leuchtend hellgrün im Frühjahr, strahlend gelb im Herbst. Mich erfreut sie damit jedes Jahr aufs Neue! Sie braucht viel Licht und fühlt sich im kühlen, feuchten Klima der Mittel- und Hochgebirge wohl. Sie steht für Weichheit, Weite, Heiterkeit und Zuversicht. Der schnell wachsende Nadelbaum kann 700 Jahre alt werden und bis zu 40 Meter hoch.[73]

Die Lärche lässt sich in keine Schublade packen, ist eigen und anders als alle anderen Baumarten. Dabei ist auch jeder einzelne Baum individuell, sieht oft etwas zerzaust und wild aus. Grund dafür ist eine besondere Überlebensstrategie für die Standorte im rauen, stürmischen Hochgebirge: Die Lärche hat Sollbruchstellen, an denen ihre Äste bei zu hoher Wind- oder Schneebelastung einfach abbrechen. Aus »schlafenden Augen« kann er dann neu austreiben.[74] Von der Lärche können wir lernen, zu unserer Individualität, unserer Einzigartig-

72 Nadelbäume, die ihre Nadeln im Winter behalten, haben zwar den Vorteil, dass sie im Frühjahr gleich mit der Photosynthese starten können. Wenn aber der Boden noch gefroren ist, ist der Stoffwechsel in der Wurzel blockiert, und so vertrocknen viele Triebe im Frühjahr. Da also keine Strategie hunderprotzentig optimal ist, haben sich verschiedene Lebensweisen herausgebildet und erhalten, vgl. P. Wohlleben: Bäume verstehen.

73 Vgl. K. Harz: Bäume und Sträucher.

74 Vgl. F. Hageneder: Der Geist der Bäume.

keit, zu unserer eigenen Besonderheit zu stehen. Sie kann uns Selbstvertrauen und Sicherheit bringen, Zuversicht geben und die Überzeugung: »Ja, das kann ich, das schaffe ich!«, »Ich mach es auf meine Weise, egal, was andere denken.« Wenn wir so sein wollen wie die anderen, anstatt unsere Individualität zu leben, oder uns (unbewusst) etwas vormachen, dann kann sie helfen, zu erkennen, wer wir wirklich sind und wo wir gerade stehen – ehrlich und authentisch. Die Lärche zeigt uns, wie wir unser einzigartiges Sosein akzeptieren, annehmen, leben und lieben können.

Die Lärche ist vital, regenerationsfähig, extrem frosthart, zäh und sturmfest. Sie lebt zusammen mit Bergkiefer und Zirbe an der Baumgrenze auf etwa 2000 Metern in den Alpen und an der polaren Waldgrenze in Sibirien. Die sibirische Lärche (Larix sibirica) kommt mit 3 Monaten Vegetationszeit aus, kann Temperaturunterschiede von bis zu 100 Grad Celsius im Jahr aushalten und im Permafrostboden wachsen.[75] Sie ist die kälteverträglichste Baumart – selbst die offenen Wurzeln vertragen strengen Frost. Sie ist außerdem resistent gegen Wurmfraß, Wettereinflüsse und zu viel Wasser. Von allen Nadelbäumen hat sie das harzreichste, härteste und beständigste Holz. Es ist so dauerhaft wie das der Eiche und kann als einziges ohne Schutzmittel wie Farbe oder Öl dauerhaft im Freien verbaut werden. Es vergraut bzw. »versilbert« dann. Es wird schon seit Jahrhunderten im Haus-, Brücken- und Bootsbau sowie für Inneneinrichtungen verwendet.[76] Auch eignet es sich gut zum Bau von Hochbeeten. Und noch etwas ist am Lärchenholz besonders: Im Alpenraum wurden seit dem Mittelalter hölzerne Kamine gebaut – das ist kein Druckfehler: Kamine ganz aus Holz! Lärchenholz ist so schwer entzündlich, dass diese Kamine Jahrhunderte der Nutzung überdauerten und noch in einigen Bauernhausmuseen bewundert werden können.[77] Von Cäsar wird berichtet, dass er die Ortschaft Larignum in den Alpen nicht einnehmen konnte, weil diese mit Lärchenholz befestigt war. Als er sie in Brand stecken wollte, stellte er überrascht fest, dass ihr das Feuer nichts anhaben konnte.

75 Auch im Permafrost tauen die oberen ca. 30 Zentimeter Eis im Sommer auf.
76 Vgl. D. Grosser, W. Teetz: Informationsdienst Holz, Einheimische Nutzhölzer: Lärche 3.
77 Z. B. im österreichischen Freilichtmuseum Stübing bei Graz (www.museum-joanneum.at/freilichtmuseum).

Die ätherischen Öle aus dem Harz der Lärche, auch unter dem Namen »venezianisches Terpentin« bekannt, können bei Atemwegsproblemen, Rheuma, Gicht und Hexenschuss helfen. Ärzte an der Medizinischen Universität Graz haben nachgewiesen, dass Lärchenharzrezepturen antibakteriell, antiviral sowie fungizid wirken.[78] Als Räuchermittel verwendet, reinigt Lärchenholz die Umgebung, entkrampft, entspannt und schenkt innere wie äußere Wärme. Unsere Sinneswahrnehmungen werden dadurch feiner, Schwere und innere Müdigkeit lösen sich auf, Erleichterung und Leichtigkeit, sogar Heiterkeit breiten sich aus.[79]

78 Vgl. E. Thoma: Holzwunder.
79 Vgl. R. Kauderer: Heimische Bäume.

Die Lärche gilt als Wohnsitz der Säligen/Saligen/Saligfrauen, dem Menschen wohlgesinnter Waldfeen. Damit ist der Baum auch eine Brücke in die unsichtbare Welt.[80]

80 Vgl. F. Hageneder: Der Geist der Bäume.

Lärchen besuchen

Weil Lärchen sehr individuell sind und oft etwas wild aussehen, sind sie keine typischen Alleebäume. Ich kenne allerdings eine sehr beeindruckende Lärchenallee im **Waldviertel** in Niederösterreich. Sie läuft von Norden her schnurgerade auf die Stiftskirche von Eisgarn zu. Es handelt sich um 350 Lärchen, die an der Bundesstraße 5 stehen und ein Alter von 150 Jahren haben.[81]

Auch in Deutschland gibt es eine Lärchenallee, nämlich in **Schwerin-Friedrichsthal** in Mecklenburg-Vorpommern. Sie besteht heute aus 275 Bäumen, von denen noch 43 Bäume aus der ursprünglichen Pflanzung stammen. Diese sind mit etwa 200 Jahren und einem Umfang von über 3,50 Metern sehr eindrucksvoll.[82] Ein Besuch lohnt besonders am 3. Oktober, weil dann das Fried-

81 Vgl. R. Bouchal, G. Lukacs: Kraftorte im Waldviertel.
82 Vgl. K. Lemke, H. Müller: Naturdenkmale: Bäume, Felsen, Wasserfälle.

richsthaler Lärchenfest gefeiert wird, zu dem jedes Jahr ein neuer Baum gepflanzt wird.[83] Das natürliche Verbreitungsgebiet der europäischen Lärche sind die Alpen. Im **Zedlacher Paradies** im Virgental nahe Matrei in Osttirol wachsen bis zu 600 Jahre alte, knorrige Lärchen mit einem Umfang von bis zu 6 Metern und mit flechtenbehangenen Zweigen. Wenn auch von Menschen angelegt, ist dies ein besonderer Zauberwald, der an den Sitz der Saligen glauben lässt.

83 Vgl. www.alleen-fan.de/Kampagne/Lieblingsalleen/Allee_55.html.

Selbstcoaching mit der Lärche: Vorstellungen loslassen, meine Einzigartigkeit erkennen, leben und lieben

»Ich kann nur ich selbst sein und niemand anderes. Wenn ich das akzeptiere, kann ich mich entspannen und erblühen.«

Das wilde Stiefmütterchen (aus Indien)

Ein König kam in seinen Garten und fand dort verwelkte Blumen, kranke Bäume und traurig aussehende Sträucher. Bestürzt sprach er die Buche an. »Ich bin traurig«, sagte sie, »weil ich keine süßen Früchte tragen kann wie der Weinstock.« Der Weinstock war unglücklich, weil er nicht blühen konnte wie die Rose. Der Rose ging es schlecht, weil sie nicht so groß werden konnte wie die Eiche. Und so ging es fort im gesamten Garten: Keine Pflanze war in ihrer Kraft, Schönheit und Stärke.
Aber was war das? Der König bückte sich und fand eine kleine Pflanze, die blühte und frisch war wie immer: das wilde Stiefmütterchen. Da fragte der König sie, warum sie so frisch und kraftvoll sei. »Für mich war klar«, sagte sie, »dass du ein Stiefmütterchen haben wolltest, als du mich in die Erde setztest. Hättest du eine Buche, einen Weinstock, eine Rose oder eine Eiche haben wollen, dann hättest du sie gepflanzt. Und so dachte ich, da ich sowieso nichts anderes sein kann als das, was ich bin, versuche ich, das nach besten Kräften zu sein.«

Innenreise

Schließe deine Augen, und verbinde dich mit deiner inneren Führung. Gehe in deiner Vorstellung in einen Wald mit Lärchen hoch oben in den Bergen, knapp unter der Waldgrenze. Eine Lärche lädt dich ein, dich zu ihr zu gesellen. Öffne dein Herz, so weit es geht, und erfasse ihr Wesen. Jeder Lärchenbaum ist eigen, ganz individuell, hat unregelmäßige Zweige, die asymmetrisch am Baum verteilt sind. Er ist unverwechselbar in seinem Aussehen, ganz anders als all die anderen, und lässt sich in keine Schublade packen.

Nun betrachte dein Leben. Bist du im Frieden mit dir, deinem Sein, deinem Wesen? Kannst du deine eigene Besonderheit, dein Anderssein akzeptieren? Kannst du es annehmen und wirklich lieben, dass du so bist, wie du bist? Lebst du deine Individualität, oder versteckst du sie lieber aus Angst davor, was andere denken könnten, und zum Schutz vor Verurteilung? Zeigst du dich im Außen in deiner Einzigartigkeit, ehrlich und authentisch? Oder trägst du eine Maske?

Kennst du deine besonderen Stärken, das, was du bist, was du kannst, was dich einzigartig macht? Oder fokussierst du dich auf das, was du nicht bist, was du nicht kannst? Schaust du auf die Bereiche, in denen du dich minderwertig fühlst, schwach, schlechter im Vergleich zu anderen, nicht gut genug?

Überlege, in welchen Bereichen du deinen eigenen Vorstellungen entsprechen willst und in welchen den Vorstellungen anderer. Soll etwas an dir so sein wie bei den anderen, vielleicht bei »den Erfolgreichen«, »den Spirituellen«, »den Reichen«? Willst du reifer, souveräner, bewusster sein, als du wirklich bist? Machst du dir oder anderen etwas vor? Wo willst du anders sein, wo läufst du weg vor dem, was jetzt in dir ist? Sei ehrlich mit dir – jetzt!

Weißt du, wer du wirklich bist? Betrachte noch einmal dein Leben. Schaue genau hin, wo du jetzt stehst und wo du eigentlich schon sein willst! In welchem Aspekt von dir willst du nicht sehen, wo du wirklich stehst, willst du nicht so sein, wie du im Grunde aber bist? Flüchtest du dich in manchen Bereichen deines Lebens in Vorstellungen von dir, die du bei genauer Betrachtung noch gar nicht erfüllst? Wo bist du nicht ehrlich – zu anderen und vielleicht auch zu dir selbst? Sei ehrlich mit dir – jetzt!

Halte einen Moment lang inne, und erlaube den Gefühlen, dazuzukommen. Empfindest du einen Schmerz darüber, nicht so zu sein, wie du sein möchtest? Ist da Enttäuschung, vielleicht auch Wut oder Hass? Sobald du bereit bist, lasse die Gefühle zu, die jetzt da sind, und nimm dir Zeit dafür, sie zu fühlen. Mache dir bewusst, dass du nicht allein bist: Die Lärche unterstützt dich!

Die Lärche kann dir helfen, zu dir selbst zu stehen, zu dem, was du wirklich bist. Und wenn du erkannt hast, wer du bist, es leben und lieben kannst, dann bist du frei – frei von der Angst davor, was andere über dich denken könnten. Bitte die Lärche, an der du sitzt oder stehst, dir ihr Selbstvertrauen, ihr Vertrauen darauf, dass sie richtig und gewollt ist, so, wie sie ist, zufließen zu lassen. Lasse jetzt deine hohen Ansprüche und deine Vorstellungen davon los, wie du sein willst oder wie du sein solltest. Nimm dich so an, wie du wirklich bist: mit allen vermeintlichen Schwächen und mit allen Stärken und damit genau richtig. Die Lärche hilft dir dabei. Sprich innerlich zu dir: »Ich bekenne mich zu mir, zu meinen Stärken und Schwächen, zu meinem Können und meinem Noch-nicht-Können, zu meiner Einzigartigkeit, zu meiner besonderen Schönheit, zu meinem Anderssein, meiner Besonderheit, zu meinem Sosein.« Und vielleicht kannst und willst du dir auch sagen: »Ich lebe und liebe mein ganz individuelles Sein.«

Denn du bist anders als andere Menschen. Du bist du: einzigartig in jedem Aspekt! Und das ist auch gut so. Denn nur dadurch, dass du so bist, wie du bist, kannst du sinnerfüllt leben und deinen Beitrag zum Gelingen des großen Ganzen leisten.
Weil die Lärche jeden Herbst ihre Nadeln abwirft und darauf vertraut, dass es wieder Frühling wird und sie neue bilden kann, kann sie dir Zuversicht, Mut und Selbstvertrauen vermitteln. Sie gibt dir das Vertrauen, dass es weitergeht, dass du weitergehst, den nächsten Schritt tust und dich entwickelst: von hier, wo du jetzt stehst, hin zu dem Menschen, der du im Grunde deines Herzens bist. Die Lärche lässt dich dein ganz individuelles Sein erkennen, leben und lieben.
Bedanke dich zum Abschluss bei der Lärche, bedanke dich bei deiner inneren Führung, und bedanke dich bei dir selbst, dass du bereit warst, hinzuschauen, wer du wirklich bist, und zu deiner Einzigartigkeit zu stehen.
Komme langsam wieder im Hier und Jetzt an, spüre deinen Körper, und dann kannst du die Augen öffnen.

ULME, RÜSTER, ELFENHOLZ, IFFE

Meine Grenzen erkennen und akzeptieren, Hilfe annehmen

Bergulme (Ulmus glabra), Familie der Ulmengewächse (Ulmaceae)

Der Baum

Die Ulme kann man gut an ihren Blättern erkennen. Sie ist der einzige (heimische) Baum, der einen deutlich asymmetrischen Blattansatz aufweist (auf dem Bild auf Seite 90 zu sehen). Dadurch weist sie uns auf die Themen Symmetrie und Gleichgewicht hin. Sie ist ein Wesen mit zwei ausgeprägten Aspekten, einem männlichen und einem weiblichen, denn sie verbindet Hart- und Weichholzeigenschaften miteinander. Die Ulme wächst schnell und hat trotzdem hartes Holz, ist flexibel und gleichzeitig beständig. Sie ist ein Ausgleichsbaum, eine Vermittlerin. Sie kann unsere Haut heilen, die das Innen mit dem Außen verbindet, und sie stellt die Verbindung zwischen den Lebenden und den Toten ebenso wie zwischen den Menschen und den Naturgeistern her.[84] Deshalb wird sie auch Elfenbaum genannt, und ich ordne sie dem sechsten Chakra, dem Dritten Auge, zu, das u. a. für übersinnliche Wahrnehmung steht.[85] Wenn ich einige Zeit unter einer

84 Vgl. F. Hageneder: Der Geist der Bäume.

85 Die Verräucherung von Ulmenrinde erhöht die (übersinnliche) Wahrnehmungsfähigkeit. Außerdem heißt es, dass hellseherische Träume auftreten, wenn vor dem Schlafengehen ein Ulmenblatt mit einer Nadel durchstochen unter das Kopfkissen gelegt wird, vgl. A. Newman: Bäume – Machtvolle Zeugen des Lebens.

Ulme sitze, lande ich schnell in verschiedenen Geistwelten – wenn auch nicht unbedingt bei den Elfen. Die Ulme verbindet uns mit unserem Unbewussten und kann uns helfen, unsere Intuition zur vollen Blüte zu bringen. Durch den Bezug zum Dritten Auge kann sie uns helfen, Probleme in der richtigen Relation zu sehen und das Vertrauen in die eigenen Fähigkeiten zu stärken. Besonders, wenn wir uns grundlos einer Aufgabe nicht gewachsen fühlen, ist sie für uns da.

Das Gleichgewicht von männlicher und weiblicher Seite ist ein Anliegen der Ulme. Sie kann diese Energien ins Gleichgewicht bringen, indem sie uns dabei unterstützt, die weibliche Energie in voller Stärke und Hingabe zu leben. Das gilt für Frauen ebenso wie für Männer! Ihr Kompagnon ist die Esche, die die männliche Energie stärkt und uns damit ins Gleichgewicht bringt. In der Edda ist beschrieben, dass das erste Menschenpaar aus Ulme (Frau) und Esche (Mann) gemacht wurde – unseren »Stammbäumen«.[86]

Die Ulme kennt sich mit scheinbar unlösbaren Problemen und festgefahrenen Situationen aus, denn die Ulmenkrankheit, das Sterben alter Ulmenbäume, dauert an, obwohl neue, junge Ulmen aufwachsen. Es wird durch einen um 1918 aus Ostasien eingeschleppten Schlauchpilz (Ophiostoma ulmi) in Kombination mit dem Ulmensplintkäfer verursacht.[87] Für Hageneder verlassen diese weisen Bäume die Welt, »weil es ihre Aufgabe ist, die Reiche näher zusammenzuführen, aber kein Mensch mehr kommt, um zuzuhören und unter ihren Ästen anderen Wesen zu begegnen.«[88] Jedenfalls braucht die Ulme unsere Hilfe. Und dadurch erinnert sie uns daran, unsere eigenen Grenzen zu erkennen, um Hilfe zu bitten und diese zuzulassen. Wir können und müssen nicht alles allein schaffen!

Die Ulme liebt es feucht und wächst gern in Niederungen, in Auwäldern und in der Geest. Ihr Verbreitungsgebiet reicht weit über Mitteleuropa hinaus. So gedeiht die Bergulme in Skandinavien bis zum Polarkreis, während die Feldulme bis nach Nordafrika anzutreffen ist.[89] Während der Name »Rüster« nur im Deutschen vorkommt, gibt es den Namen »Ulme« so oder ähnlich in fast allen europäischen Sprachen, was auf die einst weite Verbreitung und große Wertschätzung des Baumes hinweist.[90] Bleibt die Ulme gesund, kann sie bis zu 600 Jahre alt werden.

Ulmen lassen sich besonders im Frühjahr leicht erkennen. Sie bilden schon im März noch vor den Blättern rote Blüten aus. Wenn andere Bäume dann ihre sattgrünen Blätter bekommen, hat die Ulme schon Früchte, die weißlich grün aussehen. Trägt die Ulme dann ab Mitte bis Ende Mai auch Blätter, sind ihre Früchte schon herbstlich

86 Vgl. F. Hageneder: Der Geist der Bäume.

87 Wer Ulmen helfen möchte, kann Holunderzweige in ihrer Nähe in die Erde stecken. Der Geruch ist nicht nur für Menschen, sondern auch für Insekten unangenehm und könnte helfen, dass sich die Ulmenkrankheit nicht weiter ausbreitet.

88 F. Hageneder: Der Geist der Bäume.

89 Vgl. D. Grosser, W. Teetz: Informationsdienst Holz, Einheimische Nutzhölzer: Rüster 11.

90 Vgl. K. Harz: Bäume und Sträucher.

braun. Im Juni sind die geflügelten Samen reif und fallen zu Boden. Die Äste wachsen wirr, krumm und knorrig durcheinander und bilden schon im Winter dicke Knospen aus. Die jungen Blätter sind nahrhaft für Tier und Mensch. Von den Römern ist bekannt, dass sie Feldulmen als lebende Stützen für ihre Weinstöcke pflanzten.[91]

Das Holz der Ulme ist hart, splittert nicht, schwindet extrem wenig, verzieht sich aber leicht. Es ist resistent im Wasser und in feuchtem Klima. Früher wurde es für Wagen- und Mühlräder, Kufen, im Schiffsbau und für Wasserleitungen verwendet. In England war es das traditionelle Holz für Särge. Das sind alles Anwendungen in Bereichen, die mit Transport und Weiterkommen zu tun haben.[92] Die Ulme kann also Festgefahrenes wieder in Bewegung bringen, sie löst, wandelt, transformiert. Heute wird das Holz wegen seiner Seltenheit nur noch im höherwertigen Innenausbau verwendet, denn mit ihrer Maserung (der »Rüstermaser«) hat die Ulme eines der schönsten Hölzer!

91 Vgl. M. und R. Spohn: Kosmos-Baumführer Europa.
92 Vgl. F. Hageneder: Der Geist der Bäume.

Die Rinde der Ulme hilft bei Hautkrankheiten (Dermatitis, Furunkeln, Abszessen, Geschwüren) sowie bei Magen- und Darmerkrankungen. Auch hier zeigt sich ihre ausgleichende Wirkung, denn sie ist sowohl bei Durchfall als auch bei Verstopfung wirksam.[93] Sie wirkt lösend und wandelnd sowohl auf körperlicher als auch auf emotionaler Ebene. Sie stärkt Muskeln, Gewebe und Gelenke und gilt als Kraftbaum für Leib und Seele. Der Bast lässt sich ähnlich leicht wie bei der Linde ablösen und diente früher als Bindematerial zum Anfertigen von Seilen und Bienenkörben.

93 Vgl. R. A. Strassmann: Baumheilkunde.

Ulmen besuchen

Durch das Ulmensterben sind große, alte Ulmenbäume selten geworden. Eine 500–600 Jahre alte Flatterulme (diese Art ist weniger anfällig für das Ulmensterben) steht in der Nähe von **Nienburg/Weser.** Ihr Stamm hat einen Umfang von über 8 Metern und ist innen hohl. Sie steht auf einem Hof am Speckenbach, nicht weit von der Kreuzung Holter Weg/Grüne Straße, in der Gemeinde Wietzen im Landkreis Nienburg/Weser, Niedersachsen.

Das »Land, wo die Ulmen stehen« ist um Brandenburg an der Havel, 80 Kilometer westlich von Berlin. Hier stehen erstaunlich viele und alte, z.T. sehr alte Flatter- und Bergulmen. Empfehlen kann ich die Naturschutzinsel **Buhnenwerder im Breitlingsee**, auf der nicht nur viele Ulmen, sondern auch etliche einheimische und exotische Kiefern wachsen (siehe Seite 147). Ohne Boot kann man die Ulmen am Gränert (ehemaliges Forsthaus) zwischen Kirchmöser und Malge am südlichen Ufer des Breitlingsees besuchen. Direkt an der Havel stehen zwischen Breitling und Brandenburg Ulmen.

Auch in der Hartholzaue der Elbe gibt es stellenweise noch große, alte Flatterulmen. Während diese um Magdeburg herum vor einigen Jahren wegen des Auftretens des Ulmensplintkäfers großräumig gefällt wurden, ist **zwischen Tießau und Hitzacker,** 50 Kilometer östlich von Lüneburg auf dem Junkerwerder, noch intakter Hartholzauenwald mit mächtigen Flatterulmen, Ahornen und Eichen zu finden.

Selbstcoaching mit der Ulme: Meine Grenzen erkennen und akzeptieren, Hilfe annehmen

»Nie verirrt man sich so leicht wie dann, wenn man glaubt, den Weg zu kennen.«
(Pilgerweisheit)

Eine Medizinradgeschichte[94]

Es war einmal zu irgendeiner Zeit, da gab es ein Volk, und das hatte sich aufgemacht, einen Weg zu gehen … So kam es zu einem riesigen Berg, und dort sprach der Wind zu ihm: »Sucht jeder den einen Stein, und bringt ihn hierher. Baut daraus zusammen ein Haus für alle, die sind. Ein Jahr habt ihr Zeit, dann kehrt zu diesem Punkt zurück, denn der Weg, den ihr sucht, ist ein Kreis.«
Zuerst wollten alle zusammen in eine Richtung gehen, um den einen Stein zu finden. Doch da kam der Westwind, und er rief nur einen Namen, und eine der Frauen stand auf und ging. So geschah es weiter, bis schließlich alle in eine andere Richtung geführt worden waren.
»Es war schon etwas rätselhaft, was der Wind gesprochen hat. Wie sollen wir denn alle den einen Stein finden, und das an ganz verschiedenen Orten? Und wie soll man denn bloß ein ganzes Haus aus nur einem einzigen Stein bauen? Wenn dies überhaupt möglich sein sollte, so muss es wahrhaftig ein Zauberstein sein«, dachte ein Mann namens Efran, der dem Ostwind folgte.

94 Inspiriert von einer Geschichte von Anette Sievers in: Rauchzeichen – Vereinszeitschrift des Bärenstamms. Winter 2005. Trotz großer Mühe konnte die Autorin dieser Geschichte nicht ausfindig gemacht werden. Falls sie sie wiederkennt, möge sie sich bei der Autorin melden.

Sein Blick und seine Gedanken streiften umher. »Wo mag er nur sein, dieser zauberhafte Stein? Bestimmt in den tiefsten Minen oder in den dunkelsten Höhlen, wo ihn keiner erblicken kann und er ganz nah am Herzen von Mutter Erde liegt. Doch ich werde mutig genug sein und mich all den furchtbaren Gefahren stellen, um dieses Werk zu vollenden und das zu entdecken, wonach wir so lange schon suchen.« So rutschte und stolperte er den Berg hinab, so sehr beeilte er sich.

Da hörte er plötzlich eine Stimme über sich im Frühlingswind. Sie war majestätisch und von einem inneren Lachen: »Wovor fliehst du? Hast du Angst, das zu finden, was du suchst?« Efran blickte hinauf. Auf dem krummen Ast eines kleinen Baumes saß ein Steinadler.

»Ich habe keine Angst, denn ich bin ein Krieger und habe eine große Aufgabe vor mir. Ich muss mich beeilen, um in die tiefen Stollen der Berge zu gelangen.« Efrans Worte im Stolze seiner Stimme umwehten den Adler wie flüchtige Gedanken. »Ich werde dich begleiten auf deiner Suche, um dir zu zeigen, wie die Welt durch meine Augen aussieht«, antwortete der Adler. Efran schüttelte den Oberkörper, und seine Stimme war getaucht in tiefes Unverständnis: »Wieso willst du mich in die tiefen Stollen unter der Erde begleiten? Ich kann nichts von dir lernen, denn du bist ein Wesen der Lüfte.«

»Ich will nicht unter die Erde, ich will dich nur begleiten«, tönte es ihm entgegen. Als würde die Luft umgewälzt, spürte Efran den Flügelschlag des gewaltigen Vogels, der sich erhob und sich an seinen Schultern festkrallte.

Efran verstand, dass nun das letzte Wort gesprochen war. Er sackte unter dem Gewicht zusammen. Schwer hatte er zu tragen, sodass seine Schritte wie von selbst immer langsamer und bedächtiger wurden.

»Wieso sitzt nur dieses Tier auf meinen Schultern, als würde es sich langsam in mein Fleisch graben, sich in meinen Schultern einnisten? Immer dicker und schwerer wird es, da ich es immer tragen muss und es nie selbst fliegt. Und das soll der König der Lüfte sein?« Efran spuckte seine Gedanken hinaus. Er konnte nicht mehr. »Hast du schon aufgegeben? Du hattest doch große Ziele, in die tiefen Berge wolltest du«, krächzte es herab. Der Adler landete vor ihm. »Du wolltest ja nicht von mir lernen. Ich hätte dich lehren können, zu fliegen. Doch du wolltest deinen Weg auf deine Weise gehen. So musstest du mich halt tragen. Aber du bist frei in deinen Entscheidungen.«

Das Lächeln auf Efrans Gesicht lag zwischen Bitterkeit und Hoffnung. In diesem Zustand, wo die Erde nach beidem schmeckte, nach Glück und Unglück, der Verzweiflung und dem neuen Weg, in diesem Zustand fing er an, vom Adler zu lernen. Sich zu öffnen für alles, was ihn umgab, seine Arme auszubreiten und darauf zu vertrauen, dass er getragen wurde. Und mit der Zeit wurde Efran ein wahrer Meister in diesen Dingen. Das Lernen und das Wissen füllten ihn aus, doch nie vollkommen, da war und blieb die Sehnsucht nach dem Stein, der Gedanke an seinen Stamm und die Suche.

Eines Abends, als er mit dem Adler am Feuer saß, sprach er: »Ich muss weiter, viel habe ich gelernt, doch auch viel Zeit ist vergangen, und es scheint mir, als wäre ich dem Stein keinen Schritt nähergekommen.« Lange blieb es still. »Ich muss es versuchen, für mich und all die anderen!« Noch im Sprechen dieses Satzes erhob sich Efran und verschwand in der kalten Luft. Rastlos zog er fort, rastlos trieben ihn die Winde. Sein Körper bäumte sich auf, seine Blicke aber suchten nach dem Versteck des wundersamen Gutes, spähten nach dem Zauberstein.

So verflogen die Tage, und Efran flog durch sie hindurch. Doch erst in der Zeit des ersten Frostes sah er das erste Zeichen. Ein riesenhaftes Gebirge türmte sich vor ihm auf. Dies musste der Ort sein, an dem er zu suchen hatte. Als er ankam, saß dort der Adler. »Ich habe auf dich gewartet. Ich will dich von der Schönheit und der Kraft des Sonnenaufganges unterrichten, von dem Mut des neuen Tages, den Zeichen und der Bedeutung der kleinen Dinge.« Efran war erbost über diese Worte. »Hast du immer noch nicht verstanden, was ich suche?« Ohne sich auch nur noch ein einziges Mal umzudrehen, wandte sich Efran einem der Höhleneingänge zu und wurde von dessen Schatten verschluckt. Es war so finster, dass er immer wieder mit seinem Kopf an vorstehende Steine stieß. Dort, wo die Felsen am spitzesten waren, dort, wo es am steilsten hinabging, lag sein Weg. Geführt von dem brennenden Verlangen, den Stein zu finden, irrte er umher. Er verlor den Weg in diesen Gängen des Labyrinths ... Erst schien Efran nicht zu bemerken, in welcher Lage er sich befand, denn die brennende Flamme seines Willens stieß ihn immer wieder an. Doch je mehr Zeit verging, desto kleiner wurde sie. Erst, als sie nur noch ein leichtes Glimmen war, bemerkte er, dass er weder auf den Weg geachtet noch auf irgendeine andere Weise vorgesorgt hatte. Das Einzige, was er noch wollte, war, zu überleben, zu leben, hinauszufinden aus diesem Reich der Schatten. Immer mehr magerte sein Körper ab und entzog seinen Muskeln die Kraft.

Auf einmal durchstach es ihn wie ein rotes Schwert, ein Strahl der aufgehenden Sonne. Er kroch weiter, und wie im Traum erkannte er seinen alten Bekannten, sank vor ihm nieder und wurde bedeckt in liebevoller Freundschaft. Er lauschte der Stimme des Adlers. Sie brachte ihn zurück ins Leben, erzählte vom Morgentau, der aufgehenden Sonne, von der Kraft des Erwachens. Sie zeigte ihm auf, wie viel es noch zu leben gab. Nun konnte er annehmen, was er zuvor noch abgelehnt hatte. Nun füllten die Lehren des Adlers seine Dunkelheit aus und ließen neue Kraft in ihm aufkeimen.

Doch war das Jahr fast zerronnen. Es war Zeit, zurückzukehren zu seinem Stamm, mit leeren Händen, ohne auch nur die Spur des Zaubersteines. So machte er sich auf den Weg zum Berg.

Auf dem Gipfel standen alle in einem großen Kreis, und die Stille umfing sie. Efran betrat die Mitte und sprach: »Keinen Stein bringe ich, nur die Worte meiner Liebe, die Erinnerung meiner Erfahrungen.«

Und tief in seinem Inneren spürte er, wie zwischen all seinen Wegen und leidvollen Erfahrungen die Verbundenheit zu dem Adler und die Kraft dessen, was er gelernt hatte, gewachsen war. Da bewegte sich etwas in ihm, und ein Stein fiel von seinem Herzen, wurde geboren aus seinen tiefen Gefühlen und der Hingabe an das, was er gelernt hatte. Voll liebevoller Achtung hob er den Stein auf und legte ihn in den Osten, genau an den Punkt, von dem er vor einem Jahr aufgebrochen war. Und es kamen noch mehr Steine. Denn jeder des Stammes brachte eine Lehre mit sich, ließ eine Kraft aus seinem Herzen sprechen. Die zuvor noch leeren Hände füllten sich mit Herzenssteinen. All diese Steine ergaben zusammen einen Kreis, der alles in sich einschloss. Es war eine Heimat, ein Haus für die gesamte Schöpfung.

Innenreise

In der Geschichte wie im wirklichen Leben haben wir manchmal einen inneren Antreiber, der vorwärtskommen will und ein genaues Ziel vor Augen hat. Oft möchte er alles ganz allein schaffen und weiß auch genau, wie es dieses Ziel zu erreichen gilt, und lässt sich dabei von nichts ablenken. Das ist eine große Qualität! Aber manchmal geht es trotzdem nicht so recht vorwärts, und wir kommen dem Ziel nicht näher, obwohl wir kämpfen und uns anstrengen.
Kennst du so etwas aus deinem Leben? Hast du auch eine genaue Vorstellung davon, wie dein Leben in einem bestimmten Bereich sein soll, wie du zu deinem angestrebten Ziel kommst, und es klappt nicht wirklich? Du kämpfst und strengst dich an, um es zu erreichen, aber es geht und geht nicht vorwärts? Und meinst du vielleicht, dass du es allein schaffen musst? Du strengst dich schon so an, und das Thema scheint unlösbar, eine festgefahrene, eine ausweglose Situation.

Schließe jetzt deine Augen, verbinde dich mit deiner Herzensenergie, und betrachte dein Leben. Lasse solch einen Bereich, solch ein Thema, solch ein Problem sichtbar werden. Das kann im gesundheitlichen Bereich sein, im spirituellen, im finanziellen, in Bezug auf Beziehungen, Arbeit oder deiner Wohnsituation.

Schaue dir diese Situation genau an. Was hast du alles schon versucht, um in diesem Lebensbereich weiterzukommen?
Danke deinem treibenden männlichen Anteil, dass er sich so sehr eingesetzt hat für dieses Ziel und dass du es schon so weit gebracht hast. Aber akzeptiere auch, dass es so nicht weitergeht. Vielleicht fühlst du Hilflosigkeit, Ärger, Wut …? Lasse jetzt alles zu, und fühle es!
Vielleicht bist du enttäuscht worden und tendierst deshalb zum Alleingang? Vielleicht denkst du, Hilfe anzunehmen sei eine Schwäche? Lasse diese Einstellungen los. Du kannst und musst es nicht allein schaffen! Wenn du Hilfe zulässt, wird dir geholfen. Denn es gibt eine zweite Seite in dir. Und nur, wenn die männliche und die weiblichen Kraft beide ihren Teil leisten und ihre Stärken und Fähigkeiten einbringen, kommt es zu einer ganzheitlichen Lösung.

Dieses Spiel der Kräfte in uns spiegelt uns die Ulme. Sie kennt sich mit scheinbar unlösbaren Problemen und festgefahrenen Situationen aus. Ihr Thema ist das Wandeln, das Transformieren, das Ins-Gleichgewicht-Bringen. Ihre Qualitäten sind das Loslassen und die Hingabe, das Empfangen unbewusster Botschaften, das Annehmen von Hilfe und die Stärkung der Intuition.
Verbinde dich jetzt mit der Ulme und ihren Qualitäten. Sieh vor deinem inneren Auge

eine große, mächtige Ulme, an die du dich anlehnen kannst. Betrachte ihre Blätter mit dem asymmetrischen Blattansatz, fühle ihre raue Rinde. Und jetzt lasse dir von ihr helfen, deine Hingabe, deine Intuition, deine Flexibilität, deine Kreativität in dem Bereich, in dem dein Problem liegt, wachsen zu lassen. Lasse dein Ziel los, deinen Weg und den Anspruch, es allein erreichen zu müssen und genau auf diese Weise. Nimm Unterstützung an, erlaube der Energie der Ulme, zu wirken, dich zu inspirieren und für eine höhere Führung zu öffnen. Die Ulme kann Festgefahrenes wieder in Bewegung bringen. Ja, vielleicht zeigt sie dir einen ganz anderen Weg, und vielleicht ergibt sich auch ein ganz neues, stimmigeres

Ziel. Öffne dich für Neues, lasse dich auf anderes ein, gib dich hin, empfange, und erlaube der Wandlung, zu geschehen.

Betrachte noch einmal dein Thema, den Lebensbereich, in dem du dich so sehr angestrengt hast und es trotzdem nicht weitergeht. Lasse dich jetzt von der Ulme inspirieren und dir einen Weg zeigen. Öffne dich für das intuitive Wissen und die Weisheit. Empfange die Botschaften deiner inneren Weisheit – jetzt!

Zu empfangen und sich hinzugeben, heißt nicht, die Hände in den Schoß zu legen und nichts mehr zu tun. Das Gleichgewicht von aktiven und passiven Anteilen, von Machen und Fühlen, von Flexibel und Beständig, von männlicher und weiblicher Seite – das ist die Botschaft der Ulme. Sage jetzt innerlich zu dir selbst: »Ich tue mein Bestes, leiste meinen Teil und lasse mich innerlich führen und inspirieren.« Und dann – fällt dir vielleicht ein Stein vom Herzen …

Zum Abschluss bedanke dich bei der Ulme, bedanke dich bei deiner Intuition, der Weisheit in dir, und bedanke dich bei dir selbst, dass du bereit bist, loszulassen, Hilfe anzunehmen und neue Wege und Möglichkeiten auszuprobieren.

Komme langsam wieder im Hier und Jetzt an, spüre deinen Körper, und dann kannst du die Augen öffnen.

ERLE, ELSE, HOLSCHENBOOM, HOLZSCHUHBAUM

Mich dem Verdrängten, Wilden, Dunklen in mir stellen und in eine neue Kraft erwachsen

Schwarzerle (Alnus glutinosa), Familie der Birkengewächse (Betulaceae)

Der Baum

Die Erle ist ein besonderer Baum. Sie kommt am besten von allen Bäumen mit nassem Boden zurecht und lebt gern an fließenden Gewässern, in Auwäldern oder bildet »Erlenbrüche«. Sie lebt in Symbiose mit speziellen Wurzelbakterien (Frankia alni), die ihr reichlich Stickstoff im Austausch gegen Nährstoffe liefern. Deshalb müssen Erlen nicht sparen und haushalten. Sie leben in Reichtum und Fülle und geben den Überfluss an ihre Mitwelt weiter. Während andere Bäume im Herbst das Chlorophyll aus ihren Blättern ziehen und für das nächste Jahr einlagern, kann es sich die Erle leisten, ihre Blätter grün abzuwerfen, wovon eine Vielzahl von Lebewesen profitieren. Während die Wurzeln der meisten Bäume in sumpfigem Boden faulen, hat sie interne Belüftungskanäle, die die Wurzeln auch im Wasser mit Sauerstoff versorgen.[95] Wenn du einmal rote Wurzeln in einem Flüsschen siehst – die sind von der Erle!
Das eiweißreiche Holz steht auf dem Speiseplan von Holzwürmern ganz oben. Deshalb wird es nur selten im Möbelbau eingesetzt, Holzschuhe jedoch wurden früher oft aus dem weichem Holz geschnitzt. Unter Wasser wird Erlenholz sehr hart und ist extrem dauerhaft, weshalb es gern im Brücken- und Grubenbau und für Wassertröge verwendet wurde. Schon vor 4000 Jahren standen die steinzeitlichen Pfahlbauten in Seengebieten auf Erlenpfählen, und Venedig und Alt-Amsterdam stehen auch heute noch z. T. auf Erlenholzpfeilern.[96] Blätter, Blüten und Rinde wurden zum Färben von Stoffen, Wolle und Leder verwendet.

Der Name »Erle« kommt vom althochdeutschen »erila, elira«, was mit dem lateinischen »alnusa« verwandt ist und »ge-

95 Vgl. F. Hageneder: Der Geist der Bäume.

96 Vgl. S. Fischer-Rizzi: Blätter von Bäumen.

nährt vom Bach« bedeutet.[97] Der Artname »glutinosa« bedeutete »klebrig«, und die Triebe und Blätter sind das auch tatsächlich, weshalb sie früher als Insektenfänger in den Wohnstuben hingen. Die Erle ist der einzige Laubbaum, der Zapfen bildet. Die kleinen Nüsschen (die eigentlichen Samen) in diesen Zapfen haben ein »eingebautes Luftsäckchen«, damit sie zu ihrem neuem Wachstumsort schwimmen können.[98]

Medizinisch hat die Erle keine große Bedeutung: In die Schuhe gelegtes Laub hilft bei müden Füßen und Beinen. Und auch bei allgemeiner Müdigkeit und Niedergeschlagenheit kann es helfen, sich unter eine Erle zu setzen.

Im Mittelalter wurden über dem Kopf eines Verurteilten vier Erlenstäbe zerbrochen. Da die Erle auch die Totengöttin symbolisiert und für Weggang und Erneuerung steht, wurde er damit aus der Gemeinschaft verstoßen. Darauf geht die noch heute bekannte Redensart »über jemanden den Stab brechen« zurück.[99]

Die Erle lebt und wirkt zusammen mit dem Wasser. Da sie gern an sumpfigen, moorigen, oft nebligen Standorten wächst, in den Grenzbereichen von Land zu Wasser, war sie den Menschen schon immer etwas unheimlich – man denke an den »Erlkönig«, die »Erlenfrau« oder die »raue Else«. Sie verkörpert den dunklen, verborgenen, vielleicht beängstigenden Aspekt der Erdgöttin, die »Hüterin der Schwelle«, die über die Seelen der Verstorbenen wacht.[100]

Die Erle galt früher als heilig und geheimnisvoll, weil ihr Holz »blutet«: Kommt der frische Erlensaft mit Sauerstoff in Verbindung, kann man zuschauen, wie sich das Holz dunkelorange färbt. Im übertragenen Sinn bedeutet das, dass die Erle helfen kann, Gefühlsblockaden aufzulösen, indem das Thema durch das Wasser aufgewühlt wird, dann eine Zeit lang blutet und anschließend fortgewaschen und geheilt wird. Man sagt, die Erle bildet eine Brücke über das Wasser und hilft dadurch, schwierige Lebenssituationen zu überwinden.

Die Erlenfrau steht für die weibliche Urkraft der Natur, die sowohl in Frauen als auch in Männern steckt. Sie beinhaltet die ungezähmte, wilde Kraft[101], Intuition, Ahnungen und Instinkte. Außerdem hat sie einen Bezug zur Gefühlswelt, zur Erdenergie und Mondkraft, zu Kreativität, Frucht-

97 Vgl. A. Newman: Bäume – Machtvolle Zeugen des Lebens.
98 S. Fischer-Rizzi: Blätter von Bäumen.
99 Vgl. W.-D. Storl: Pflanzen der Kelten.
100 Vgl. W.-D. Storl: Pflanzen der Kelten.
101 »Wild« ist sprachlich verwand mit »Wille« und bedeutet »frei, ungezähmt«. Wild ist also jemand, dessen Wille frei bzw. befreit ist von Konditionierungen und Glaubensmustern.

barkeit, Sexualität und der Fülle der Natur. Solch eine ungebändigte Energie kann uns Angst machen, weshalb sie oft verdrängt und weggesperrt wird und als unerwünscht und verboten gilt. Wirklichen Zugang zur Energie der Erle bekommt man meiner Erfahrung nach auch nicht so leicht, und in vielen »Baumenergiebüchern« wird die Erle auffallend kurz abgehandelt.

In allen Märchen, in denen verbotene Zimmer vorkommen, werden diese – egal, wie hoch die angedrohte Strafe ist – dennoch geöffnet und meist betreten. Die frühen Märchenerzähler hatten offenbar diese tabuisierten, verdrängten Qualitäten als unverzichtbar für den Menschen erkannt, weshalb sie aus den verbotenen Zimmern erlöst, wiederentdeckt und integriert werden mussten. Die Erlenfrau kommt als Versuchung – den leichten Weg zu nehmen, sich den Trieben, dem Verlangen hinzugeben, sich kaufen zu lassen. Und nur, wenn die Heldin oder (seltener) der Held dieser Versuchung widersteht und einzig dem Herzen folgt, selbst im Angesicht des Todes, dann geschehen Gnade, Wandlung, Erlösung, und eine neue Entwicklungsstufe tut sich auf.[102]

Dem Herzen und der Intuition, nicht den Trieben und dem Verlangen zu folgen, fordert die Erle von uns.[103] Sich dem zu stellen, erfordert Mut. Andererseits hilft der Baum uns, unseren tiefsten, unbewussten, dunklen, verborgenen Ängsten zu begegnen. Wenn wir das schaffen, erwachsen wir in eine neue Kraft – was kann uns dann im Außen noch schrecken? Insofern ist die Erle auch ein großer Schutzbaum. Und der Gewinn durch die Erlenkraft ist gewaltig: der Zugang zur Intuition, zur kreativen Kraft, die Verbindung zu Instinkt, Gefühlswelt und unserer Urnatur verbessern sich. Die (Herzens-)Verbindung mit unserer Mitwelt wird stärker, und das kommt uns im täglichen Leben zugute.

102 Vgl. I. Riedel: Tabu im Märchen.

103 Vgl. F. Hageneder: Der Geist der Bäume.

Erlen besuchen

Früher waren große Teile Norddeutschlands von Erlenwald bedeckt. Heute sind Erlenbruchwälder sehr selten – Flussbegradigungen, Moortrockenlegungen und Entwässerungsmaßnahmen haben viele dieser Flächen zerstört. Im **Spreewald** in Brandenburg, 20 Kilometer südöstlich von Berlin, stehen die größten Erlenbestände Deutsch-

lands. Mit Boot, Spreewaldkahn oder mit dem Fahrrad kann man diese schöne Gegend erkunden und dabei in Kontakt mit den besonderen Bäumen kommen.
Im Harz (Sachsen-Anhalt) gibt es den kleinen Ort Ilsenburg mit gleichnamigem Schloss und ehemaligem Kloster am Fluss Ilse. Der Name **»Ilsenburg«** kommt von »Elysinaburg«, was von »Erlenburg« abstammt. Der Ort ist am nördlichen Harzrand gelegen, und man kann dort nicht nur Erlen besuchen, sondern auch das wildromantische Ilsetal erwandern.

Selbstcoaching mit der Erle: Mich dem Verdrängten, Wilden, Dunklen in mir stellen und in eine neue Kraft erwachsen

> »Das Verbotene muss oft trotzdem
> getan werden, weil es für das eigene
> Wachstum notwendig ist, weil es
> eine Initiation in den magischen Raum ist.«
>
> Luisa Francia

Bei der rauen Else (überliefert)

In einem Wald lebte einmal ein Paar von sehr armen Leinewebern. Sie hatten eine einzige Tochter, die hieß Marie. Des Öfteren konnte der Mann den Pachtzins nicht zahlen, und deshalb wollte der Gutsherr die Tochter als Magd zu sich holen. In ihrer Not riefen die Webersleute die raue Else, die Erlenfrau, zu Hilfe. Es erschien eine schwarze Frau in einer schwarzen Kutsche. Sie lud Marie in ihr Waldschloss ein, um bei ihr zu arbeiten. Als Lohn dafür gab sie den Eltern einen Sack voll Gold, mit dem sie den fälligen Pachtzins begleichen konnten und weiteres Auskommen hatten.
Marie kam in das Schloss zur rauen Else, die zwar wildes Haar hatte und schwarz war, als wäre sie mit Ruß eingerieben, aber ihre Augen leuchteten wie klares Wasser, und ihre Stimme war so gütig wie ein wärmendes Feuer.
Maries Aufgabe war es, all die Zimmer des Schlosses zu reinigen und aufzuräumen. Sie bekam ein Schlüsselbund für jedes Zimmer im Schloss. »Auf eines musst du achten«, sagte die Erlenfrau zu ihr. »In das Turmzimmer, da, wo dieser silberne Schlüssel passt, sollst du niemals

hineingehen, das musst du mir versprechen. Wenn du es dennoch tust, wird das schwarz und verborgen bleiben müssen, was sonst viel Gutes bewirken könnte.« Marie versprach es und begann damit, die Zimmer aufzuräumen und zu säubern. Jedes Mal, wenn sie ein Zimmer fertig hatte, erschien die Erlenfrau, um sich alles anzusehen. Sie erklärte Marie, wofür alles gut war, welche Heilwirkungen die Substanzen in den Schränken hatten und welche Weisheiten sich darin verbargen. »Siehst du, Marie«, sagte die Erlenfrau einmal, »wenn du nicht alles aufräumen würdest, dann wüsste ich gar nicht mehr, welche Kostbarkeiten in meinen Räumen schlummern.« Und so lernte Marie viel von der weisen Frau.

Eines Tages musste die Else verreisen, und Marie sollte allein das Schloss hüten. Natürlich kam sie zu der verbotenen Tür. Sie öffnete diese und blickte in einen dunklen Wald. Aus der Ferne ertönte Tanzmusik, und sie wurde gerufen, an einem Fest teilzunehmen. Obwohl sie große Lust dazu verspürte, erinnerte sie sich an ihr Versprechen und schlug hastig die Tür zu. Als die Erlenfrau nach Hause kam, fragte sie Marie, ob sie im verbotenen Turmzimmer gewesen war, und Marie verneinte. Die Else war zufrieden, und Marie reinigte weiter die Zimmer. Dann musste die Else wieder verreisen. Es kam, wie es kommen musste, und Marie stand wieder vor der verbotenen Tür. Sie öffnete diese, und durch den Türspalt sah sie an einem Tisch vier Mädchen sitzen, die Bücher lasen. Marie sehnte sich sehr danach, zu ihnen hineinzugehen. Aber sie erinnerte sich an ihr Versprechen, schlug die Tür zu und eilte in ihre Kammer. Sie weinte und fühlte sich so einsam, dass sie es kaum aushalten konnte. Nachdem die Erlenfrau zurück war, fragte sie Marie, ob sie im verbotenen Turmzimmer gewesen war, und Marie verneinte wieder. So ging es eine Zeit lang, dann hatte Marie alle Zimmer des Schlosses aufgeräumt, und die Else musste ein weiteres Mal verreisen. Als sie allein war, näherte sie sich wieder dem verbotenen Zimmer und musste es auch diesmal öffnen. Sie erschrak, als sie hineinsah: Es war sonnenhell darin und leer, bis auf eine Schaukel, die von der Decke hing. Auf der saß die Erlenfrau und schaukelte. Sie war ganz nackt und in Verwandlung begriffen. Ihre Haut war nicht mehr schwarz, sondern hell und licht – bis auf die Füße. Marie sah die verehrte und gefürchtete Frau in deren Verwandlung – sie sah sie nackt. Sie warf die Tür zu und lief in ihre Kammer. Und dann beschloss sie, zu schweigen und dieses Geheimnis in ihrem Herzen zu bewahren. Und so schwieg sie, als die Else sie zur Rede stellte, und auch, als sie ihr mit Verbannung aus dem Schloss drohte.

Marie kehrte in den Wald zurück. Zum Lohn für ihre Dienste hatte ihr die Else eine Schönheit gegeben, die das Herz eines jeden berührte, der sie anschaute. Marie baute sich an einer Quelle eine Laubhütte und lebte von Kräutern und Wurzeln. Bald darauf erzählten sich die Nachbarn, dass ein überaus liebliches Mädchen im Wald wohne, dessen Anblick zu Wohlsein, Heiterkeit und Lebensfreude führte. Das sprach sich bis zum König herum, der daraufhin in den Wald kam und die wilde Schönheit bat, seine Frau zu werden. Der König gefiel ihr, und so willigte sie in die Heirat ein. Die königlichen Ratgeber hingegen missbilligten die Ehe und verbreiteten, dass die gottlose Wildfrau den König verhext habe. Und obwohl die neue Königin ein großer Segen für die Menschen im Land war, verunglimpften die Ratgeber sie weiter. Marie wurde schwanger, und als die Geburt anstand, ging es ihr sehr schlecht. Die Mutter des Königs rief in ihrem Mitgefühl nach der rauen Else. Diese erschien auch sofort, half der Königin und fragte wieder, ob sie im verbotenen Zimmer gewesen sei. Marie verneinte, auch als die Else drohte, ihr das Kind fortzunehmen. So nahm die Else das Neugeborene mit. So ging es auch beim zweiten und beim dritten Kind. Nun, da auch das dritte Kind des Königspaares auf wundersame Weise verschwunden war, hatten die Ratgeber einen Vorwand, um die Königin als Kindesmörderin zu beschuldigen, die mit den Mächten des Bösen in Verbindung stand. Auch wenn der König zu seiner Frau stand, wurde ein Scheiterhaufen errichtet, auf dem die Königin brennen sollte.

Die Königin schritt in voller Würde zum Scheiterhaufen, und dieser sollte entzündet werden. Als der König das sah, bat er innerlich, dass die raue Else käme, um sie zu retten. Diese erschien auch sofort in ihrer Kutsche und sprach durch das Wagenfenster zu Marie: »Ich frage dich nun ein letztes Mal: Bist du im verbotenen Zimmer gewesen oder nicht?« Und in dem Moment, als Marie auch angesichts des Todes standhaft verneinte und über das Gesehene schwieg, geschah eine unerwartete Wandlung und Erlösung: Der Kutsche entstieg plötzlich eine stolze, schöne Frau, die hell strahlte, und mit ihr kamen drei Kinder heraus. Da lächelte die Königin. »Wie gut es ist, euch in dieser schönen Gestalt zu sehen, Frau Else, und dass meine Kinder so gesund und glücklich sind!« – »Das verdanke ich dir, Marie«, sagte die Else. »Hättest du nur einmal gesagt, du wärest in dem Zimmer gewesen, dann hätte ich dich zu Staub werden lassen, und ich hätte dunkel und verborgen bleiben müssen! Jetzt hast du mich ganz erlöst!«

Innenreise

Die Erle lebt und wirkt mit dem Wasser, das für die Gefühle steht. Die raue Else, die Erlenfrau, symbolisiert die weibliche Urkraft der Natur. In unserer heutigen Zeit ist diese Kraft zu einem nicht unerheblichen Teil ausgeschlossen und unerwünscht. Aber dadurch ist uns auch der Zugang zu dieser Kraft erschwert, und es fehlt uns – bewusst oder unbewusst – etwas im Leben. Ohne den vollen Zugang zu unserer Intuition, die kreative Kraft, eine starke Verbindung zur großen Mutter Natur, die freie Verbindung zu unseren Gefühlen, dem Weiblichen in uns sind wir eingeschränkt, sind nicht ganz, nicht heil. Die Erle kann helfen, uns als Frauen und als Männer wieder mit dieser Urkraft zu verbinden. Denn auch das Männliche kann nicht in seine Kraft kommen, wenn das Weibliche zu mehr oder weniger großen Anteilen ausgeschlossen wird. Wenn ich mich der Wildnis in mir stelle, wenn ich mich meiner Angst vor dem Dunklen, Ungebändigten und Unkontrollierbaren stelle, erwächst eine neue Kraft in mir.

Unserem seelischen Gleichgewicht und unserer Gesundheit zuliebe sollten wir das Ausgeschlossene wieder integrieren. Es geht darum, respektvoll zu sein, Frieden mit der Natur zu schließen, die ungezähmte, ungebändigte Naturkraft zu akzeptieren und in unserem Leben zuzulassen. Es geht darum, diesen Kräften den ihnen gebührenden Platz wiederzugeben – im Gleichgewicht mit den anderen Kräften –, ihnen Achtung und Wertschätzung entgegenzubringen. Dies führt uns in eine neue Lebendigkeit.

Schließe jetzt deine Augen, nimm ein paar tiefe Atemzüge, und gehe mit deiner Aufmerksamkeit in dein Herz. Bitte um Unterstützung und Führung.

Frage dich selbst, ob du bereit bist, der Erlenfrau zu begegnen. Bist du bereit, um deiner inneren Ganzheit, deiner seelischen und körperlichen Gesundheit willen, der wilden, dunklen, ungebändigten Natur in dir gegenüberzutreten? Willst du dir das Verborgene, das Verbotene, das Verdrängte, das Unterdrückte, das Weggesperrte in dir anschauen? Spüre genau hin, ob du jetzt dazu bereit bist!

Wenn die Antwort Ja lautet, dann lade die Erlenfrau zu dir ein, die raue, dunkle Frau mit ihrem Schloss im Urwald inmitten von Sümpfen und Mooren, im dichten Erlenwald weitab jeder Zivilisation. Sie kommt, wenn sie gerufen wird! Wenn du bereit bist, gehe mit ihr. Sie bringt dich in ihr Waldschloss, wo du die weibliche Seite der dir innewohnenden Natur kennenlernen kannst. Diese weibliche Seite brauchst du, um ganz, um heil zu sein, sowohl als Frau als auch als Mann. Die Erlenfrau lädt dich in ihr Schloss ein, führt dich herum und übergibt dir dann ein großes Schlüsselbund für all die Räume mit den darin schlummernden Schätzen und Stärken.

Halte inne, und spüre, welche Räume jetzt von dir angesehen und gefühlt werden wollen. Folge deinem Herzen. Überlasse deiner Herzensintelligenz die Führung. Wo zieht es dich hin? Welche Schätze und Fähigkeiten schlafen in dir, halb verstaubt und vergessen? Was kannst du entdecken? Welche Bereiche deines Lebens gilt es jetzt zu neuem Glanz zu bringen? Was für fast vergessene Weisheiten, Heilkräfte und Kostbarkeiten schlummern in dir? Vielleicht wohnt hier ein Teil deiner Kreativität, deiner Intuition, deiner Herzensintelligenz? Sieh dich um! Sei ruhig neugierig, du darfst staunen und in die dunkelste Ecke kriechen, um das Verborgene zu entdecken. Lasse dich darauf ein, dich überraschen zu lassen!

Schaue sie dir an, deine Schätze, deine Qualitäten. Nimm sie wahr! Fühle sie! Nimm dir Zeit dafür. Wie geht es dir mit den Schätzen, die du in dir entdeckt hast? Machen sie dir Freude, oder gibt es welche, die dir Angst machen, die dir unangenehm sind? Dann stelle dich jetzt diesen Gefühlen. Die Erlenenergie kann Altes aufwühlen und eine Zeit lang bluten lassen. Dadurch heilt es, und das Leid wird fortgewaschen. Erkenne, was davon jetzt ins Leben gebracht werden will. Und dann hole es hervor aus dem Staub der Jahre, in denen es nicht gesehen, nicht geachtet und nicht genutzt wurde.

Danke diesen Schätzen, Weisheiten, Fähigkeiten und Heilkräften in dir, dass sie so lange im Verborgenen überlebt haben, dass sie noch da und verfügbar sind. Erkenne, welche davon still genutzt und welche davon auch sichtbar im Außen gelebt werden wollen. Versprich ihnen, genau das zu tun – und tue es dann auch!

Du kannst diese Innenreise hier beenden. Wenn du noch tiefer gehen willst, erinnere dich daran, dass dir die Erlenfrau noch einen weiteren Schlüssel gegeben hat: einen Schlüssel für ein verbotenes Zimmer. In diesem Zimmer befinden sich all die Fähigkeiten, Qualitäten, Weisheiten und Heilkräfte, von denen du gelernt hast, dass sie unerwünscht, verboten sind, gar nicht wirklich existieren, nicht gezeigt werden dürfen, ja, peinlich sind. Sie sind ein Teil deiner Triebe, das Unheimliche, deine verborgenen Sehnsüchte, deine tiefsten, wildesten Gefühle, das Unkontrollierbare, das Dunkle in dir, aber auch ein Teil deiner Lebendigkeit. Bist du bereit, dem zu begegnen?

Die Erlenfrau warnt dich! Wenn du die verbotene Tür in dir öffnest, kommt Unbequemes, Unangepasstes zum Vorschein. Und lange Weggesperrtes kann sich zu Beginn manchmal explosiv gebärden. Aber wenn du dich dem stellst, wirst du auch eine Kraft in dir spüren und nutzen können, die du bisher nicht für möglich gehalten hast. Denn all das Verborgene und Verbotene gehört auch zu dir. Wenn du es liebevoll annimmst, respektierst und stimmig in dein Leben integrierst, dann kannst du ganz und heil werden und in deine wirkliche Kraft kommen. Ja, es erfordert Mut, sich der Angst vor diesem Unbekannten zu stellen. Kannst du der Versuchung widerstehen, den scheinbar leichteren Weg der Anpassung zu nehmen, und endlich aus dem Zwang dessen, wie du sein sollst, auszubrechen? Willst du das? Was sagt dein Herz? Entscheide dich, dich zu zeigen, wie du bist, oder dich anzupassen, mit halber Kraft zu leben und deine Qualitäten zu verstecken.

Sobald du bereit bist, gehe zu dem verbotenen Zimmer, schließe das Schloss mit dem Schlüssel auf, öffne vorsichtig und langsam die Tür. Schaue hinein. Sieh, was dich in diesem Teil deiner selbst erwartet. Begegne deinen bisher unbewussten, verleugneten Seiten, deinen verborgenen Sehnsüchten, den geheimen Wünschen und Begierden, deinen Instinkten, deinen geheimnisvollen Kräften. Stelle dich deiner wilden Urnatur, auch deiner Unwissenheit, deinem Unvermögen, dem Unstrukturierten, Chaotischen in dir. Was begegnet dir in diesem Zimmer? Sieh hin, und fühle es!

Überlege, in welchen Bereichen du dich kontrollierst, bewusst oder unbewusst. Schränkst du dich ein, um ins Bild zu passen? Verstellst du dich? Bist du manchmal nicht frei, sondern verklemmt? Wo klemmt es in deinem Sein, deinem Ausdruck?

Sieh dir an, was du bisher weggesperrt, verdrängt und unterdrückt hast, weil du »normal« sein wolltest, weil du dich nicht unbeliebt machen, nicht auffallen wolltest, weil du Angst vor Ausgrenzung hattest, weil du geliebt werden wolltest. Schaue genau hin, und fühle es!

Schaue, was in deinem verbotenen Zimmer an Kraft, an Begabung, an Weisheiten, an Fähigkeiten auf dich wartet! Lasse dich beschenken von all dem, was da in dir ist!

Macht es dir Angst, dein Potenzial, deine Möglichkeiten zu sehen? Fürchtest du dich vor deinen geheimen Wünschen und Begierden? Welche Ängste, welche Scham begegnen dir? Stelle dich deinen Gefühlen! Durchlebe sie, lasse sie innerlich »bluten«! Die Erlenfrau fühlt mit dir. Nimm dir die Zeit, mit ihnen zu sein – jetzt! Denn all das gehört auch zu dir, ob es dir gefällt oder nicht! Lasse es wirken und arbeiten! Dadurch geschehen Wandlung und Heilung, und du erwächst in eine neue Kraft.

Nun gilt es, einen Teil dieser Schätze in dein Leben zu integrieren, sie zu entfalten und zu zeigen – wenn es so weit ist, wenn dein Herz es dir sagt, deine Intuition dich antreibt, deine innere Stimme zu dir spricht. Erinnere dich jetzt an eine Situation, in der du diese innere Stimme gehört und nicht danach gehandelt hast. Nimm die erste Situation, die jetzt zu dir kommt.

Erkenne, wie du anders handeln kannst, wie du deiner Intuition, der Urkraft in dir folgen und das auch im Außen zeigen kannst. Widerstehe der Versuchung, es dir leicht zu machen und ein scheinbar bequemes, angepasstes Leben mit halber Kraft zu führen. Willst du deine Schätze wirklich in dein Leben integrieren, nicht nur im Verborgenen, dann musst du dich der verdrängten, verbotenen, »peinlichen« Seite deiner Kraft stellen. Nur mit allem bist du ganz. Öffne dich deiner intuitiven Führung, die dir zeigt, wie du diese Kraft in dein Leben bringen kannst.

Sobald du diese Kräfte in dir akzeptierst und respektierst, bereichern sie nicht nur dein Leben. Es erwächst eine neue Kraft in dir, die du so noch nie gespürt hast, eine neue Lebendigkeit. Und diese Fülle kannst du, wie die Erle, deiner Mitwelt weitergeben. Die Kraft der Erlenfrau wird aus ihrer dunklen, verdrängten Ecke erlöst und gilt nicht mehr als böse, sondern kann in neuem Glanz erstrahlen, respektiert und wertgeschätzt werden.

Bedanke dich abschließend bei deiner Herzensintelligenz, bedanke dich bei der Erlenfrau, dass sie dir den Schlüssel für das Wilde, Verdrängte, Verbotene in dir gegeben hat, und bedanke dich bei dir selbst, dass du so mutig warst und dich auf diese innere Reise eingelassen hast.

Komme langsam wieder im Hier und Jetzt an, spüre deinen Körper, und öffne dann deine Augen.

ESCHE, WUNDHOLZBAUM

Meine Wahrheit aussprechen und Klarheit schaffen

Gemeine Esche (Fraxinus excelsior), Familie der Ölbaumgewächse (Oleaceae)

Der Baum

Die Esche ist ein schnell wachsender Baum, der auf mich lichtvoll, hell und verspielt wirkt. Ihre Blattansätze erinnern manchmal an Springbrunnen. Der Baum braucht viel Licht, aber seine offene Krone lässt auch viel Sonne zum Boden durch. Die Esche kann 250–300 Jahre alt und bis zu 45 Meter hoch werden. Sie zählt damit zu den höchsten Laubbäumen Europas: Sie will hoch hinaus. Sie mag es gern feucht, sowohl im Boden als auch in der Luft. Man sagt, sie habe Macht über das Wasser. Daher verwendeten Druiden Eschenstäbe für Regen- und Wetterzauber, und noch Mitte des 19. Jahrhunderts galt die Esche als Beschützerin vor Schiffbruch und Ertrinken.[104]

Angeblich kann die Esche das Jahreswetter voraussagen, wie der alte Spruch zeigt: »Treibt die Esche vor der Eiche, hält der Sommer große Bleiche (d. h., es wird warm und trocken). Treibt die Eiche vor der Esche, hält der Sommer große Wäsche (d. h., es gibt viel Regen).« Oft grünen Esche und Eiche, die beide vergleichsweise spät austreiben, mit nur wenigen Tagen Differenz. Im Jahr 2016 jedoch trieb die Esche fast vier Wochen später aus als die Eiche – und der Frühsommer war sehr verregnet.

Die Esche hat die Gabe, Gegensätze zu vereinen. Sie wächst schnell und hat trotzdem hartes Holz. Ihre Blätter und ihr Holz sind hell, aber sie hat schwarze Knospen. Sie ist sowohl mit der Sonne (Feuer) als auch mit dem Wasser verbunden. Sie hat Blütenkätzchen (wie Weichhölzer, z. B. Weide und Pappel) und Flügelsamen (wie Harthölzer, z. B. Ahorn und Ulme). Sie wächst schlank und doch kräftig, hoch und doch rund. Und so verwundert es nicht, dass sie auch männliche und weibliche Energien ins Gleichgewicht bringen kann, wenn die männliche Energie Unterstützung benötigt (genau andersherum, als es die Ulme macht).

Die Esche wächst in ganz Mitteleuropa, im Gebirge bis auf Höhen von 1500 Metern.

104 Vgl. F. Hageneder: Der Geist der Bäume.

Ihre Wurzeln breiten sich sehr weit aus. Nach dem Beschneiden der Äste treibt sie schnell und kräftig wieder aus, was sie bei manchen Gärtnern unbeliebt macht. Sie steht deshalb aber für Zuversicht, Mut und Durchhaltevermögen. Unter einer Esche zu sitzen, ist belebend und stärkt die Willens- und Schöpferkraft sowie die Fantasie. Sie kann uns helfen, unsere innere Kraft zu spüren und auszudrücken.

Das Holz der Esche ist das zäheste unter den einheimischen Laubholzarten, abriebfest, elastisch und langfaserig, zug- und biegefest, weshalb noch heute Werkzeugstiele und Sportgeräte daraus gefertigt werden. Es ist nach Buche und Eiche das wichtigste Laubnutzholz. Früher wurde es auch für Speere, Pfeile und Lanzen genutzt. Der Baum symbolisiert damit männliche Stärke und Schutz. Außerdem war das Holz beliebt für die Herstellung von Naben, Felgen, Speichen und Leiterwagen. Es ist allerdings nicht witterungsbeständig, und da es sich auch nur schwer imprägnieren lässt, wird es im Freien selten verwendet.

Wie die Ulme ist auch die Esche bedroht. Seit den 1990er-Jahren breitet sich ein vermutlich aus Asien eingeschleppter Pilz mit seinem Geflecht im Inneren vieler Eschen aus und lässt sie Ast für Ast sterben. In Dänemark sind bereits 95 Prozent aller Eschen befallen, und Forscher vermuten, dass in Deutschland etwa ein Drittel aller Eschen zugrunde gehen werden.[105]

Mythologisch ist die Esche mit dem nordischen Gott Odin verbunden. Sein Speer war aus Eschenholz, wobei das Wort »Esche« vom indogermanischen »Osk, Asc«, »Speer« kommt. Da Odin als Gott der Sprache gilt, steht die Esche auch für das Aussprechen und Ans-Licht-Bringen dessen, was in uns ist. Ich ordne sie dem Hals-Chakra zu. Laut bayrischer Volksmedizin soll ein Stück Eschenholz unter der Zunge Spachlosigkeit heilen.[106] Wenn ich ein schwieriges Gespräch führen muss, nehme ich zur Unterstützung gern ein Stück Eschenholz in die Hand oder trage es in der Hosentasche.

Im irischen Baumalphabet ist die Esche der dritte Buchstabe Nion. Er symbolisiert das sonnendurchlichtete Wasser und die (spirituelle) Wiedergeburt, die durch die Vereinigung von kosmischem Licht und Lebenswasser entsteht. Damit steht sie auch für Zeugung und Ausgleich.

105 Vgl. de.wikipedia.org/wiki/Gemeine_Esche.

106 Vgl. W.-D. Storl: Pflanzen der Kelten.

Früher war Eschenlaub ein wichtiges Futtermittel für den Winter. Genau wie Holunder und Erle kann der Baum es sich leisten, seine Blätter grün abzuwerfen, und steht damit auch für Fülle. Medizinisch wirkt die Esche lösend bei Verhärtungen, rheumatischen Ablagerungen, Gicht und Steinbildungen und heilend bei Leber-, Nieren- und Milzerkrankungen. Auch im übertragenen Sinn kann die Esche mit ihren ausgleichenden Eigenschaften Menschen bei Verbitterung und Enttäuschung helfen. Ihr Holz kann nicht nur verletzen, sondern auch heilen. Es ist ein Wundmittel und kann Blutungen stillen, weshalb sie in manchen Gegenden »Wundholzbaum« genannt wird. Früher nähte man sich Eschensplitter ins Hemd, um Verwundungen zu entgehen.[107]

107 Vgl. W.-D. Storl: Pflanzen der Kelten.

Eschen besuchen

Die Esche ist in Mitteleuropa weit verbreitet, sowohl im Flachland als auch im Gebirge. Eine mächtige Esche steht an der Ecke Storkenstraße/Apothekerstraße in **Halle,** Nordrhein-Westfalen. Sie ist ca. 150 Jahre alt und hat mehr als 5 Meter Umfang.

Aufgrund des Eschensterbens findet man in Süddeutschland nur noch wenige gesunde Eschen. Wer alte, kräftige Eschen besuchen möchte, kann in den **Unterharz** (Sachsen-Anhalt) fahren. Dort stehen viele von ihnen direkt am Weg, z. B. an der Straße zwischen Silberhütte und Straßberg – schon fast eine Eschenallee.

Selbstcoaching mit der Esche: Meine Wahrheit aussprechen und Klarheit schaffen

> »Ungesagtes schwächt uns,
> nicht die Auseinandersetzung.«
> (Sabine Asgodom)

Mauz und Mia

Kater Mauz und Katze Mia lebten seit Kurzem zusammen im Haus von Frau Annemarie. Während Mia schon länger dort wohnte, war ihr neuer Verehrer Mauz erst vor wenigen Wochen eingezogen, nachdem sich die beiden Katzen eines Nachts im nahe gelegenen Park kennengelernt hatten. Mauz war ein prächtiger, rotgetigerter Kater und hatte auf Mia einen besonderen Eindruck gemacht. Nachdem sie ihm vom Park aus über die Dächer zu einem bezaubernden Stelldichein gefolgt war, war Mauz kurzerhand bei Frau Annemarie mit eingezogen. Der war es recht, denn sie liebte Katzen über alles.
So teilten Mauz und Mia ihr Zuhause und gelobten, für alle Zeiten zusammenzubleiben. Während Mauz ein zuvorkommender Liebhaber war, der eine wundervolle Stimme hatte und fast den ganzen Ort als sein Revier beanspruchte, war Mia eine erfolgreiche Jägerin, die so manche Maus nach Hause brachte. Nach einem verschlafenen Tag trafen sich beide, schnurrten einander an und gingen ihren Beschäftigungen nach, bis sie sich zum gemeinsamen Spaziergang im Mondschein trafen.
Da geschah es, dass Mauz sich in seinen Katerträumen verirrte und erschreckt erwachte. Als er so dalag, stellte er sich vor, wie Mia ihn nach dem Aufwachen begrüßen würde, ihn anschnurren und mit ihren weichen Pfoten streicheln würde. Aber plötzlich dachte er: »Ist sie wirklich so lieb und mir wohlgesonnen, wie sie immer tut? Liegt sie wirklich tagsüber auf dem Ofen, oder trifft sie sich heimlich mit anderen Katern?« Und als der Abend kam und auch Mia erwachte, hatte er Runzeln auf der Stirn und schaute seiner Partnerin lauernd entgegen. Die aber erschrak vor seinem grimmigen Ausdruck und war weniger freundlich als sonst, und auch ihr Schnurren fiel kürzer und weniger intensiv aus. »Sieh an«, dachte da Kater Mauz, »wenn ich nur genau hinschaue, dann ist Mia gar nicht so lieb und mir zugetan, wie ich immer dachte.« Und er schalt sich, dass er zu vetrauensselig war, des Öfteren außer Haus geschlafen und Mia bei ihren nächtlichen Streifzügen durchs Dorf nicht begleitet hatte. Vielleicht hatte ihr inzwischen ein anderer Kater schöne Auge gemacht? Die ganze Nacht über ließen ihm diese Gedanken keine Ruhe. »Nun leben wir einige Wochen zusammen bei Frau Annemarie«, dachte er, »und schon ist sie gar nicht mehr so nett zu mir und

schaut nicht mehr so verliebt wie zu Beginn. In ein paar Wochen wird sie mich vielleicht gar nicht mehr anschnurren und nicht mehr mit mir über die Dächer streifen wollen, und dann wird sie zu einem anderen Kater ziehen.« Wie er so grübelte, schaute er immer mürrischer und düsterer drein, sodass Mia bei sich dachte: »Er scheint heute mit dem linken Bein zuerst aufgestanden zu sein. Besser, ich komme ihm nicht zu nah und lasse ihm seine Ruhe.« Und da Mia sowieso auf Mäusejagd gehen wollte, sprachen die beiden die ganze Nacht kein Wort miteinander.

»Ah, ja!«, dachte Kater Mauz, als er gegen Morgen heimkam. »Sie redet ja gar nicht mehr mit mir und geht ihrer eigenen Wege. Ich hätte nicht gedacht, dass sie so bald das Interesse an mir verliert.« Sein Katerstolz hatte einen mächtigen Dämpfer bekommen, und er schaute trübe vor sich hin. Am nächsten Abend machte sich Mia schon früh bereit, denn sie hatte vor Kurzem ein abgeerntetes Feld hinter dem Nachbardorf entdeckt, das als ideales Jagdrevier lockte. Mauz aber lag mürrisch und mit geschlossenen Augen auf der Ofenbank und grübelte: »Warum will sie nicht aufs Feld gleich hinter dem Haus? Was hat sie nur mit dem Acker hinter dem Wäldchen? Sie schnurrt mich kaum noch an. Sie spricht fast nicht mit mir. Womöglich hat sie sich mit einem Kater aus dem Nachbardorf verabredet?«

Kaum, dass Mia aus dem Haus war, sprang Mauz von der Ofenbank und folgte ihr heimlich nach. Der Weg zum Nachbardorf führte durch den Wald. Und weil es neblig war und noch dazu Neumond, musste Mauz sich beeilen, um Mia nicht aus den Augen zu verlieren. So schlich er hinter ihr her. Verstrickt in seine Gedanken und Grübeleien, lauernd, ob vielleicht ein anderer Kater in der Nähe war, achtete er nicht auf den Pfad, machte einen ungeschickten Sprung, und der trockene Ast unter ihm brach mit lautem Krach ab. Mauz duckte sich ins Unterholz. Mia aber war erschrocken. Sie schaute sich um, sah etwas Dunkles sich bewegen und nahm reißaus. Ihr war angst und bange, sie lief so schnell sie konnte – die Richtung war ihr egal. Nachdem sie eine ganze Zeit lang gerannt war, hielt sie endlich an und merkte, dass sie sich verlaufen hatte. Die Gegend war ihr vollkommen unbekannt, kein Baum, kein Strauch, den sie kannte.

Wo sie schließlich geblieben ist, weiß keiner, denn sie ist nie wieder zurückgekommen. Mauz und Frau Annemarie sitzen seitdem betrübt im Haus und sind traurig, dass ihre geliebte Mia verschwunden ist.

Innenreise

Schließe jetzt deine Augen, und verbinde dich mit deiner inneren Führung. Stelle dir eine große, mächtige Esche vor. Vielleicht steht sie frei auf einem Feld, vielleicht am Rand einer Wiese. Schaue sie dir an, wie kräftig und hochgewachsen sie im Licht steht. Sie lädt dich ein, und du gehst zu ihr und bittest sie um Unterstützung in diesem Prozess. Setze oder stelle dich an ihren Stamm, unter ihre Krone. Wie fühlt sie sich für dich an?

Betrachte jetzt dein Leben, und lasse dir von der Esche zeigen, wo etwas zu klären, etwas anzusprechen, etwas auszusprechen ist, was dir wichtig ist. Vielleicht sagst oder denkst du ab und zu: »Es passt schon«,

aber du weißt tief in dir drin, es passt eben nicht so. Lasse dir etwas in deinem Leben zeigen, was deine Entwicklung blockiert, worum du dich aber bislang nicht kümmern wolltest, was du vor dir hergeschoben und wofür du tausend Entschuldigungen gefunden hast, warum es noch nicht Zeit dafür ist – aber wovon du eigentlich weißt, dass es Zeit ist, genau das ans Licht zu bringen. Die Esche zeigt dir, wo Ungeklärtes und Unausgesprochenes deinen Fluss des Lebens staut.
Die mächtige Esche, unter der du sitzt oder stehst, unterstützt dich jetzt in diesem Prozess. Sie hat sowohl Verbindung zum Wasser als auch zur Sonne. Sie kann die Dinge lösen und wieder ins Fließen und ins Licht bringen. Erkenne, was dich bisher daran gehindert hat, diesen Schritt zu tun, von dem du weißt, dass er wichtig für dich ist, dass es jetzt Zeit dafür ist. Wie fühlst du dich dabei? Hast du Angst, dich mit deinen Wünschen und Bedürfnissen zu zeigen oder auch mit deinen Fähigkeiten und Begabungen, dem, was in dir ist und jetzt gelebt werden möchte? Wo im Körper kannst du die Angst spüren? Wie sieht sie aus? Wie riecht, wie schmeckt sie? Fühle die Angst vor dem Verletztwerden, vor der Ablehnung, der Zurückweisung, davor, nicht wertgeschätzt, nicht ernstgenommen zu werden, dich minderwertig zu fühlen. Schaue dir deine Angst davor an, nicht geliebt zu werden, vielleicht nicht mehr dazuzugehören, wenn du deiner Wahrheit folgst. Fühle jetzt alle Ängste, die bisher diesen Schritt verhindert haben.
Die Esche stärkt deine Willenskraft und unterstützt dich dabei, dich im Außen zu zeigen, Klarheit im Innen und im Außen zu finden. Mit ihrer Energie kannst du deine innere Wahrheit aussprechen und ans Licht bringen. Was hast du wirklich zu verlieren? Und was hast du zu gewinnen, wenn du den Schritt tust, der jetzt in deinem Leben ansteht? Vielleicht, dass deine Träume sich in Realität verwandeln? Dass ein unerträglicher Zustand beendet wird? Traue dich, dich mit dem zu zeigen, was in dir ist, deine Wahrheit zur Sprache zu bringen. Sonst ergeht es dir vielleicht wie den beiden Katzen, die einander schließlich verloren haben, weil sie Unstimmigkeiten nicht angesprochen haben.
Bist du jetzt bereit, genau den Schritt zu tun, der dazu nötig ist? Bist du bereit, dich zu zeigen, zu klären, was zu klären ist, und anzusprechen, was gesagt werden muss?
Wenn die Antwort Ja lautet, gib dir und der Esche ein Versprechen, bis wann du diesen Schritt getan hast, damit deine Lebensenergie wieder frei fließt und sich etwas Neues entwickeln kann. Wenn du bei der Umsetzung Hilfe brauchst, kannst du die Esche darum bitten. Sie unterstützt deine Schöpferkraft, deine Inspiration und deine Fantasie. Vielleicht findest du ein Stück Eschenholz oder ein schönes Foto von einer Esche, das du in der Hand halten kannst, wenn du im Außen deine Wahrheit ausdrückst. Fühle die Eschenenergie. Lasse dich von ihrer belebenden Kraft einhüllen, und fühle die neue Kraft in dir, die Zuversicht, den Mut, diesen Schritt zu tun. Traue dich!
Zum Abschluss bedanke dich bei der Esche für ihre Unterstützung, bedanke dich bei deiner inneren Führung, und bedanke dich bei dir selbst, dass du dich darauf eingelassen hast, deine innere Wahrheit auszusprechen.
Komme langsam wieder im Hier und Jetzt an, spüre deinen Körper, und öffne die Augen.

FICHTE

Den Platz finden, an dem ich meine Qualitäten zum Erblühen bringen kann

Gewöhnliche Fichte (Picea abies), Familie der Kieferngewächse (Pinaceae)

Der Baum

Wenn ich früher an Fichten dachte, kamen mir Assoziationen wie »dunkler, hässlicher Fichtenforst«, »minderwertiges Holz«, »lebloser Wald« u. Ä. in den Sinn. Kurz: Ich mochte die Fichte nicht. Eines Tages zog ich eine Baumkarte und bekam die Fichte. Jetzt musste ich mich wohl mit ihr beschäftigen – schließlich sollte mir das ja irgendetwas sagen, zeigen, bewusst machen. Ich wollte jetzt wissen, warum ich die Fichte nicht mochte.

Ich finde den Platz, an dem ich meine Qualitäten zum Erblühen bringen kann.

Als ich über sie recherchierte, erfuhr ich, dass sie eigentlich in den Bergen zu Hause ist. Und dort, in ihrem Element, wächst sie zu einem tollen Baum mit hochwertigem Holz. Aus ihm werden Musikinstrumente hergestellt, z. B. die Geigen von Stradivari (siehe Seite 109), Klaviere, Cembalos, Harfen und Gitarren.[108] Die Fichte wirkt belebend und heilend – wer kennt nicht Fichtennadelbad, Franzbranntwein oder Fichtenhonig? Und sie hat eine bemerkenswerte Fähigkeit: Sie ist zäh, wächst schnell und kann auch unter harten Bedingungen überleben. Das führte dazu, dass sie heutzutage weit außerhalb ihrer Heimat, in den Tiefebenen und auf schlechten Böden, als Monokultur angebaut wird. Dort wird sie nach ca. 80 Jahren gefällt, obwohl sie 300–500 Jahre alt werden kann. Dabei versauern sie und der Boden um sie herum. Die Fichte macht zwar unter diesen widrigen Bedingungen das Beste aus der Situation, aber es ist klar, dass sie nicht ihre Qualitäten zum Erblühen bringen kann und nur minderwertiges Holz liefert. Diese Eigenschaft macht sie dem Menschen verwandt: Auch wir können unter widrigsten Bedingungen überleben, uns anpassen und das Beste daraus machen. Aber in unsere Kraft kommen und uns und unsere Qualitäten und Fähigkeiten zur Blüte bringen, das geht nur, wenn die äußeren Bedingungen förderlich sind, wenn wir am passenden

108 R. Kauderer: Heimische Bäume.

Ort leben und in einem hilfreichen, unterstützenden Umfeld.
Für mich heißt die Fichtenbotschaft daher: In welchen Bereichen bin ich nicht am richtigen Platz, um meine Fähigkeiten und Qualitäten zu leben? Wenn ich Menschen treffe, die unzufrieden sind und ein Stück weit verkümmert wirken, frage ich mich (und sie): Wo könnte der passende Platz für sie sein, damit sie ihr Potenzial entfalten können? Im Gegensatz zur Fichte haben wir Menschen die Möglichkeit, unseren Standort und unsere äußeren Bedingungen zu ändern, sei es der Wohnort, der Arbeitsplatz, die Partnerschaft, der Freundeskreis …, um dorthin zu gehen, wo wir erblühen können!

Nachdem mir das alles bewusst geworden ist, mag ich die Fichte inzwischen sehr, wenn auch nicht den menschengemachten Fichtenforst. Aber selbst an ihm beeindruckt mich, wie gut der Baum unter für ihn schwierigen Bedingungen klarkommt.
Die Fichte hat ihre Hauptkraft in der Krone. Wird diese verletzt, kann der Baum sich nur schwer erholen. Er steht für die dunkle, weibliche, empfangende Energie. Die Fichte vereinigt himmlische und irdische Kräfte, deshalb holen sich viele Menschen die Fichte als Weihnachtsbaum ins Haus (obwohl im Moment die Nordmanntanne der beliebteste Weihnachtsbaum in Deutschland ist[109]).[110]

In Süddeutschland wird die Fichte auch als Maibaum verwendet und symbolisiert dabei das wiederkehrende Leben. Verräuchert hat sie eine reinigende Wirkung und stärkt den Willen für ein gesundes, geordnetes Leben. Sie ist oft fünfzählig (fünf Äste, die von einem Quirl abgehen), geometrisch wie ein Kegel, hat einen etagenweisen Aufbau und steht symbolisch für die »heilige Geometrie«. Mit ihrem geraden Stamm ist sie gut im Gleichgewicht. Die Äste biegen sich im Winter nach unten, damit die Schneelast leichter abrutscht. Unter einer Fichte sitzend, fühlt man sich geborgen und behütet und kann Trost in schwierigen Lebenssituationen finden. Der Baum gilt als wärmende Mutter des hohen Gebirges, die immer da ist.

Die jungen Triebspitzen und das Harz gehören von alters her zur Volksmedizin. Die ätherischen Öle wirken antibakteriell, durchblutungsfördernd und sind hilfreich bei Lungen- und Erkältungskrankheiten in Form von Fichtennadelbad und »Wipferlsaft« aus den jungen Triebspitzen. Noch heute wird aus den Nadeln der Schwarzfichte (Picea nigra) in Neufundland eine Art Bier gebraut, das »Spruce Beer«, also »Fichtenbier« oder »Sprossenbier«.[111]
Der lateinische Name »Picea« kommt von »pix«, »Pech, Harz«. Aus dem Harz der

109 Vgl. www.sdw.de/waldwissen/weihnachtsbaum.
110 Fichten von Tannen zu unterscheiden, ist übrigens nicht schwer: Die Nadeln der Fichte sind spitz und haben am Zweig ein braunes Stielchen. Dieses bleibt beim Abfallen der Nadeln am Zweig, weshalb dieser sich rau anfühlt. Reife Zapfen hängen am Baum und fallen irgendwann als Ganzes ab. Demgegenüber sind Tannennadeln vorn rund, und die Zweige fühlen sich glatt an. Die Zapfen stehen aufrecht und zerfallen bei der Reife. Die Mittelachse (Zapfenspindel) bleibt z.T. noch jahrelang am Baum.

111 Vgl. en.wikipedia.org/wiki/Spruce_beer.

Fichte werden verschiedene Stoffe zum Wetterfestmachen und Versiegeln von Hölzern gewonnen wie Lack, Terpentin, Kolophonium und »Brauerpech«.[112] Letzteres dient zum inneren Versiegeln von Bierfässern, damit das Bier – anders als Wein – vom Eichenholz eben nicht geschmacklich beeinträchtigt wird. Neuere Forschungen zeigen, dass aus dem Terpentin gewonnene Stoffe dem Menschen gegen Krebs helfen können.[113]

Die Fichte kann überall dort wachsen, wo die Sommer kurz und die Winter kalt sind: im hohen Norden und im Hochgebirge knapp unterhalb der Baumgrenze. Denn sie hat ätherische Öle in den Nadeln und in der Rinde, die wie eine Art Frostschutzmittel wirken. An diesen Standort angepasst, geht sie verschwenderisch mit dem vorhandenen Wasser um, weshalb sie im trockeneren Flachland oft dursten muss. Da durch den Klimawandel in Mitteleuropa häufigere und längere Trockenperioden auftreten werden, wird sie mittelfristig an vielen heutigen Standorten nicht mehr wachsen können. Im Oberharz kann man diesen Wandel gerade beobachten. Übrigens können Bäume auch schwitzen: Wird es der Fichte zu warm, gibt sie bestimmte Stoffe, die Phytonzide, ab, um sich abzukühlen.[114]

Die Fichte ist der Baum des Jahres 2017.[115] Dass dieser häufig vorkommende Baum erst jetzt dazu erwählt wurde, liegt daran, dass er polarisiert. Ist die Fichte für die einen der Brotbaum der deutschen Forstwirtschaft – in deutschen Wäldern ist jeder vierte Baum eine Fichte, in Bayern sogar jeder zweite –, ist sie für andere der Inbegriff naturferner Monokultur. Die Wiederaufforstung mit schnell wachsenden Fichten geht auf den ersten »modernen Förster« Johann Georg von Langen (1699–1776) zurück. Er erschloss den Wald als Wirtschaftsgut und führte feste Zeiten ein, zu denen Bäume geschlagen werden sollen, die »Umtriebszeit«.[116]

112 Vgl. F. Hageneder: Der Geist der Bäume.
113 Vgl. Geo kompakt: Unser Wald. Nr. 52/2017.

114 Vgl. Geo kompakt: Unser Wald. Nr. 52/2017.
115 Vgl. www.baum-des-jahres.de/baeume-1989-2019/die-fichte/.
116 Vgl. Forschungsmagazin für Ernährung und Landwirtschaft. Nr. 3/2016.

Fichten besuchen

Fichten besucht man am besten im Hochgebirge, in ihrem angestammten Lebensraum. Oberhalb von 1000 Metern bilden sie viele natürliche Reinbestände. Dort sind sie in ihrem Element und können Stürmen und Unwettern trotzen. Im »Geigenwald« in den Dolomiten wächst die Haselfichte, die eine seltene Wuchsform der heimische Fichte ist. Charakteristisch sind wellenförmige Verzahnungen der Jahresringe und Rillenbildung, die an Haselnussholz erinnern. Die gewellten Holzfasern sorgen dafür, dass Schwingungen und Töne besonders lange andauern, weshalb schon Stradivari in diesem Gebiet das Holz für seine berühmten Geigen auswählte. Vom Naturparkhaus in **Paneveggio** aus (an der Straße SS50) geht ein Rundwanderweg durch den Wald.

Im Bayerischen Wald gibt es einen alten Pilgerweg durch die Seewand hinauf zum großen Arber. Er ist nicht leicht zu finden und stellenweise schwierig zu begehen, aber einer der schönsten wildromantischen Pfade dort. Riesige alte und zum größten Teil noch gesunde Fichten umfassen mit ihren Wurzeln die Felsen. Farne, Moose und Flechten bewachsen die steilen Seewände oberhalb des großen Arbersees. Ein Hauch von Urwald umgibt den Wanderer. Wer körperlich fit ist, sollte unbedingt diese verwunschene Waldwildnis besuchen.

Eine Fichte im schwedischen **Fulugebirge,** Provinz Dalarna, ist fast 10 000 Jahre alt. Forscher der Universität Umea haben das mittels einer C14-Analyse der Wurzeln festgestellt. Sie muss knapp nach der letzten Eiszeit dort gekeimt haben. Man vermutet in der Nähe noch etwa 20 weitere Fichten, die mindestens 8000 Jahre alt sind. Damit gilt diese Fichte als ältester Baum der Welt, denn sie ist fast doppelt so alt wie eine Gruppe Grannenkiefern in Kalifornien, die die bisherigen Rekordhalter waren.[117]

117 Vgl. www.waldwissen.net/wald/baeume_waldpflanzen/oekologie/lwf_weltaeltester_baum/index_DE.

Selbstcoaching mit der Fichte: Den Platz finden, an dem ich meine Qualitäten zum Erblühen bringen kann

> »Der beste Ort, zu leben, ist der Ort, an dem es uns gelingt, das Beste aus unserem Leben zu machen.«
>
> (Tony Cragg)

Der Adler (von James Aggrey)

Ein Bauer fing im Wald einen jungen Adler und brachte ihn in seinem Hühnerhof bei den Hennen und Hähnen unter. Obwohl er wusste, dass er einen Adler gefangen hatte, gab er ihm Hühnerfutter zu fressen und ließ ihn mit den Hühnern aufwachsen. Einige Jahre später kam ein Ornithologe zu Besuch. Der sah den Adler im Hühnerhof und wunderte sich. »Du hast da einen Adler im Hof! Wie kommt der denn zu den Hühnern?« Der Bauer antwortete: »Ich habe ihn vor Jahren als ganz jungen Vogel gefangen und zusammen mit meinen Hühnern aufwachsen lassen. Inzwischen ist er kein Adler mehr, sondern ein Huhn. Fliegen tut er niemals.« Aber der Ornithologe glaubte ihm nicht: »Nein, er ist immer noch ein Adler und wird in den Himmel fliegen. Schaue nur seine großen Flügel an.« Der Bauer aber blieb bei seiner Meinung, dass der Adler nun ein richtiges Huhn sei und nie fliegen würde.
Der Ornithologe schlug einen Versuch vor, und der Bauer willigte ein. So nahm der Vogelkundler den Adler auf den Arm und sprach zu ihm: »Du bist ein Adler, ein Tier der Lüfte und des Himmels. Breite deine Flügel aus, und flieg!« Der Adler aber sah zu den Hühnern und sprang zu ihnen hinunter. Der Bauer sagte: »Glaubst du es nun? Er ist ein Huhn und kein Adler mehr.« Aber der Vogelkundler wollte noch nicht aufgeben und es am nächsten Tag noch einmal versuchen.
Diesmal stieg er auf das Dach des Hauses. Und wieder nahm er den Adler auf den Arm und sprach zu ihm: »Du bist ein Adler, ein Tier der Lüfte und des Himmels. Breite deine Flügel aus, und flieg!« Aber der Adler schaute nach unten zu den Hühnern, sprang zu ihnen hinab und begann, mit ihnen zu scharren. Überzeugt sprach der Bauer: »Siehst du? Es nützt alles nichts, er ist und bleibt ein Huhn.« Aber der Ornithologe wollte immer noch nicht aufgeben. »Er hat aber das Herz eines Adlers. Er ist ein Vogel der Lüfte. Ich will es noch ein letztes Mal versuchen.«

Am nächsten Tag, noch vor Sonnenaufgang, ging er mit dem Vogel in die Berge. Als es hell wurde, nahm er ihn auf den Arm und sagte zu ihm: »Du bist ein Adler, ein Tier der Lüfte und des Himmels. Breite deine Flügel aus, und flieg!« Der Adler schaute um sich, erzitterte von neuem Leben, blieb aber sitzen.
In dem Moment ging die Sonne hinter den Bergen auf. Als der Adler genau in die Sonne schaute, breitete er plötzlich seine riesigen Flügel aus, schrie, so laut er konnte, und erhob sich in die Luft. Er stieg höher und höher und kehrte nie wieder zurück.

Innenreise

Die Fichte zeigt uns am deutlichsten die Wechselwirkung zwischen Umgebung und dem Erblühen der eigenen Fähigkeiten und Stärken. Wächst sie in ihrer Heimat in den Bergen, wird sie zu einem kraftvollen Baum mit hochwertigem Holz. Wird sie aber im Tiefland auf ungeeigneten Böden angebaut, kann sie zwar überleben, aber wird ihre Qualitäten nicht entfalten und nur minderwertiges Holz im langweiligen Forst liefern. Auch wir Menschen können nur erblühen und erfüllt leben, wenn wir in einem unterstützenden Umfeld leben.

Schließe jetzt deine Augen, und gehe mit deiner Aufmerksamkeit in dein Herz. Verbinde dich mit deiner inneren Führung. Stelle dir vor, wie du einen Fichtenwald besuchst. Vielleicht liegt er hoch oben im Gebirge, umgeben von kühler, klarer Luft. Große, schlanke Fichten stehen hier und laden dich ein, bei ihnen zu sein. Stelle oder setze dich an eine von ihnen. Lehne dich an. Du bist behütet und geborgen. Kannst du es fühlen?
Nun betrachte dein Leben. Wer bist du? Was willst du erreichen? Was macht dir Freude? Wobei geht dein Herz auf? Wann haben andere mit dir Freude? Was kannst du? Was sind deine Gaben, Fähigkeiten und Stärken? Was ist dein Beitrag für die Welt? Wofür brennst du, ohne auszubrennen? Erlaube jetzt Gedanken, Gefühlen und Impulsen, dazuzukommen! Lasse dich inspirieren von all den Fichten um dich herum!

Schaue nun, in welchem Umfeld du lebst. Wie fühlen sich dein Wohnort, dein Arbeitsplatz, deine Partnerschaft, deine Beziehungen (zu dir und anderen) an? Wie sind deine Lebensumstände? Kannst du deine Fähigkeiten, deine Gaben, deine Talente, deine Stärken dort leben? Können sie in deiner gegenwärtigen Umgebung erblühen? Welche deiner Fähigkeiten werden durch deine Umgebung gefördert, können sich ausdrücken und entfalten? Welche deiner Stärken helfen dir und anderen, machen dich und dein Wirken einzigartig? Und jetzt sieh, welche deiner Fähigkeiten verkümmern, nicht gefördert werden, unerwünscht scheinen, unpassend sind in dem Umfeld, in dem du gerade lebst: an deinem Wohnort, an deinem Arbeitsplatz, in deinen Beziehungen (zu dir oder anderen), in deiner Partnerschaft. Welche Seiten von dir werden nicht beachtet, nicht wertgeschätzt – von dir und anderen? Schaue genau hin, und sei ehrlich mit dir selbst!

Die Fichte, an der du sitzt oder stehst, ist der Baum, der am deutlichsten die Wechselwirkung zwischen Lebensumfeld und dem Erblühen der eigenen Fähigkeiten und Stärken zeigt. Lade sie ein in dein Herz. Bitte sie, dir zu helfen.

Lasse dir von ihr zeigen, welche deiner Lebensumstände jetzt zu ändern sind, damit deine Gaben, Fähigkeiten und Talente sich noch besser ausdrücken können. Das kann eine ganz kleine Korrektur sein oder auch ein bedeutender Umbruch in deinem Leben – sei offen für das, was jetzt zu dir kommt. Erkenne, was jetzt zu tun ist und wie du es tun kannst, damit deine Kräfte zur Blüte kommen, damit sie wirken können zum Wohl aller.

Die Fichte zeigt dir ganz konkret kleine oder größere Schritte, die du jetzt tun kannst, um deine Lebensumstände – Wohnort, Arbeitsplatz, Beziehungen – so zu verändern, dass sie für dich und deine Talente förderlich sind und du zur Erfüllung gelangst.

Die Fichte ist die wärmende Mutter des hohen Gebirges, sie ist immer für dich da, sie unterstützt dich und tröstet dich, wann immer du es brauchst. Verbinde dich mit ihr, wenn du im Alltag genau die Schritte gehst, die sie dir gerade gezeigt hat, hin zu deinem Erblühen.

Bedanke dich abschließend bei der Fichte für ihre Unterstützung, bedanke dich bei deiner inneren Führung, und bedanke dich bei dir selbst, dass du dich darauf eingelassen hast, passende Lebensumstände für dich zu finden, in denen du erblühen kannst.

Komme nun wieder im Hier und Jetzt an, spüre deinen Körper, und öffne langsam deine Augen.

WACHOLDER, MACHANDELBOOM, RÄUCHERSTRAUCH

Wieder lebendig werden in allen Aspekten meines Seins

Gewöhnlicher Wacholder (Juniperis communis), Familie der Zypressengewächse (Cupressaceae)

Der Baum

Der Wacholder ist ein immergrüner Strauch oder kleiner Baum mit stechenden Nadeln und »Beeren«, die eigentlich Zapfen sind. Da er sich an fast alle Böden anpassen kann, ist er das verbreitetste Nadelgehölz der Erde. Selbst jenseits der Baumgrenze wachsen Zwergwacholder, z. B. in den Alpen. Der Wacholder ist ausdauernd, anpassungsfähig und ein Pionierbaum mit enormer Lebenskraft. Er ist tief verwurzelt, seine Zweige können selbst Wurzeln bilden, und er kann aus »schlafenden Augen« neu austreiben.

Wacholder wächst langsam, knorrig und benötigt direktes Licht. Er opfert mögliche Größe, um unter harten und extremen Bedingungen außergewöhnliche Aufgaben zu erfüllen. Seine Zahl ist die himmlische Drei. Die Nadeln wachsen in Dreierbüscheln, die jungen Triebe sind dreikantig, die »Beeren« haben drei helle Flecken und drei Kerne, und sie brauchen drei Jahre, um reif zu werden. Wacholder bilden ein dichtes, stacheliges Dickicht und gelten daher als der geschützte Eingang zu anderen Welten. Der Baum geht nach unten, in die Tiefe, schöpft hier seine Kraft und geht – demütig, mit nach unten zeigenden Spitzen – auch nach oben ins Licht. Daher kann er uns in andere Ebenen des Bewusstseins bringen. Schamanen und Trancetänzer reisen mit Wacholderrauch in andere Welten.[118] Auch ohne Schamane zu sein, kann das Kauen von Wacholderbeeren die Wahrnehmung erweitern und die Feinfühligkeit steigern.

118 Vgl. F. Hageneder: Der Geist der Bäume.

Der Wacholder ist ein universales Heilmittel und gilt schon seit alten Zeiten als Hausapotheke: belebend, wassertreibend, wärmend, stärkend, erfrischend, stoffwechselanregend, reinigend, fiebersenkend, immunstärkend und desinfizierend. »Vor dem Holunder soll man den Hut abnehmen, vor einem Wacholder aber muss man in die Knie gehen« – so groß war die Wertschätzung für diesen Baum in früheren Zeiten. Seine Beeren kommen heute noch als verdauungsförderndes Gewürz ins Sauerkraut und in deftige Eintöpfe.

Die große Menge an ätherischen Ölen macht Wacholder zum beliebten Räucherwerk. In steinzeitlichen Felshöhlen wurden Wacholderzweige gefunden, die schon als Räuchermittel gedient hatten. Mit dem Rauch wurden Fleisch und Fisch geräuchert, und er kann Menschen und Räume reinigen und vor schädlichen Einflüssen schützen. Amulette aus Wacholderholz sollen vor dem »bösen Blick« bewahren.[119] Der Baum ist ein Wachmacher und verleiht Lebendigkeit. Sein Name geht auf das althochdeutsche »wechalter« von »wehal«, »wach, frisch« und »tar«, »Baum« zurück. Zu Pestzeiten wurden Krankenstuben mit ihm geräuchert, was nicht wenigen Kranken zum Überleben verhalf.[120]

Der Wacholder kann uns helfen, im Hier und Jetzt zu sein – auch auf psychologischer Ebene: Wenn wir nur noch funktionieren und nicht mehr wirklich leben, nichts mehr fühlen wollen oder können, wenn die Lebensfreude uns verlassen hat und wir unsere inneren Prozesse wegschieben, uns tot stellen gegenüber inneren oder äußeren Anforderungen, ist der Wacholder für uns da.

Der Duft von Wacholder erdet und kann uns innerlich zur Ruhe bringen, er vermittelt Schutz, Wärme und Sicherheit. Seelische Verletzungen können leichter losgelassen werden. Selbst zur Schockbehandlung ist er geeignet. Wacholder fördert die Durchblutung und lässt uns die Lebenskraft wieder spüren. Mit dem Rauch, der beim Verbrennen seiner Zweige aufsteigt, können Ahnengeister freundlich gestimmt werden. Wacholderbäumen kleine Gaben zu bringen, soll krank machende Energien besänftigen.[121]

Aus dem würzig duftenden Holz wurde früher Besteck sowie Ess- und Trinkgeschirr geschnitzt. Sein Geruch vertreibt Motten und andere Insekten. Weil heute viele seiner Standorte zerstört wurden, steht er in Deutschland unter Naturschutz.

119 Vgl. S. Fischer-Rizzi: Blätter von Bäumen.
120 Vgl. F. Hageneder: Der Geist der Bäume.
121 Vgl. L. Francia: Drei Wünsche.

Wacholder besuchen

Wacholder ist sehr weit verbreitet und überall, wo er genug Licht findet, wächst er gern. Er liebt Waldränder, Wiesen und Heidelandschaften. Eine kleine Wacholderheide hat sich oben auf dem Kamm des Teutoburger Waldes bei **Steinhagen** (wenige Kilometer westlich von Bielefeld, Nordrhein-Westfalen) erhalten. Davon abgeleitet ist »Steinhäger«, ein Wacholderschnaps, der zu den ältesten Branntweinen Deutschlands zählt. In der zweiten Hälfte des 19. Jahrhunderts gab es 20 Hausbrennereien, die Wacholderwasser und Wacholderöl herstellten. Heute produzieren noch zwei Brennereien in Steinhagen.[122]

Auch etwa 15 km nordöstlich von Ingolstadt in Bayern gibt es bei **Kasing** eine sonnige, schön gelegene Wacholderheide. Sie ist im Mittelalter durch Rodung der Wälder und Schafbeweidung entstanden.[123]

122 Vgl. U. Stiller: Westfälische Küche.
123 Vgl. www.naturpark-altmuehltal.de/sehenswertes/kasinger_wacholderheide-2332/.

Selbstcoaching mit dem Wacholder: Wieder lebendig werden in allen Aspekten meines Seins

»Ist es nicht das Schönste,
vom Tod erwacht zu sein?«
(Gerhard Schöne)

Das Jetzt

In einer Stadt lebte ein Mann, der es in seiner beruflichen Karriere weit gebracht hatte. Allerdings war er nicht sehr beliebt bei seinen Kollegen, denn er war sehr distanziert, und außer über Fachliches konnte man mit ihm nicht wirklich reden.
Obwohl er verheiratet war, war er selten zu Hause, denn oft arbeitete er bis spät in die Nacht hinein. Selbst am Wochenende vergrub er sich in seine Fachbücher und Zeitschriften. Seine Frau lud am Wochenende oft Freunde ein, um zusammen spazieren zu gehen, zu reden und zu feiern. Aber immer öfter sagte ihr Mann, dass er noch zu tun hätte. Ihm schien, dass es ihm mehr brachte, wenn er sich mit seinen Fachbüchern beschäftigte, als bei den gemeinsamen Abenden dabei zu sein. So fanden diese Treffen mit der Zeit seltener statt. Selbst wenn seine Frau mit ihm spazieren gehen wollte, kam er oft nicht mit, denn er hatte keinen Sinn für die Natur, wie er betonte.

Seine Frau suchte sich notgedrungen andere Beschäftigungen und andere Freunde, mit denen sie etwas unternehmen konnte, wenn ihr Mann arbeitete. Dieser hatte bald keine Freunde mehr, was ihn aber nicht weiter störte. Manchmal dachte er zwar, dass ihm irgendetwas fehlte, seit er sich an keinen Unternehmungen mehr beteiligte, aber seine Karriere war ihm wichtiger, und da kam er auch gut voran. Wirkliche Freude empfand er aber bei seiner Arbeit nicht – er tat sie eher aus Pflichtgefühl und, weil er erfolgreich sein wollte.

Der Mann lebte so dahin und war noch gar nicht alt, als er plötzlich sehr krank wurde. Er musste ins Krankenhaus, und die Ärzte sagten ihm nur noch eine kurze Lebenszeit voraus. Während er einige Zeit im Krankenhaus lag – die Ärzte hatten ihm das Lesen seiner Fachbücher verboten –, blieb ihm nichts anderes übrig, als nachzudenken. Und so dachte er über sein bisheriges Leben und den möglicherweise bald bevorstehenden Tod nach. Ja, er hatte beruflich viel erreicht. Er hatte eine einflussreiche Stelle, verdiente viel Geld. Seine Frau würde auch ohne ihn ihr Auskommen haben. Außerdem hatte er ein schönes Haus in einem teuren Viertel der Stadt, und manch einer seiner Kollegen beneidete ihn darum. Aber was hatte noch Wert, wenn er jetzt sterben würde? Was nützte ihm, dass er sämtliche Fachartikel auf seinem Gebiet kannte? Würde überhaupt jemand um ihn trauern, wenn er tot wäre? Seine Kollegen im Betrieb wären wohl eher froh, wenn er nicht mehr da wäre. Richtige Freunde hatte er nicht mehr. Und seine Frau lebte schon seit Jahren ihr eigenes Leben, mehr neben als mit ihm, und sie hatten sich kaum mehr etwas zu sagen. Wahrscheinlich würde es kaum auffallen, wenn er gar nicht mehr nach Hause käme. War also sein ganzes Leben sinnlos gewesen? Was galten seine ganzen Erfolge und Errungenschaften noch im Angesicht des Todes? Was konnte seinem Leben überhaupt wirklich Sinn geben? So dachte er dort in seinem Krankenhausbett.

Dann erinnerte er sich an die Zeit kurz nach seiner Hochzeit. Damals waren er und seine Frau oft mit Freunden zusammen gewesen, hatten nette gemeinsame Abende verbracht, waren im Wald spazieren gegangen. Auch wenn er nie so richtig nachvollziehen konnte, warum seine Frau sich über eine einfache Blume am Wegesrand freute … Irgendwie gaben ihm diese Erinnerungen doch Zuversicht, Freude und Mut, sein Leben zu ändern. Wie hatte sich damals sein Studienkollege über sein erstes Kind gefreut. Richtig glücklich hatten er und seine Frau ausgesehen. Glücklich – war er überhaupt je glücklich gewesen? Er dachte wieder an seinen bevorstehenden Tod: Nein, so richtig glücklich war er wohl nie gewesen. Er wurde traurig darüber. Glücklich sein, das Leben genießen, die pure Freude am Sein fühlen: Vielleicht ging es darum im Leben? Warum hatte er in all den Jahren nie daran gedacht? Seine Erinnerungen an früher waren das Einzige, was ihm jetzt wirklich wertvoll erschien. Wie sehr wünschte er sich doch, weiterleben zu können – überhaupt endlich leben zu können. Jetzt, wo ihm plötzlich ganz andere Dinge wichtig waren, jetzt, wo er endlich eine Ahnung davon bekommen hatte, was Leben war, jetzt sollte er sterben?

Entgegen der ärztlichen Prognose besserte sich sein Zustand zusehends, und er wurde wieder gesund. Als er aus dem Krankenhaus entlassen wurde, war er ein anderer Mensch. Er hatte noch eine Chance bekommen, die er nutzen wollte. Er dachte nun ständig daran, dass er bald sterben könnte. Ihm waren plötzlich ganz andere Dinge wichtig als vorher. Geld, Ansehen, angelesenes Wissen – all das bedeutete ihm kaum etwas. Dafür hatte er wieder Freude daran, mit anderen Menschen zusammen zu sein, mit seiner Frau durch den Wald zu spazieren. Ja, manchmal fühlte er sich jetzt glücklich … glücklich mit sich und glücklich

mit anderen. Neulich hatte ihn eine Frau, der er einmal geholfen hatte, angelächelt, und er hatte zurückgelächelt! Die kleinen Freuden des Alltags, die er nie wahrgenommen hatte, bereicherten nach und nach sein Leben. Er bemerkte, dass ihm früher eine ganze Welt verschlossen gewesen war, die sich jetzt langsam vor ihm entfaltete. Er gewann neue Freunde, und auch zu seinen Kollegen hatte er bald eine bessere Beziehung.
Alles, was er erlebte, nahm er dankbar und ganz intensiv auf, denn es konnte ja immer das letzte Mal sein. Aber noch lebte er – jetzt, in diesem Augenblick!

Innenreise

Schließe deine Augen, atme ein paarmal tief durch, und komme ganz bei dir an. Lenke deine Aufmerksamkeit in dein Herz, und lasse dich von deiner inneren Führung leiten. In deiner Vorstellung gehst du auf eine sonnige Wacholderheide. Schaue sie dir an, die kleinen Bäume oder Sträucher. Wacholder sind die Wachmacher, die Lebendigmacher unter den Bäumen. Rieche an ihren Nadeln und an ihrer Rinde. Vielleicht möchtest du hineinfassen in das spitze Nadelgewirr. Suche reife Wacholderbeeren an den Zweigen, und koste sie, wenn du magst. Wie schmecken sie dir? Kannst du spüren, wie du wacher und präsenter wirst? Merkst du, wie du langsam im Hier und Jetzt ankommst?
Betrachte nun dein Leben. In welchem Bereich bist du nicht oder nur wenig lebendig? Fehlt dir Freude am Leben, an deinem Tun und Sein? Funktionierst du nur, statt wirklich zu leben mit allen Facetten deines Seins? In welchen Bereichen hast du innerlich abgeschaltet und tust nur noch deine Pflicht: im Job, in der Beziehung, in der Familie? Wo willst oder kannst du dich nicht mehr berühren lassen? Schaust du bei inneren oder äußeren Dingen weg, wo du eigentlich hinsehen müsstest? Hast du resigniert und denkst: »Da kann ich sowieso nichts tun«? Hältst du deinen Mund, obwohl du weißt, dass du etwas sagen müsstest? Willst du nicht hinfühlen, nicht wahrnehmen, worum es wirklich geht? Meidest du die Auseinandersetzung mit dem, was ist? Bist du manchmal nicht wach, nicht wirklich lebendig, nicht wirklich mit deinem Herzen dabei? Lasse dir jetzt solche Situationen oder Begebenheiten aus deinem Leben zeigen.

Und nun lade die Energie das Wacholders zu dir ein. Seine spitzen Nadeln wecken dich auf, pieksen und piesacken dich, bis du bereit bist, dich wirklich einzulassen auf diese Situation, Ja zu sagen zu dieser Aufgabe. Erlaube dem Wacholder, dich

aufzuwecken, um dich dem unvorhersehbaren und oft überraschenden Prozess des Lebens zu stellen.
Der Wacholderduft reinigt von Trägheit, Lebensmüdigkeit, Resignation und vermittelt Schutz, Wärme, Sicherheit und innere Klarheit. So tief verwurzelt, wie er ist, kann er uns helfen, unsere eigenen Wurzeln wiederzufinden, den Boden unter unseren Füßen wahrzunehmen, zu spüren, dass wir von der Erde getragen werden.
Gehe nun in eine der Situationen, in denen du nicht oder nur wenig lebendig bist. Nimm die erste, die sich dir jetzt zeigt. Bitte den Wacholder, dir mit seiner Energie zu helfen, in diesem Bereich deines Lebens wieder wach und lebendig zu werden. Er zeigt dir, was es in dieser Situation zu fühlen, anzuschauen, auszusprechen und zu tun gibt, um den Bereich zurück in dein Leben zu holen, um ihn wieder lebendig zu machen, um dich wieder lebendig zu machen. Stelle dich deinem Leben, und fühle, schaue, erfasse – jetzt!
Erkenne, was wirklich zu tun ist. Der Wacholder wird alles Überflüssige, Störende, Ablenkende fortnehmen.
Stelle dir einmal vor, du hättest nur noch 3 Jahre zu leben … Lasse dich auf den Prozess ein, der Wacholder schützt dich und ist bei dir. Glaube wirklich, in 3 Jahren wäre deine Zeit in diesem Körper, auf dieser Erde beendet. Wie fühlt sich das an? Was willst du bis dahin noch tun? Was drängt dich, was muss noch erledigt werden? Wofür dachtest du, später noch Zeit zu haben? Was willst du noch erreichen? Was ist noch wichtig? Was soll noch begonnen, was noch abgeschlossen werden? Welche Wünsche schlummern noch in dir, die du bisher immer auf »später« verschoben hast? Wohin möchtest du reisen? Wen willst du treffen? Welche Beziehung heilen? Wen oder was möchtest du näher kennenlernen? Was genießen? Was fühlen? Was möchtest du noch erleben? Welches Problem noch lösen? Welcher Herausforderung möchtest du dich stellen?
Angesichts dieser 3 Jahre werden ganz andere Dinge wichtig. Sei mutig, stelle dich der Herausforderung, und lasse dich darauf ein! Wofür lohnt es sich, zu leben, jetzt, wo du das Ende schon sehen kannst?

Betrachte noch einmal dein Leben: 3 Jahre hast du noch. Was verliert an Bedeutung? Was musst du nicht mehr tun? Was kannst du sein lassen und loslassen? Was fällt von dir ab an Aufgaben, an Verantwortung? Wofür lohnt es sich nicht mehr, Zeit, Geld und Energie zu investieren? Was ist nicht mehr möglich in diesem Leben und möchte betrauert werden? Erkenne, was nicht mehr so wichtig ist, und auch, was eben doch bedeutsam ist – vielleicht mehr, als es dir bisher bewusst war.

Nun rückt der Zeitpunkt deines Todes noch näher. Schaue hin, was das mit dir macht. Wie fühlt sich das an? Bekommst du Angst? Wovor genau? Vor dem Nichtgelebten, Nichtgefühlten, Nichterledigten? Was kannst du jetzt noch leben, fühlen, erledigen?

Jetzt ist die Zeit, jetzt ist die Stunde: Was kannst du loslassen an alten Verletzungen, alten Vorwürfen, Unstimmigkeiten, an Schmerz und Leid? Auch bei der Reinigung auf psychischer Ebene kann dir der Wacholder helfen. Fühle, was jetzt zu fühlen ist. Mit wem oder was willst du deinen Frieden machen, dich versöhnen? Wem willst du vergeben, wen um Vergebung bitten? Was muss noch ausgesprochen werden? Wofür möchtest du Danke sagen? Wo möchtest du noch Licht und Liebe in die Welt bringen?

Der Wacholder kann Tote zum Leben erwecken. Lasse dich nun wecken, erwecken zum Leben. Reflektiere das eben Gesehene, Gefühlte, Erlebte. Was davon möchtest du in deinem Leben umsetzen? Was hat an Bedeutung verloren? Triff eine Abmachung mit dir: Lege fest, was du bereit bist, zu tun, und auch, bis wann du es getan haben willst. Schreibe es auf einen Zettel oder in dein »Coaching-Tagebuch«, und halte dich daran.

Der Wacholder gibt dir ein Zeichen, einen Hinweis, wie du dich im Alltag an seine Energie anbinden kannst, wenn du sie nötig hast. Das kann der Duft seines Holzes sein, seine spitzen Nadeln oder ein schönes Bild von ihm.

Zum Abschluss bedanke dich beim Wacholder für seine Lebenskraft, die nun durch dich hindurchströmt, bedanke dich für seine Hilfe, bedanke dich bei deiner inneren Führung, und bedanke dich bei dir selbst, dass du dich diesem Prozess des Lebendigwerdens gestellt hast.

Komme wieder im Hier und Jetzt an, spüre deinen Körper, und dann öffne die Augen.

HASEL, HASELNUSS, HASSELBUSCH, WÜNSCHELRUTENBAUM

Meine Freude am Sein stärken

Gewöhnliche Hasel (Coryllus avellana), Familie der Birkengewächse (Betulaceae)

Der Baum

Die heimische Hasel wächst meist als Busch mit vielen mehr oder weniger dicken Stämmen. Sie blüht das erste Mal nach 9 Jahren, ihre Stämme sterben nach 30–50 Jahren ab und werden dann durch junge Triebe ersetzt. Daher sieht sie immer jung aus. In ihrer Nähe oder, wenn ich ihr Holz oder ihre Rinde räuchere, kann ich diese Jugendlichkeit spüren, die Leichtigkeit, Verspieltheit, die Frische, Neugier und Offenheit. Sie verbindet uns mit unserem inneren Kind, einem Persönlichkeitsanteil, der uns an das Spielerische, die kindliche (nicht kindische!) Freude, das Leichte im Leben erinnert, an unsere Jugendträume und Visionen. Sie kann uns helfen, das Leben nicht immer so ernst zu nehmen, unsere Lebendigkeit zu spüren, neugierig und zuversichtlich das Leben zu leben. Kleine Kinder sind oft glücklich mit sich selbst – das wieder zu erleben, kann die Hasel uns ermöglichen.

Der Baum liebt das Licht und war nach der Eiszeit ein vorherrschendes Gehölz in Europa. Archäologen sprechen sogar von einer »Haselzeit« in der jüngeren Steinzeit.[124]

Die Hasel wurde von Menschen schon immer sehr geschätzt und seit uralten Zeiten von ihnen verbreitet, unter anderem wegen ihrer nahrhaften und gut lagerfähigen Nüsse. Die darin enthaltenen Vitamine und essenziellen Fettsäuren schützen vor Zellalterung, stärken das Gedächtnis und führen zu klaren, klugen Gedanken. Deshalb gilt die Hasel auch als Gefäß das Wissens. Sie kann uns mit der Urquelle der Weisheit verbinden, zumal sie gern an (heiligen) Quellen wächst. Schottlands gälischer Name »Caledonie« bedeutet »Haselhügel«, und das schottische Wort für »Weisheit« ist mit dem für Haselnuss verwandt.[125]

Vor dem Verzehr der nahrhaften Nüsse muss aber erst die harte Schale geknackt werden. Und auch im übertragenen Sinn steht die Hasel dafür, eine »schwere Nuss zu knacken«, ein Rätsel zu lösen, ein Geheimnis aufzudecken, eine Lebensaufgabe zu bewältigen. Mit der Schale bricht die äußere Illusion weg, und das vormals Unsichtbare, der Kern der Sache, die verborgene Wahrheit wird sichtbar.

Die Hasel kann uns auch auf einer anderen Ebene mit den unsichtbaren Kräften verbinden. Sie ist ein Ahnenbaum und bringt uns in Kontakt mit unseren Vorfah-

124 Vgl. A. Dengler: Waldbau auf ökologischer Grundlage.

125 Vgl. F. Hageneder: Der Geist der Bäume.

ren. In früheren Zeiten wurden die Toten oft mit Haselzweigen oder Nüssen als Totenspeise bestattet. In der alten Version des Märchens »Aschenputtel« (als Verfilmung »Drei Haselnüsse für Aschenbrödel«) wird beschrieben, wie die Hasel als Brücke zwischen den Welten fungiert. Das Mädchen, das seine Mutter verloren hat und unter der harten Stiefmutter leidet, wünscht sich vom Vater einen Haselzweig, den es aufs Grab der Mutter pflanzt. Der stellt die Verbindung zu dieser her. Die Mutter hilft nun ihrerseits Aschenputtel, seine Wünsche zu erfüllen und letztlich den Königssohn zu heiraten.

Aber auch als Wünschelrute zum Finden von Wasseradern, verlegten Gegenständen oder des verlorenen Weges ist die Hasel beliebt. Schamanen und Druiden nutzten Haselstäbe, um das Wetter zu beeinflussen. Der Baum wurde früher gern neben das Haus gepflanzt zum Schutz vor Blitzschlag, Hagel, Krankheiten, bösem Zauber und sogar vor Schlangen. Der von zwei Schlangen umwundene Caducäusstab (auch Herold- oder Hermesstab) soll eine Haselrute sein und steht für das Überbringen geheimer Nachrichten.[126]

Die Hasel bringt unglaubliche Mengen an Pollen in die Welt. Allergiker fürchten sie deshalb. Ein einziges Haselnusskätzchen enthält ungefähr 2 Millionen Pollenkörner![127] Daher steht die Hasel auch für Fruchtbarkeit, ist ein Mittel gegen Impotenz und reinigt den Körper. Es gibt eine Unzahl von Liebes- und Hochzeitsorakeln mit ihr. »In die Haseln gehen«, bedeutet, heimlich die Geliebte/den Geliebten zu treffen. Entstehen daraus Kinder, sind sie »der Haselnuss entsprungen«.[128]

126 Vgl. W.-D. Storl: Pflanzen der Kelten.
127 Vgl. R. Düll, H. Kutzelnigg: Taschenlexikon der Pflanzen Deutschlands.
128 Vgl. S. Fischer-Rizzi: Blätter von Bäumen.

Das Holz der Hasel ist weich und gut spaltbar, aber nicht sehr haltbar. Es wurde noch bis Anfang des 20. Jahrhunderts für die Herstellung von Fassreifen und Flechtzäunen verwendet. Starke junge Ruten wurden auch zu Spazierstöcken und Bögen verarbeitet.

Haseln besuchen

Italien ist schon seit dem Altertum für seinen Haselnussanbau bekannt. Heute ist es nach der Türkei das Land mit der größten Haselnussernte. Fast 100 000 Tonnen Haselnüsse werden dort pro Jahr verarbeitet.[129] Der lateinische Beiname der Hasel »avellana« bezieht sich auf die antike italienische Stadt Abella (heute **Avella**) in der Nähe von Neapel. Die Stadt **Castellero** im Piemont in Norditalien nennt sich selbst die »Hauptstadt der Haselnuss«. Es gibt dort sogar einen Haselnusslehrpfad.[130]

129 Die stammen im Wesentlichen von der nah verwandten Großen oder Lambertshasel (Corylus maxima).

130 Wer diese wunderschöne Gegend besuchen möchte, findet auf folgender Webseite eine deutschsprachige Einladung: www.azzurro-diary.com/piemont-im-land-der-haselnuesse.

Selbstcoaching mit der Hasel: Meine Freude am Sein stärken

»Das Kind in dir wird dich zu deinen Träumen führen. Es kennt den Weg, den du nicht siehst.«
(Gila Antara)

Das Kind in dir (von Gila Antara)[131]

Als du noch klein warst, war niemand da,
dich zu beschützen vor der Gefahr.
Und du hast damals dir geschworen: Niemals mehr tut man dir was an.
Und du hast Mauern aufgezogen. So leicht kommt niemand mehr an dich ran.

Das Kind in dir öffnet die Türen.
Es will nicht mehr im Dunkeln steh'n.

Die alten Mauern sind heut noch da,
wenn du dich klein fühlst, sind sie gleich da.
Und du glaubst, dass man dich verletzt, dabei ist gestern doch nicht jetzt.
Das Kind in dir sagt: »Lass mich frei! Die alten Zeiten sind vorbei!«

Das Kind in dir, das will erwachen.
Es weiß um deine Ängste nicht.
Das Kind in dir, das kann noch weinen, kann noch lachen.
Es weiß den Weg, den du nicht siehst.

Und du glaubst, dass man dich verletzt, dabei ist gestern doch nicht jetzt.
Das Kind in dir sagt: »Lass mich frei! Die alten Zeiten sind vorbei!«

Das Kind in dir, es will nach Hause.
Es ist zu Haus allein bei dir.
Das Kind in dir, es will bei dir sein, es ist schon viel, viel zu lang allein.

131 Gila Antara: Das Kind in dir (CD bei pantheramusic). www.gila-antara.co.uk.

Innenreise

Schließe deine Augen, und lenke deine Aufmerksamkeit in dein Herz. Verbinde dich mit deiner inneren Führung, und werde ganz wach und aufmerksam. Gehe in deiner Vorstellung über Felder und Wiesen. Vielleicht scheint die Sonne, und es weht ein sanfter Wind. Das Wetter ist so, wie du es am liebsten magst. Freude ist in dir! Nun erreichst du einen Waldrand. Sieh dich um! Was gibt es alles zu entdecken? Bäume und Sträucher mit Blättern und Blüten. Die Geräusche des Waldes dringen an dein Ohr, ein Vogel singt. Dann entdeckst du eine kleine Quelle. Beim Näherkommen siehst du, dass Haselsträucher bei ihr wachsen. Gehe ganz nah heran, höre das Plätschern der kleinen Quelle, und sieh dich um. Betrachte die vielen jungen Stämmchen des Strauches, die Haselkätzchen, die Blätter. Berühre sie! Weich, fast samten sind sie. Kannst du das fühlen?

Spüre nun in dich hinein. Empfindest du die Freude, die Frische, die Jugendlichkeit, die von der Hasel ausgeht? Lasse dich von ihnen anstecken! Kannst du die Leichtigkeit, die kindliche Freude in dir spüren? Vielleicht möchtest du um den Strauch herumhüpfen oder -tanzen, Stöckchen zerknacken, mit den Blättern spielen, Holzschiffchen schnitzen? Tue das einfach – in der Innenreise ist nichts peinlich! Genieße die Leichtigkeit, die Zuversicht und die bedingungslose Freude am Sein!

Setze dich dann zu der Hasel. Lehne dich an ihre Stämme, atme ihre Energie. Fühle das Holz in deinem Rücken. Werde still, und atme die besondere Energie der Hasel, nimm sie ganz tief in dich auf!

Die Hasel ist die Führerin zu den unsichtbaren, tief verborgenen Welten. Sie kann dir helfen, die harte Schale zu knacken und Zugang zu deinem inneren Kind zu finden. Bitte sie darum! Die Hasel nimmt dich an die Hand und führt dich zu deinem inneren Kind. Vielleicht spielt es an der Quelle, an der du sitzt? Vielleicht streift es neugierig durch den Wald, verbunden mit den Elementen. Vielleicht hat es sich auch in eine Höhle verkrochen. Die Hasel weiß, wo du es findest, denn sie hat den Schlüssel für alle verborgenen Türen, sie macht das Unsichtbare wahrnehmbar, führt dich zum Kern der Sache und zur verborgenen Wahrheit.

Heiße dein inneres Kind herzlich willkommen. Vielleicht bist du gut bekannt mit ihm und willst gleich mit ihm spielen, lachen, toben? Vielleicht war es bisher tief verborgen in dir, hat sich versteckt vor dir, oder du wolltest es gar nicht sehen, sondern funktionieren und die Erwartungen an einen erwachsenen, vernünftigen Menschen erfüllen, gabst ihm gar keinen Raum bei dir. Wie auch immer, bewerte es nicht! Nimm dir einfach jetzt Zeit und Raum, mit deinem inneren Kind zu sein.

Fängt es sofort an zu reden, oder ist es traurig oder ängstlich und möchte in den Arm genommen werden? Wende dich ihm zu, sei bei ihm, spiele mit ihm. Ihr könnt beide um den Haselstrauch oder um die Quelle hüpfen oder Fangen spielen. Womöglich lacht oder weint ihr zusammen. Entdeckt neugierig die Welt.

Frage jetzt dein inneres Kind, was es sich von dir wünscht: im Alltag, im Urlaub, zu besonderen Anlässen … Vielleicht möchte es mehr Zeit zum Spielen, Herumblödeln, Spaßhaben, um mit Freunden zusammen zu sein, im Wald herumzustreifen, mit Tieren zu spielen. Höre ihm zu.

Und dann frage dich, ob du bereit bist, dir mehr Lebensfreude und Spielerisches in dein Leben zu holen. Möchtest du deinem inneren Kind versprechen, ihm den einen oder anderen Wunsch zu erfüllen? Öfter mit ihm in Kontakt zu gehen, ihm einen größeren Raum in deinem Leben geben? Es geht nicht darum, kindisch zu werden, sondern darum, dich in die kindliche, unbedarfte, bedingungslose Freude am Sein zu entspannen, um das Glücklichsein mit dir selbst, die Neugier und Offenheit für das Leben.

Was möchte dein inneres Kind dir noch sagen? Welche Träume und Visionen hat es für dein Leben? Was wollte es schon immer gern tun? Was macht ihm Freude, wobei fühlt es sich lebendig? Lasse das Kind reden oder dir etwas zeigen, höre einfach zu, und bewerte es nicht.

Vielleicht sagt es schließlich zu dir: »Traue dich! Du kannst das unmöglich Erscheinende erreichen. Lebe deine geheimen, verborgenen Träume!« Es gibt immer einen Weg, wenn du dich von deinem Herzen leiten lässt. Das innere Kind schert sich nicht um äußere Konventionen, darum, was sich nicht gehört oder unangemessen ist. Vielleicht traust du dich nun, mehr von deinen geheimen Träumen wahr werden zu lassen.

Lasse dich inspirieren, dir Impulse geben, um dein Leben freudvoller, glücklicher, lebens- und liebenswerter zu gestalten.

Bedanke dich abschließend bei deinem inneren Kind für die Leichtigkeit und Lebensfreude, die es mit dir teilt, und für seine Botschaften an dich. Bedanke dich bei deinem Führer, dem Haselstrauch, und bedanke dich bei dir selbst, dass du dich auf deine Freude am Sein eingelassen hast.

Komme langsam wieder im Hier und Jetzt an, spüre deinen Körper, und öffne dann die Augen.

WEISSBUCHE, HAINBUCHE, HAGEBUCHE, EISENHOLZ, HORNBAUM

Zentriert und mir selbst treu bleiben, egal, was passiert

Gewöhnliche Hainbuche (Carpinus betulus), Familie der Birkengewächse (Betulaceae)

Der Baum

Die Weißbuche oder Hainbuche ist, anders als ihr Name vermuten lässt, keine Buche, sondern ein Birkengewächs.[132] Ihre Rinde ist auffällig silbergrau mit netzartigen Linien und Furchen. Sie ist sehr genügsam, hält viel Schatten, Trockenheit und Wärme aus. Mit ihrer unverwüstlichen Lebenskraft erträgt sie die größten Verstümmelungen. Man kann sie zurechtschneiden, wie man will, sie bleibt, wie sie ist, macht »ihr Ding« und lebt ihren ureigenen, natürlichen Rhythmus. Deshalb ist sie – früher wie heute – ein beliebter Heckenbaum. Ihr Name Hagebuche kommt von »einhegen«, »schützen«. Ich selbst habe um mein Grundstück eine Hecke aus Weiß- mit einigen Rotbuchen dazwischen. Und ich stelle immer wieder fest: Dort, wo ich Schwierigkeiten mit dem Heckenschnitt habe, weil sich Verdickungen gebildet haben, da stehen die Rotbuchen.

Auch uns Menschen kann die Hainbuche helfen, uns treu zu bleiben, egal, was im Außen passiert, egal, wie sehr wir in unseren Handlungs- oder Ausdrucksmöglichkeiten »beschnitten« werden, ob andere uns anders haben wollen, auf uns herumhacken oder uns zu etwas überreden wollen. Heute nennt man das Resilienz, also die Fähigkeit, schwierige Lebenssituationen ohne anhaltende Beeinträchtigung zu überstehen. Die Weißbuche ist heilsam, wenn wir unseren inneren Rhythmus verloren haben, den Zugang zu uns selbst, zur inneren Stille. Sie kann uns helfen, das Vertrauen in die eigene Kraft zurückzugewinnen, ins innere Gleichgewicht, in die Harmonie, die Ausgeglichenheit zu finden. Der Duft von verbrennendem Weißbuchenholz kann sogar bei Alpträumen helfen, sorgt für guten Schlaf und eine positive Stimmung. Das wusste schon Hildegard von Bingen.[133]

Das Holz der Weißbuche ist leicht gelblich, fast weiß. Daher nennen Tischler sie Weißbuche im Gegensatz zur Rotbuche mit leicht rötlichem Holz, während Botaniker und Gärtner den Namen Hainbuche bevorzugen. Ihr Holz ist extrem hart (härter sogar als das von Eiche und Rotbuche) und das schwerste einheimische Holz. Ein Kubikmeter Hainbuchenholz wiegt über 800 Kilogramm, während Pappelholz

132 Die Blätter von Rot- und Weißbuche sind zwar ähnlich, aber dennoch verschieden. Während die Rotbuche glatte Blattränder hat, kann man bei der Hainbuche doppelt gesägte Ränder erkennen.

133 Vgl. S. Fischer-Rizzi: Blätter von Bäumen.

es nur auf die Hälfte bringt. Mühlräder, Zahnräder, Holzschrauben und Hackeklötze werden aus ihm hergestellt. Auch Stiele von Werkzeugen und Kegelkugeln werden oft aus ihm gefertigt. Es hat den höchsten Heizwert, und seine Holzkohle verbrennt so heiß, dass man damit Eisen schmelzen kann. Deshalb und wegen der extremen Härte wird der Baum auch Eisenholz genannt. Einen harten, grobklotzigen, derben, auch widerspenstigen Menschen bezeichnet man regional manchmal als »hanebüchen«, was »hagebuchenartig« meint.[134]

Bereits in römischer Zeit wurden Wehrhecken (Landwehren) zu einem großen Teil aus Hainbuchen gepflanzt. Diese wurden mit Äxten angehauen und umgeknickt, sodass sie zusammen mit Dornensträuchern zu undurchdringlichen Gebilden heranwuchsen, die nur an wenigen Stellen Durchlässe hatten. Viele Ortsnamen mit den Endungen »hagen« und »hain« weisen auf solche Landwehren hin.[135]

Im Winter kann man die Hainbuche besonders gut erkennen: Oft sieht man an der Straße Bäume, die »gekämmt« aussehen, irgendwie ordentlich. Hier zeigt sich besonders deutlich die innere Struktur und Ordnung der Weißbuche.

Viele Jahrhunderte spielte die Hainbuche als »Schneitelbaum« eine große Rolle. Ihre Zweige wurden regelmäßig geschnitten (»geschneitelt«) und als Brennstoff und Viehfutter verwendet. Die Blätter und die Rinde der Hainbuche enthalten viele Gerbstoffe. Ein Tee daraus hat zusammenziehende, wundheilende Wirkung. Er wird bei Entzündungen von Augen oder Füßen und bei Blasenproblemen verwendet.[136]

134 Vgl. S. Fischer-Rizzi: Blätter von Bäume
135 Vgl. D. Laudert: Mythos Baum.
136 Vgl. S. Fischer-Rizzi: Blätter von Bäumen.

Weißbuchen besuchen

Weißbuchen werden, wie viele Birkengewächse, nicht alt, nur etwa 100–150 Jahre. Das ist für Baumverhältnisse recht jung. Deshalb ist es ungewöhnlich, dass im Tiergarten von Kirchrode, einem Stadtteil von **Hannover** (Niedersachsen), eine Weißbuche wächst, die über 200 Jahre alt sein soll und ziemlich vital ist. Sie hat einen Umfang von über 5 Metern. Ihr Stamm ist nicht kreisrund, sondern unregelmäßig, tief gefurcht und mit Wülsten. So etwas wird als spannrückig bezeichnet. Es macht das Holz für viele Zwecke unbrauchbar, sieht aber wunderschön und interessant aus und kommt häufig bei Weißbuchen vor.

Da die Hainbuche mit relativ wenig Licht auskommt, wächst sie häufig in Mischwäldern im »unteren Stockwerk«. **Der Hambacher Wald,** von RWE auch Hambacher Forst genannt, ist ein seit der letzten Eiszeit vor ca. 12000 Jahren kontinuierlich bestehender alter Auwald. Er stellt trotz der großräumigen Zerstörung durch den Braunkohleabbau immer noch den größten Hainbuchen-Stieleichen-Maiglöckchen-Wald Deutschlands dar.[137]

137 Vgl. de.wikipedia.org/wiki/Hambacher_Forst.

Selbstcoaching mit der Weißbuche: Zentriert und mir selbst treu bleiben, egal, was passiert

»Lasse nicht die Situation deinen Zustand bestimmen, sondern deinen Zustand die Situation.«
(Sri Bhagavan)

Die Mitte finden (aus Indien)

Als Buddha vor ca. 2500 Jahren in Indien lehrte, verliebte sich eines Tages eine der schönsten Prostituierten in einen seiner Mönche. Sie bat ihn, während der Regenzeit, wenn die buddhistischen Mönche ihre Wanderschaft unterbrechen, bei ihr zu wohnen. Er sagte zu ihr, wenn der Meister es erlauben würde, dann würde er kommen.
Den anderen Mönchen war der Kontakt der beiden nicht verborgen geblieben, und es breiteten sich Neid, Missgunst und Empörung unter ihnen aus. Schon, dass der Mönch der Frau erlaubt hatte, seine Füße zu berühren, war ihrer Meinung nach falsch, denn Buddha hatte gesagt: »Berührt keine Frau, erlaubt keiner Frau, euch zu berühren.« Als der Mönch also den Buddha fragte, waren viele Mönche dabei, um das erwartete Spektakel mitzuerleben.

Der Buddha aber sagte: »Ich habe euch gesagt, Frauen nicht zu berühren und euch auch nicht von ihnen berühren zu lassen, weil ihr noch nicht in eurer Mitte seid. Für diesen Mann gilt die Regel nicht mehr. Ich habe ihn beobachtet – er darf über die Regenzeit zu der Frau ziehen.«
Die Jünger waren erbost. So etwas hatte es noch nie gegeben. Die ganze Regenzeit über wurde getratscht und darüber fantasiert, was wohl im Haus der Frau vor sich gehe. Alle waren der Meinung, dass der Mönch kein Mönch mehr sei. Als beide am Ende der Regenzeit zurückkamen, sagte die Frau zu Buddha: »Ich möchte von dir eingeweiht werden. Ich habe versucht, deinen Jünger aus seiner Mitte herauszubringen, doch ohne Erfolg. Ich war bei Männern sonst immer erfolgreich, doch ihn konnte ich nicht ablenken, nicht einen Zentimeter. Ich habe mich bemüht, ihn auf jede erdenkliche Art zu verführen, er aber blieb immer er selbst. Keine Sekunde war er sich selbst untreu, keinen Moment habe ich auch nur die geringste Trübung seines Geistes gesehen oder irgendein Verlangen in ihm spüren können. Nun möchte ich selbst diese innere Sammlung erreichen. Ich habe zum ersten Mal erfahren, was Würde ist. Bitte lehre mich deine Kunst!« Und so wurde sie eine seiner ersten Schülerinnen.

Innenreise

Schließe deine Augen, und lenke deine Aufmerksamkeit in dein Herz. Verbinde dich mit der Präsenz in dir. Lade jetzt innerlich die Hainbuche zu dir ein. Vielleicht siehst du sie vor deinem inneren Auge als Heckenbaum stehen oder im tiefen Wald als Unterholz. Kannst du ihren silbergrauen, wulstigen Stamm erkennen, ihre Blätter mit den leicht gesägten Rändern? Kannst du ihre besondere Energie schon fühlen? Sie lädt dich ein, und du stellst oder setzt dich zu ihr. Bitte sie, dich mit ihren besonderen Qualitäten zu unterstützen.
Gehe jetzt mit dir selbst ins Gespräch. Dir selbst treu sein, egal, was passiert – kannst du das? Wie gehst du damit um, wenn andere dich anders haben wollen? Deine Partnerin, dein Partner, dein Chef, deine Freunde, »die Gesellschaft« …? Wie oft passt du dich an um des lieben Friedens willen? Oder bleibst du zentriert und stehst zu dir, zu deinem Sein, deinem Gefühl, deinem Weg, deinen Lebenszielen, deinen Besonderheiten?
Hältst du den Fokus, auch wenn du viel zu tun hast, vielleicht unter Stress stehst, wenn es dir nicht so gut geht? Bleibst du dir selbst treu, wenn dein »innerer Schweinehund«, dein »innerer Kritiker« oder dein »innerer Richter« dir widerspricht? Hast du Routinen, Gewohnheiten, vielleicht Süchte, denen du dich hilflos ausgeliefert fühlst? Schaffst du es, sie zu überwinden, um dein Ziel zu erreichen?
Wenn du in deinen Möglichkeiten »beschnitten« wirst, zurechtgestutzt, wenn dir Handlungs- oder Ausdrucksmöglichkeiten verwehrt werden, gehst du dann in den Widerstand, verteidigst dich, oder resignierst du, fühlst dich als Opfer und ziehst dich zurück, gibst auf? Besitzt du die Kreativität, dennoch eine Möglichkeit zu finden, »dein Ding« zu machen, auch wenn die Bedingungen nicht optimal sind?
Wie geht es dir damit, wenn andere auf dir herumhacken, mit dir schimpfen, ihre Meinung durchsetzen wollen? Gibst du klein bei, oder weißt du, wer du bist,

und stehst dazu? Gehst du deinen ureigenen Weg in deinem für dich natürlichen Rhythmus? Oder hast du dein Gefühl für dich selbst verloren? Wo und wann ist das geschehen? Oder weißt du gar nicht, wer du bist in diesem oder jenem Aspekt, was dein Weg ist, was dir guttut? Hast du Zugang zu deiner inneren Stimme, zu deinen Fähigkeiten, deinen Bedürfnissen, deinen Qualitäten?[138] Verlässt du dich auf andere und tust, was sie für richtig halten – oder aus Trotz genau das Gegenteil? Lebst du ihr Leben statt dein eigenes?

Betrachte jetzt eine Situation, in der du dir selbst nicht treu warst oder bist. Vielleicht hast du dich bestimmen lassen, überreden lassen, obwohl deine Intuition gesagt hat, dass es nicht stimmig ist. Oder du hast rebelliert oder resigniert, weil du keine Lösung gesehen hast, weil alles irgendwie verbaut war oder deine Möglichkeiten beschnitten wurden. Haben andere oder auch Stimmen in deinem Inneren, die von Angst, Bequemlichkeit oder Eitelkeit getrieben waren, dich so lange bearbeitet, bis du wider besseren Wissens nachgegeben, dich angepasst hast, dich hast überreden lassen? Lasse dir jetzt eine solche Situation zeigen!

Verbinde dich mit den Qualitäten der Weißbuche, bei der du sitzt oder stehst, mit ihrem Energiefeld. Sie hält die größten Verstümmelungen aus, lässt sich zurechtstutzen und macht trotzdem »ihr Ding«. Sie ist stark verbunden mit der ihr innewohnenden Kraft, ihrem ureigenen Rhythmus, ihrer inneren Ruhe, der heiligen Stille. Sie bleibt sich treu, egal, was um sie herum und mit ihr geschieht. Sie folgt ihrer Stimme, ihrem Rhythmus, ihrem Herzen, bleibt in ihrem inneren Gleichgewicht. Bitte jetzt diese Qualitäten in dein Herz, und lasse sie sich dort verwurzeln.

Betrachte noch einmal die Situation, in der du dir nicht treu warst, dich hast manipulieren lassen von Kräften im Außen oder im Innen. Die Hainbuche zeigt dir jetzt, wie du dich in einer solchen Situation zentrieren, zu dir stehen kannst, wie du dein inneres Gleichgewicht wahrst oder wiederherstellst. Sie hilft dir, die Emotionen zu harmonisieren, innere Freude und Ausgeglichenheit zu halten, auch wenn im Außen oder in deinem Verstand Lärm und »Chaos« herrschen. Höre auf die Weisheit in dir, die aus der heiligen Stille erwacht. Lasse dir von der Weißbuche zeigen, wie du Zugang zu deiner Selbstwahrnehmung bekommst, damit du wieder weißt, was dir guttut. Finde deinen ureigenen Weg, deinen natürlichen Rhythmus und die Kraft, ihn zu leben.

Du kannst dir selbst treu bleiben und dich gleichzeitig den Gegebenheiten anpassen. Finde kreative Lösungen, um dennoch »dein Ding« zu machen, wenn die Bedingungen nicht optimal sind. Entdecke vergessene Räume und Möglichkeiten in dir, brachliegendes Potenzial, das dir jetzt von Nutzen sein kann! Werde vom Opfer der Umstände zum Erschaffer der Situation. Stelle dir vor, du stehst mit der Weißbuche im Rücken in der Mitte der Wippe des Lebens. Egal, wie weit die Wippe ausschlägt, du bist unbeweglich, im Gleichgewicht, du bist bei dir. Nimm dieses Bild mit in deinen Alltag!

Abschließend bedanke dich bei der Weißbuche für ihre Unterstützung, danke der Präsenz in dir, und danke dir selbst, dass du dich darauf eingelassen hast, zu dir zu stehen.

Komme jetzt wieder im Hier und Jetzt an, spüre deinen Körper, und dann kannst du langsam die Augen öffnen.

138 In den Innenreisen mit der Lärche auf Seite 81 und auch der mit der Erle auf Seite 96 kannst du das herausfinden.

LINDE, BASTHOLZ, SCHNURBAUM

Liebe, Freundschaft und Gemeinschaft stärken

Sommerlinde (Tilia platyphyllos), Familie der Lindengewächse (Tiliaceae)

Der Baum

Die Linde ist tief verwurzelt in der Erde und greift mit ihren Zweigen bis weit in den Himmel. Sie liebt Wärme und Feuchtigkeit. Selten gibt es reine Lindenwälder, denn sie wächst nicht gern »Baum an Baum«. Als Dorflinde fühlt sie sich wohl. An ihr trafen sich früher die Menschen zum Feiern, zum Tanzen, zum Reden, zum Zusammensein, zum Sich-Verlieben und zum Heiraten. Viele Nachnamen, Ortsnamen und Lieder zeugen davon. Wer kennt nicht: »Am Brunnen vor dem Tore, da steht ein Lindenbaum …«?[139] Mehr als 1000 Orte in Deutschland sind nach der Linde benannt. Neben Lindau und Lindenberg z. B. auch Leipzig von slawisch »lipa«, »Linde« oder auch Linz von keltisch »lenta«, »Linde«.[140] Mit ihren Tausenden Herzblättern ist die Linde der Baum der Verliebten und der Liebesgöttin Aphrodite bzw. Freya. Bereits bei den Germanen galt sie als heilig. Mit der Christianisierung wurden aus den »Freya-Linden« die »Marien-Linden«.[141]

Gemeinschaft, Gemeinsamkeit, Partnerschaft, Zusammensein, Freundschaft und Freundlichkeit gehören zur Linde. Während der Ilex (siehe Seite 44) für die bedingungslose, universelle Liebe im Leben steht, symbolisiert die Linde die partnerschaftliche, gemeinschaftliche Liebe.

Wirkliche Gemeinschaft und Partnerschaft können nur entstehen, wenn die egoistischen Energien in uns besänftigt sind und niemand sich selbst oder den anderen nach seinen Vorstellungen formen will, sondern ihn zumindest weitgehend sein lassen kann, wie er eben ist. Die Linde gleicht überschießende selbstzentrierte Energien aus und kann uns helfen, mehr Gemein-

139 »Der Lindenbaum« von Wilhelm Müller, vertont von Franz Schubert und in der Bearbeitung von Philipp Friedrich Silcher ist als Volkslied populär geworden.
140 Vgl. W.-D. Storl: Pflanzen der Kelten.
141 Vgl. www.waldwissen.net/wald/baeume_wald-pflanzen/laub/wsl_winterlinde_sommerlinde/index_DE.

schaftsgefühl zu entwickeln, anderen Menschen mit offenem Herzen zu begegnen und Konkurrenzverhalten in konstruktive Gemeinsamkeit zu verwandeln. Im Nibelungenlied, in dem der Held Siegfried sich nach einem Bad im Blut des Drachen (des Lindwurms, der ebenso »lind«, »biegsam« wie Lindenbast ist) für unbesiegbar hält, stellt die Linde mit Weisheit und Gnade die Verwundbarkeit und damit die natürliche Ordnung, das Gleichgewicht wieder her, indem sie ein Blatt auf seine Haut fallen lässt, die dadurch verletzlich bleibt. An dieser Stelle wird er dann auch später vom Schwert des Hagen unter einer Linde tödlich getroffen.[142]

Als sich im 12. Jahrhundert die Edelleute der »deutschen Nation« mehr mit der starken, verlässlichen, »männlichen«, »deutschen« Eiche identifizierten, wurde die »weibliche« Linde umso beliebter im einfachen Volk.[143] Auch hier stellte sie das Gleichgewicht wieder her.

Die weibliche Energie, die sich im Fühlen, Empfangen, Mitfließen mit dem, was ist, im Kreativen, Unstrukturierten zeigt, habe ich selbst schon mehrfach mit der Linde erlebt. Einmal ließ sich eine 1000-jährige Linde 2 Stunden lang nicht finden, trotz Dorfplan und Befragung der Einheimischen. Erst, als ich meinen Plan, meine Vorstellungen und meine Suche aufgegeben hatte, hat mein Weg mich doch noch zu ihr geführt. Und siehe da: Ich war schon zweimal an ihr vorbeigelaufen, ohne sie wahrzunehmen. Linden werden dich finden, und nicht umgekehrt.

Bei den Balten opferten die Frauen unter der Linde, die Männer unter der Eiche. Während die Linde für Schutz und Frieden steht, steht die Eiche für Gerechtigkeit und Krieg.[144]

Unter der Krone der Linde wurden früher nicht nur Feste gefeiert, sondern auch (»gelinde«) Urteile gefällt. In vielen mittelalterlichen Urkunden findet sich die Bezeichnung »judicium sub tilia«, was »Gericht unter der Linde« heißt und wovon unser Wort »subtil« stammt.[145] Die Dorflinde war der Ort der Belehrung, Weisung, Rechtslenkung und Rechtsprechung. Die Germanen glaubten, dass unter ihr die reine Wahrheit ans Licht kommt. Es gibt sie z. T. sogar noch, die »Gerichtslinden«, denn die Linde kann bis zu 1000 Jahre alt werden.[146] Man sagt, sie wächst 300 Jahre, steht 300 Jahre und vergeht 300 Jahre. Von ihr können wir lernen, mit uns selbst wohlwollend, freundlich und liebevoll umzugehen. Wie oft verurteilen wir uns selbst und sind dabei strenger als mit anderen?

142 Vgl. K. Bartsch, H. de Boor: Das Nibelungenlied: Mittelhochdeutsch/Neuhochdeutsch.

143 »Offiziell« ist die Linde der Baum der Slawen. Die Winterlinde ist Nationalbaum von Tschechien, der Slowakei und von Slowenien, vgl. www.stadtfrucht-wien.wordpress.com/2013/07/25/nationalbaume-linde-vs-eiche-vs-autobahn-und-eu-nuchen/.

144 Vgl. W.-D. Storl: Pflanzen der Kelten.

145 Vgl. D. Grosser, W. Teetz: Informationsdienst Holz, Einheimische Nutzhölzer: Linde 15.

146 Im Königreich Preußen hefteten die Bürger ihre Post für den König an »Bittschriftlinden«. Die Überlieferung sagt, dass der König dann sogar manchmal vom Pferd stieg, um von den Nöten seines Volkes zu erfahren. Eine Freundin erzählte mir, dass in Glastonbury viele Menschen ihre Heilbitten oder Lebenswünsche noch heute an spezielle Lindenbäume hängen.

Alles an der Linde ist heilsam für den Menschen. Ihr süßer Duft wirkt stark beruhigend, erholsam und tröstend – empfehlenswert für unruhige, gehetzte Menschen! Sie ist neben dem Holunder der stärkste Heilbaum in unseren Breiten. Sie »lindert« Schmerz, wirkt krampflösend und antidepressiv. Abgekühlter Lindenblütentee hilft bei ermüdeten oder entzündeten Augen. Farmesol, eine aromatische Substanz aus Lindenblüten, wird von Parfümherstellern geschätzt.[147] Lindenholzasche heilt den Magen-Darm-Trakt und die Leber. Die Linde ist ein Spätblüher, Winterlinden blühen erst Ende Juni, Sommerlinden 2 Wochen eher. Das macht sie bedeutsam für die Insektenwelt. Lindenblüten enthalten Flavonoide, Schleimstoffe und ätherisches Öl. All dies wirkt fiebersenkend, schweißtreibend, entzündungshemmend und ist auch heute noch ein bewährtes Hausmittel bei Erkältungen und leichten grippalen Infekten. Außerdem kann Lindenblütentee bei Schlaflosigkeit, Angst und Atemnot helfen.[148] Während der lateinische Name »tilia« vom griechischen »tilos«, »Bast, Faser« kommt, ist der deutsche Name »Linde« von »lentios« abgeleitet, was »weich, biegsam« bedeutet. Das verweist auf das Holz und den weichen Bast. Dieser wurde schon von den neolithischen Pfahlbauern zu Seilen, Matten, Kleidung, Taschen und Verbänden verflochten. Heute wird er noch als Gärtnerbast verwendet. Daher auch die regionalen Namen Bastholz und Schnurbaum.[149] Ein Baum, aus dessen Bast sich feste Seile flechten lassen, kann auch Partner im Liebesband aneinanderbinden. Lindenholz fühlt sich weich, fast samtig an, ist biegsam und hat etwas Sinnliches. Es galt früher als heiliges Holz, aus dem z. B. Tilman Riemenschneider wundervolle Altäre geschnitzt hat. Heute hat es praktisch keine wirtschaftliche Bedeutung mehr, ist aber weiterhin ein beliebtes Schnitzholz.[150] Die vitaminreichen Blätter waren früher eine wichtige Futterquelle für das Vieh. Heute sind die Blüten und Blätter zumindest noch bei Bienen (Lindenblütenhonig) und Blattläusen beliebt. Letztere leben vom Lindensaft und produzieren ihrerseits ein klebriges Sekret, das man beschönigend »Honigtau« oder »Himmelstau« nennt. Vielleicht hast du ja schon einmal die Erfahrung gemacht, dass dein Fahrrad oder Auto klebrig war, als du unter einer Linde geparkt hast.

147 Vgl. A. Newman: Bäume, Machtvolle Zeugen des Lebens.
148 Vgl. R. A. Strassmann: Baumheilkunde.
149 Vgl. www.waldwissen.net/wald/baeume_waldpflanzen/laub/wsl_winterlinde_sommerlinde/index_DE.
150 Vgl. D. Grosser, W. Teetz: Informationsdienst Holz, Einheimische Nutzhölzer: Linde 15.

Linden besuchen

Viele Orte haben auch heute noch eine »Dorflinde«. Etwas Besonderes sind die »Tanzlinden«, die besonders in **Oberfranken** (Bayern) verbreitet sind. Es sind geleitete Linden, deren unterer Astquirl in die Breite gezogen und mit einer Holzkonstruktion versehen ist. Diese trägt eine Plattform, auf der zur »Lindenkirchweih« getanzt wird und worauf oft auch die Kapelle Platz hat.[151] Die älteste Tanzlinde Deutschlands und das »Deutsche Tanzlindenmuseum« stehen in **Limmersdorf** in der Gemeinde Thurnau in Oberfranken.[152] Bis heute und seit mindestens 1729 wird in der Krone der Linde das fränkische Kirchweihfest gefeiert. Die Linde ist ungefähr 16 Meter hoch, der Stammumfang beträgt 5 Meter, die Tanzfläche befindet sich in rund 4 Metern Höhe.

Etwas Besonderes ist die Lindengruppe von 19 im Oval stehenden Sommerlinden auf dem Ansberg (auch Veitsberg genannt) in der Nähe vom Staffelberg bei **Vierzehnheiligen,** nördlich von Bamberg in Oberfranken, Bayern. Die habe ich einmal »zufällig« entdeckt. Beim Näherkommen sieht man, dass in der Mitte dieses Lindenkreises aus 200–250 Jahre alten Bäumen eine kleine Kapelle steht, die St.-Veits-Kapelle. Informationen gibt es dazu kaum – nur die, dass es das größte geschlossene Lindenheiligtum Europas ist.[153]

Ein enger Kreis von 9 etwa 200-jährigen Winterlinden steht auf der Altenburg, oberhalb von **Heimburg** am nördlichen Harzrand (Sachsen-Anhalt). Sander schreibt dazu: »In ferner Vorzeit aber, so weiß die Sage zu berichten, sei jene Höhe von einem heiligen Haine bedeckt, der, ähnlich wie das benachbarte Osterholz, dem religiösen Kult der Frühlingsgöttin Ostara diente und auf dem bei Frühlingsanfang die heiligen Feuer emporloderten.«[154]

Etwa 4 Kilometer nordwestlich von **Colbitz** im Südteil der Colbitz-Letzlinger Heide in Sachsen-Anhalt befindet sich der Colbitzer Lindenwald. Er ist mit 220 Hektar der größte geschlossene Lindenwald Europas. Er besteht aus einem Winterlinden-Traubeneiche-Hainbuchenwald. Die ältesten Linden sind zwischen 180 und 200 Jahre, die ältesten Eichen zwischen 400 und 600 Jahre alt.[155] Er wurde bereits 1292 erstmals urkundlich als »Lindenberge« erwähnt und lag bis 1986 im militärischen Sperrgebiet. Ein Besuch lohnt besonders im April/Mai zur Blüte der Anemonen oder im Juni/Juli zur Lindenblüte.[156]

151 Vgl. de.wikipedia.org/wiki/Tanzlinde.
152 Vgl. A. Mätzold: Tanzlinden in Oberfranken.
153 Vgl. ebensfeld.de/de/tourismus/entdecken/ansberg.php.
154 Vgl. G. Sander: Beiträge zur Blankenburger Heimatkunde.
155 Vgl. K. Lemke, H. Müller: Naturdenkmale: Bäume, Felsen, Wasserfälle.
156 Wer ihn besuchen möchte, findet auf www.gemeinde-colbitz.de/pages/freizeit/lindenwald.php eine Anfahrtsbeschreibung – vor Ort gibt es keine Ausschilderung.

Selbstcoaching mit der Linde: Liebe, Freundschaft und Gemeinschaft stärken

»Lieben heißt die Angst verlieren,
mach dich auf, lass dich berühren.
Bleib bei dir und sei mit mir: ein starkes WIR.«
(Brigitte Schmitz)[157]

157 Brigitte Schmitz, www.chanting.de.

Der Baum

Nahe am Dorf, auf einer Wiese, stand ein gesunder, prächtiger Baum. Alle Vorbeikommenden blieben bewundernd stehen und freuten sich, was für ein selten schöner Baum da wuchs. Aber die Früchte waren unzufrieden: »Was heißt da schöner Baum, nur wir sind doch wichtig. Wenn nicht jedes Jahr so viele schöne Früchte zu ernten wären, wäre doch der ganze Baum nichts wert. Nur auf uns Früchte kommt es an!« Damit waren aber die Blätter nicht einverstanden. »Ohne uns Blätter kann doch der Baum gar nicht existieren. Man stelle sich einmal einen Baum ohne Blätter vor – das ginge doch gar nicht! Nein, nicht die Früchte sind wichtig, sondern auf die Blätter kommt es an.« Da aber meldeten sich die Wurzeln zu Wort: »Früchte und Blätter sind zwar ganz schön, aber ohne uns Wurzeln würde der Baum keinen Halt haben. Außerdem versorgen wir den Baum mit Wasser und Nährstoffen. Also ganz klar, nur auf die Wurzeln kommt es an!« Alle waren sie unzufrieden, die Früchte, die Blätter und auch die Wurzeln, denn jeder meinte, dass es nur auf ihn allein ankomme und nur er für den Erfolg wichtig sei. Und so stritten sie, wer von ihnen nun der Wichtigste sei und wie man die anderen davon überzeugen könnte.
Schließlich fanden die Früchte die Lösung: Verweigerung! Im nächsten Jahr würde dieser Baum keine Früchte tragen. Dann würden die anderen ja sehen, wie das ist. Als das aber die Blätter und Wurzeln hörten, beschlossen auch sie, im nächsten Jahr zu streiken. Und so gab es im nächsten Jahr weder Früchte noch Blätter an diesem Baum. Es war kein schöner Anblick. Auch die Wurzeln verkümmerten. Schon der kleinste Windstoß brachte den ganzen Baum ins Wanken. Der einst so prächtige Baum bot einen trostlosen Anblick. Niemand blieb mehr bewundernd vor ihm stehen, niemand freute sich an ihm. Doch da kam der Bauer vorbei und sah sich den Baum an. »Schade, dass dieser einst gesunde und prächtige Baum nun so krank ist.« Schon am nächsten Tag fällte er ihn, bevor er andere anstecken konnte. Und das alles nur, weil keinem bewusst war, dass jeder an seinem Platz bedeutsam ist und große Ziele nur gemeinsam erreicht werden können.

Innenreise

Schließe deine Augen, und lenke deine Aufmerksamkeit in dein Herz. Verbinde dich mit deiner Herzensintelligenz. Stelle dich in deiner Vorstellung unter eine große, kraftvolle Linde. Vielleicht steht sie auf einer Wiese, vielleicht inmitten eines Dorfes. Tief verwurzelt ist sie. Kannst du ihre wohlwollende, liebevolle, lindernde Energie spüren? Vielleicht ist sie zunächst ganz schwach und dann stärker und kraftvoller. Lasse jetzt auch in dir diese liebevolle, wohlwollende, lindernde Energie erwachen und wachsen. Werde ganz wach und aufmerksam. Beobachte dich und deine Reaktionen, Gefühle und Gedanken!

Sage innerlich zu dir selbst: »Ich bin so, wie ich bin«, »Ich bin gern so, wie ich bin.« Was macht das mit dir? Wie fühlt sich das an? Ist das stimmig? Bist du gern mit dir zusammen, so, wie du bist? Was an dir magst du nicht? Was willst du anders haben? Wo spielst du dir selbst etwas vor? Behauptest du, etwas anderes zu sein, als du bist? Kannst du dich nicht so sein lassen? Nicht sein mit dem, was in dir ist? Fühle, was zu fühlen ist. Beobachte in dir, was geschieht – bewerte es nicht!

Egal, ob du in einer Beziehung lebst, in einer Groß- oder Kleinfamilie oder allein – allein ist jeder einmal. Gibt es einen Schmerz des Alleinseins, einen Schmerz der Einsamkeit, eine Angst davor in dir? Bist du manchmal mit Menschen zusammen, nur, um nicht allein zu sein, um die Einsamkeit nicht fühlen zu müssen? Versuchst du, der Einsamkeit zu entgehen, indem du dich an jemanden klammerst, für ihn wichtig, vielleicht unersetzbar zu sein? Sei ehrlich mit dir! Fühle, was jetzt da ist! Lasse dich auf den Schmerz des Alleinseins, der Einsamkeit ein – soweit es dir jetzt möglich ist.

Die Linde ist wohlwollend und besänftigend. Von ihr kannst du lernen, mit dir selbst freundlich und liebevoll umzugehen, egal, wie du gerade bist und was du gerade fühlst.

Spüre die wohlwollende, lindernde Energie der großen, kraftvollen Linde, unter der du stehst. Lasse jetzt eine Person vor deinem inneren Auge erscheinen, mit der du eine engere Beziehung hast oder haben möchtest. Das kann deine Partnerin, dein Partner sein, eine Freundin oder ein Freund, Geschwister … heiße sie oder ihn willkommen!

Sieh in deiner Vorstellung der Person in die Augen, und sage zu ihr: »Ich bin so, wie ich bin«, »Ich bin gern so, wie ich bin.« Ist es stimmig, das zu der anderen Person zu sagen? Wie fühlt sich das an? Kannst und willst du dich ihr zeigen, so, wie du bist? Oder hast du Angst davor? Hast du Angst vor der Bewertung, dem Urteil, der Verurteilung? Möchtest du ein bestimmtes Bild von dir vermitteln, irgendwie toll sein, um gemocht zu werden, um nicht verlassen zu werden, um nicht allein und einsam zu sein? In welchem Bereich zeigst du dich anders, als du bist? Spielst anderen etwas vor? Bist du vorsichtig, zurückhaltend, zeigst nicht alles, was in dir steckt? Hast du Angst, in etwas nicht gut genug zu sein in den Augen der anderen, nicht zu bestehen, abgewertet zu werden, nicht mehr dazuzugehören? Beobachte in dir, was geschieht – bewerte es nicht! Wenn Schmerz hochkommt, lasse dich darauf ein, und fühle ihn, so weit und so tief es jetzt für dich möglich ist. Nimm dir Zeit für dich!

Und dann sprich weiter: »Du bist so, wie du bist«, »Ich hab's gern, dass du so bist, wie du bist.« Was macht das mit dir? Ist es stimmig? Kannst du mit der anderen Person sein? Bist du gern mit ihr zusammen, so, wie sie ist? Was stört dich an ihr? Wo willst du sie ändern, nach deinen Vorstellungen formen? In welchem Bereich soll sie eine Rolle spielen und deine Erwartungen erfüllen? Wie fühlt es sich an, das der anderen Person zu sagen? Beobachte in dir, was geschieht – bewerte es nicht!

Du stehst immer noch unter der großen, kraftvollen Linde, bist eingehüllt von ihrer wohlwollenden, liebevollen, lindernden Energie. Bitte jetzt darum, dass die Kraft der Linde zu dir kommt, dich ganz durchdringt. Die Lindenenergie, die Menschen liebt, sie einfach sein lässt, wie sie sind, ihren Schmerz lindert, ihre egoistischen, übergriffigen Energien besänftigt, lösend und heilend wirkt, zieht jetzt in dein Herz ein. Und nun bitte um Transformation! Bitte darum, dass es stimmig für dich ist, zu sagen: »Ich bin so, wie ich bin. Du bist so, wie du bist. Ich bin gern so, wie ich bin. Ich hab's gern, dass du so bist, wie du bist.« Lasse es arbeiten und sich wandeln! Beobachte deine Gefühle und Gedanken. Erlaube ihnen, da zu sein, aber mische dich nicht ein! Wenn die Gedanken dich wegtragen, konzentriere dich wieder auf die Linde mit ihrer Kraft.

Lasse nun den Frieden und die Stille der Linde in dich einströmen. Wenn es noch in dir arbeitet, dann erlaube das. Wie fühlst du dich im Inneren? Kannst du jetzt besser mit dir sein, allein sein, all-eins-sein? Kannst du leichter und entspannter mit der anderen Person zusammen sein? Nur wenn du mit dir sein kannst, bei dir bleiben kannst und gleichzeitig mit dem anderen zusammen, wenn ihr beide euch treu bleibt, dann kann ein starkes, konstruktives, fruchtbares WIR entstehen. Ein Wir aus Respekt, Akzeptanz, Wertschätzung, Liebe, Mitgefühl und Dankbarkeit.

Zum Abschluss bedanke dich bei der Linde für ihre Unterstützung, ihre Heilungsenergie, und bedanke dich bei deiner Herzensintelligenz. Bedanke dich bei dir selbst, dass du dich auf dich und den anderen eingelassen hast.

Komme langsam wieder im Hier und Jetzt an, spüre deinen Körper, und dann kannst du die Augen öffnen.

APFELBAUM

Es reifen lassen

Kulturapfel (Malus domestica), Familie der Rosengewächse (Rosaceae)

Der Baum

Der Apfel ist der älteste kultivierte Baum Europas und gilt als die Frucht schlechthin. Er kommt, außer im hohen Norden, überall auf der Welt in irgendeiner Form vor. Selbst in Sibirien gibt es eine Apfelbaumart (Malus sibirica) mit kleinen, sauren Früchten, die vielfach angebaut und gern zu Marmelade verarbeitet werden. Bereits in der Jungsteinzeit (also in der Zeit des Übergangs von den Jäger- und Sammlerkulturen zu sesshaften Bauern vor etwa 7000 Jahren) aßen Menschen Äpfel, dörrten, vergoren und lagerten sie für den Winter ein. Damals waren sie neben Hagebutten und Vogelbeeren das wichtigste Winterobst.[158] Von unserem Kulturapfel gibt es heute ungefähr 2000 verschiedene Sorten in Mitteleuropa, und er hat weltweit mit Abstand die meisten Zuchtformen.[159] Er stammt u. a. vom heimischen Holzapfel (Malus sylvestris) ab. Dieser wächst natürlicherweise in Auwäldern oder wilden Hecken und hat im Gegensatz zum Kulturapfel etwa 2 Zentimeter lange Dornen und nur etwa 2–4 Zentimeter große, recht saure Früchte. Die weiß-rosa Blüten des Apfels ordnen sich in Trauben zu 3–6 Exemplaren. Die zentral liegende heißt »Königsblüte« und liefert die besten Äpfel.[160] Übrigens genügt es für eine Vollernte, wenn nur 5 Prozent der Blüten von Bienen bestäubt zu Früchten heranwachsen. Der Blühbeginn, meist im Mai, markiert den Beginn des Vollfrühlings und wird als Maßstab für Klimaänderungen genutzt.[161]

Die Bezeichnung »Apfel« ist sehr alt, und so gibt es viele von ihr abgeleitete Bezeichnungen, z. B. Erdapfel und pomme de terre für Kartoffel, Granatapfel, Apfelsine, aber auch Liebesapfel, Augapfel, Adamsapfel, Reichsapfel, Zankapfel usw.

Die Frucht und auch die Baumkrone des Apfels sind eine »runde Sache«, ein Symbol des Weiblichen, der großen Göttin.

158 Vgl. W.-D. Storl: Die alte Göttin und ihre Pflanzen.

159 Schon die alten Römer hatten knapp 30 verschiedene Sorten.

160 Vgl. A. Newman: Bäume – Machtvolle Zeugen des Lebens.

161 Vgl. de.wikipedia.org/wiki/Kulturapfel.

Es gibt nur wenige Baumarten, die in so vielen verschiedenen Kulturen eine derart besondere Rolle spielen. Die Symbolik des Apfelbaums taucht in unzähligen Mythen, Märchen, Sagen und kultischen Handlungen auf. Im Gegensatz zu unserer Übersetzung der Bibel, wo der Apfel in der Paradiesgeschichte als Symbol der Sünde und des Verderbens gilt[162] (daher vielleicht der lateinische Name »malus«, »schlecht, böse«), war er für Kelten, Germanen und Slawen heilig und ein Symbol des (ewigen) Lebens.[163] Die Kelten glaubten, dass Äpfel die Lieblingsbäume der Götter sind, weshalb das mutwillige Fällen mit dem Tod bestraft wurde. In der skandinavischen Mythologie sind Äpfel ein Geschenk der Götter an die Menschen, um diese langsamer altern zu lassen. Interessanterweise kann die Wissenschaft heute nachweisen, dass Äpfel nicht nur heilsam für den Menschen sind, sondern dass sie auch Falten und Schlaffheit der Haut vermindern![164] Die kugelförmigen Früchte stehen für die Vollkommenheit von Erde und Kosmos, für Liebe, Schönheit und Fruchtbarkeit. Sie sind ein Symbol des Lebens und der Erneuerung. Im alten Griechenland war der Apfel ein Attribut der Aphrodite, der Göttin der Liebe und Schönheit. Menschen, die depressiv sind oder Kummer haben, können durch die Ausstrahlung des Apfelbaums zu Leichtigkeit, Liebe und Lebensfreude zurückfinden.

Die makellos rein wirkenden, süß duftenden weiß-rosa Blüten machen den Baum zur Blütezeit zu einer prachtvollen Erscheinung. Schaut man hingegen genauer hin, erkennt man, dass der Baum knorrig, wirr und unebenmäßig gewachsen ist. Der Holzapfel ist zusätzlich mit Dornen versehen. Daher steht er für die Unterscheidungskraft, Wichtiges von Unwichtigem zu trennen, und für das Thema Makellosigkeit und Pedanterie.[165] Die übertriebene »Frau (oder Herr) Saubermann«, die im Außen und auch an sich selbst nur Makel und Unreines sieht, kann durch die Apfelbaum-Bachblüte »Crab Apple« in die Selbstliebe und Entspannung mit der »vollkommenen Unvollkommenheit« kommen. Unter einem Apfelbaum zu sitzen, kann uns die Augen öffnen für die Welt, wie sie wirklich ist. Er unterstützt uns dabei, die wahre Bedeutung von Ereignissen zu erkennen und zu verstehen.

162 In der hebräischen Urfassung ist nur von einer »Frucht« und nicht von einem »Apfel« die Rede, vgl. R. Kauderer: Heimische Bäume.

163 Vgl. W.-D. Storl: Die alte Göttin und ihre Pflanzen.

164 Vgl. A. Newman: Bäume – Machtvolle Zeugen des Lebens.

165 Vgl. R. A. Strassmann: Baumheilkunde.

Durch seine Früchte zeigt der Apfelbaum auch das Thema des Reifenlassens und der Geduld auf. Wenn ich ungeduldig bin, etwas sofort will, noch bevor es sich entwickeln konnte oder bevor ich reif dafür bin, dann kann ich vom Apfelbaum viel lernen. Er lässt seine Früchte erst in die Welt, wenn sie reif sind. Und dann fallen sie von selbst ab. Übrigens wird anderes Obst schneller reif, wenn es zusammen mit Äpfeln gelagert wird. Sie verströmen das Gas Ethylen, das den Reifeprozess beschleunigt.

Der Apfel enthält so viele heilkräftige Stoffe, dass er schon immer nicht nur Speise, sondern auch Heilmittel war. Äpfel sind nahrhaft, geschmackvoll, reich an Vitamin C und Mineralstoffen und regen den Stoffwechsel von Leber und Nieren, die Verdauung und Entschlackung an. Der Apfel als Zwischenmahlzeit macht satt, wach, konzentriert und gibt die Leistungsfähigkeit zurück. In der Heilkunde hat er eine besondere Bedeutung und gilt nicht umsonst als Lebensbaum. »Ein Apfel nach dem Schmaus hält den Doktor aus dem Haus«, sagt ein altes Sprichwort. Schon in der Edda steht, dass der Apfel ewige Jugend schenkt. Der Duft von Bratäpfeln hilft bei innerer Unruhe (ebenso wie der Duft verbrennenden Apfelbaumholzes), ihr Genuss ist eine ausgesprochene Heilkost. Unter Einwirkung von Luftsauerstoff werden geriebene Äpfel braun – ein Folge der Pektinbildung. Pektin wirkt heilend bei Durchfall und kann sogar bei Blutzirkulationsstörungen in absterbenden Gliedmaßen (»Altersbrand« oder auch bei Erfrierungen und Verbrennungen) helfen.[166]

Das Holz des Apfelbaums ist hart und sehr schön rotbraun. Als Drechsel- und Schnitzholz ist es beliebt. Früher wurden Gebrauchsgegenstände wie Löffel, Stößel und Flaschenkorken daraus hergestellt.

166 Vgl. R. A. Strassmann: Baumheilkunde.

Apfelbäume besuchen

Apfelbäume kennt wohl jeder aus dem eigenen oder aus Nachbars Garten. Das Wort »Apfel« kommt vom althochdeutschen »affoltra«, »feucht, saftig«. Viele Ortsnamen mit diesem Kern weisen auf Apfelbaumanbau hin, z. B. **Affoldern,** das Apfeldorf am Edersee in Hessen, oder **Affaltrach** im Landkreis Heilbronn (Baden-Württemberg) mit einem Apfelbaum im Ortswappen.

In manchen Gegenden von **Bayern** gibt es noch das »Baumbusseln«. Dabei werden am Vorabend des Dreikönigfestes am 6. Januar von den Kindern die Obstbäume im Garten umarmt und wachgeküsst.

Der alte keltische Name des heiligen Hügels von **Glastonbury** in Somerset im Südwesten Englands ist Avalon, »Apfelland«, eine keltische Bezeichnung für eine Art Paradies, ein Land der Unsterblichkeit und des ewigen Lebens.[167] Auch heute noch ist die Gegend berühmt für ihre Äpfel und ihren Apfelwein (und nicht nur für den besonderen Glastonbury-Weißdorn, siehe Seite 152).

Die Steiermark mit **Puch bei Weiz,** 40 Kilometer nordöstlich von Graz (Österreich), gilt als modernes Apfelland. Seit dem Jahr 1986 gibt es dort die 25 Kilometer lange »Steirische Apfelstraße«. Hier werden 75 Prozent der österreichischen Äpfel geerntet und vielfältig weiterverarbeitet. Teilweise stammen sie von sehr alten steirischen Apfelsorten.[168]

Wer einen Wildapfelbaum besuchen möchte, kann z. B. nach **Beberbeck** (Hofgeismar bei Kassel, Hessen), nahe dem Reinhardswald, fahren. Geht man die Straße am Friedhof vorbei, steht er links auf einem Grünstreifen. Mit seinen 3 Metern Umfang ist er sehr eindrucksvoll.

167 Vgl. F. Hageneder: Der Geist der Bäume.

168 Vgl. www.apfelstrasse.at.

Selbstcoaching mit dem Apfelbaum: Es reifen lassen

> »Bei bedeutenden Dingen müssen Entscheidungen reifen wie guter Wein. Zeit ist hier unersetzbar, aber irgendwann muss auch er getrunken werden.«
> (Roland Helm)

Über die Geduld (von Rainer Maria Rilke)[169]

Man muss den Dingen die eigene, stille ungestörte Entwicklung lassen, die tief von innen kommt und durch nichts gedrängt oder beschleunigt werden kann, alles ist austragen – und dann gebären …

Reifen wie der Baum, der seine Säfte nicht drängt und getrost in den Stürmen des Frühlings steht, ohne Angst, dass dahinter kein Sommer kommen könnte.

Er kommt doch! Aber er kommt nur zu den Geduldigen, die da sind, als ob die Ewigkeit vor ihnen läge, so sorglos, still und weit …

Man muss Geduld haben mit dem Ungelösten im Herzen, und versuchen, die Fragen selber lieb zu haben, wie verschlossene Stuben und wie Bücher, die in einer sehr fremden Sprache geschrieben sind.

Es handelt sich darum, alles zu leben. Wenn man die Fragen lebt, lebt man vielleicht allmählich, ohne es zu merken, eines fremden Tages in die Antworten hinein.

169 Diese Zeilen sind in einen Brief von Rainer Maria Rilke an Franz Xaver Kappus eingestreut. Wer die vorliegende Fassung formuliert hat, ist unbekannt. Der Titel »Über die Geduld« stammt nicht von Rilke selbst. Den Brief findest du unter: www.rilke.de/briefe/230403.htm

Innenreise

Willst du immer alles sofort? Willst du, dass deine Wünsche jetzt in Erfüllung gehen – sei es nach Gesundung, Fülle, Reichtum, Partnerschaft, Gemeinschaft, nach innerer Entwicklung? Oder vielleicht willst du, dass deine Fragen jetzt beantwortet werden, dass eine Entscheidung jetzt getroffen wird?

Dann schließe jetzt deine Augen, und verbinde dich mit deiner Herzensenergie. Schaue dir innerlich einen Apfelbaum an. Stelle dir vor, du sitzt unter ihm oder (so wie ich beim Schreiben dieser Innenreise) in der Mitte mehrerer großer, prächtiger Bäume.

Im Frühjahr treiben die Blätter aus, dann die Blüten, die dann – so das Wetter mitspielt und die Insekten fliegen – auch befruchtet werden. Langsam wachsen die Früchte heran: erst klein, grün und sauer. Der Sommer vergeht, die Sonne muss warm scheinen. Langsam, im Herbst, werden die Früchte größer und je nach Sorte rot oder gelb und reifen zu einer süßen Frucht heran. Und dann, genau dann, wenn der Apfel reif ist, fällt er vom Baum, und wenn du willst, kannst du ihn genießen. Hast du dagegen schon einmal einen unreifen Apfel gegessen? Sauer und hart …
Betrachte nun dein Leben. Kannst du manchmal nicht abwarten, bis etwas reif ist? Willst du schon etwas haben oder wissen oder sein, obwohl es noch nicht an der Zeit ist – und tief in deinem Inneren weißt du das vielleicht sogar? In welchem Aspekt wartest du schon lange auf die gewünschte Änderung und bist ungeduldig? Wo willst du, dass es schneller geht mit der äußeren oder inneren Entwicklung? Lasse jetzt eine derartige Situation aus deiner Erinnerung kommen. Nimm die erste, die dir einfällt.
Fühle dich hinein in dieses »Jetzt-Wollen«. Fühle die Ungeduld – daran ist nichts verkehrt, sie ist einfach da! Fühle das Nicht-mehr-warten-Wollen oder -Können. Sei damit. Auch Wünsche müssen reifen in dir. Manchmal musst du erst reifen und Erfahrungen machen, bevor bestimmte Wünsche sich erfüllen können.
Stelle dir nun vor, ein Wunder geschieht, und dein so lange schon gehegter Wunsch geht jetzt, in diesem Augenblick, in Erfüllung oder die Antwort auf deine Frage, deine Entscheidung liegt klar vor dir. Kannst du es annehmen? Kannst du es genießen? Kannst du es voll auskosten? Oder musst du dich erst langsam herantasten? Vielleicht hast du dir materiellen Reichtum gewünscht, und jetzt kommt jemand zu dir und legt dir eine Million Euro auf den Tisch und sagt: »Das ist für dich.« Kannst du das akzeptieren? Und wenn ja, könntest du das Geld weise einsetzen? Oder ginge es dir wie so vielen Lottogewinnern, die das Geld innerhalb kürzester Zeit ausgegeben haben und danach vielleicht sogar verschuldet waren?

Wie wäre es, wenn deine Wunschpartnerin, dein Wunschpartner plötzlich vor dir steht? Würdest du sie oder ihn erkennen? Könntest du dich auf sie bzw. ihn einlassen? Wie lange ginge die Beziehung gut, wenn du noch gar nicht reif dafür wärst?
Wie wäre es, wenn du plötzlich in der bedingungslosen Liebe bist, in deiner Herzensintelligenz angekommen? Könntest du den Zustand annehmen, ihn genießen, ihn halten? Oder sind da Egoanteile, die nach wie vor ihr »eigenes Ding« machen wollen und damit früher oder später den Zustand der inneren Herzensführung wieder kippen lassen?
Verbinde dich jetzt mit deinem Wunsch und mit seiner Erfüllung, und schaue genau hin: Kannst du es annehmen? Kannst du es genießen? Kannst du das volle Potenzial ausschöpfen und erhalten? Wäre es jetzt schon eine gereifte, süße Erfahrung? Sei ehrlich mit dir, und bleibe nicht in der Idee und Vorstellung gefangen, dass du schon weiter bist, als du bist – so verlockend das auch sein mag. Bitte darum, sehen zu können, was in dir oder im Außen noch Zeit und Reife braucht, damit sich dein Wunsch mit seinem vollen Potenzial erfüllen kann.
Betrachte den Apfelbaum, wie er still seine Früchte wachsen lässt. Bitte ihn um Hilfe, und lasse dir von ihm helfen, dir selbst, deinem Wunsch, deiner Entwicklung Zeit zu geben. Er lehrt dich, deinen Wunsch abzugeben und das »Ich will es jetzt sofort« loszulassen – das dir nur einen sauren, harten Apfel, eine nicht ausgereifte, bittere Erfahrung beschert. Ohne Reife ist es vorbei, bevor du ganz erfasst hast, was da zu dir gekommen ist.
Der Apfelbaum hilft dir, geduldig zu sein, bis du alle Erfahrungen gemacht hast, die nötig sind, um das volle Potenzial auszuschöpfen. Gib dir Zeit, dich zu entwickeln, dein Ego reifen zu lassen. Lerne, darauf zu vertrauen, dass alles zum rechten Zeitpunkt geschieht.
Und dann ist es so weit: Die Erfüllung deines Wunsches fällt dir, rund und ausgereift, einfach in den Schoß. Vielleicht hast du gar nicht mehr daran gedacht.

Manchmal musst du auch noch einmal aktiv werden und den Apfel zum richtigen Zeitpunkt vom Baum pflücken. Lasse ihn nicht aus Unsicherheit oder Angst vor Veränderung überreif und faul werden. Sei aufmerksam, und habe Vertrauen, dass du den passenden Augenblick erfasst. Und tue dann auch, was zu tun ist.
Bedanke dich abschließend beim Apfelbaum für seine Weisheit und Unterstützung, bedanke dich bei deiner Herzensenergie, und bedanke dich bei dir selbst, dass du dich darauf eingelassen hast, dem Prozess seine Zeit zu geben, um zu reifen.
Komme langsam wieder im Hier und Jetzt an, spüre deinen Körper, und dann kannst du die Augen öffnen.

KIEFER, FÖHRE, KIENBAUM

Mein Licht in die Welt bringen

Waldkiefer, Gemeine Kiefer (Pinus sylvestris), Familie der Kieferngewächse (Pinaceae)

Der Baum

Die Kiefer hat rotes Holz und im oberen Teil des Stammes feuerrote Rinde und repräsentiert das Element Feuer. Der Name Kiefer kommt von »Kien, Kienspan«, »harzreicher Holzsplitter«, denn sie hat nach der Lärche das harzreichste Holz, das sich daher schnell entzündet. Brennende Kienspäne, zusätzlich in Harz getaucht, waren früher die einzige Beleuchtung in den Häusern. Die Kiefer ist also ein Lichtbringer. Früher war sie der Baum der Herbst-Tagundnachtgleiche, weil dann die Lichter in den Stuben wieder angezündet wurden. Gleichzeitig war sie mit der Eibe zusammen der Baum für die Wintersonnenwendfeuer. Die Eibe symbolisierte den abgelaufenen Zyklus, die Kiefer mit ihrer Leuchtkraft den neu beginnenden.[170]

Die Kiefer ist ein Pionierbaum. Nach der letzten Eiszeit kam sie zusammen mit der Birke als erster Baum zu uns zurück. Sie braucht viel Licht, ist ansonsten aber genügsam und einer der gegenüber Trockenheit resistentesten Nadelbäume. Das ist in Zeiten des Klimawandels bedeutsam. Der Baum hat geringe Ansprüche an Boden oder Klima und wird deshalb oft auf Sandböden gepflanzt. Weil sie zudem schnell wächst, ist die Kiefer der »Brotbaum Nummer 2« der deutschen Forstwirtschaft gleich nach der Fichte. Sie ist in fast ganz Europa verbreitet: im Norden bis über den Polarkreis hinaus, im Süden bis ans Mittelmeer und im Osten bis Sibirien. Im Hochgebirge gedeiht sie als Latschenkiefer bis zur Baumgrenze in 2500 Metern Höhe und hält Temperaturen bis –40 Grad Celsius aus. Sie hat das größte Verbreitungsgebiet von allen einheimischen Bäumen. 50 Meter hoch kann sie werden und 500 Jahre alt. Bis vor Kurzem galt eine nordamerikanische Grannenkiefer mit über 5000 Jahren als älteste Pflanze der Welt. Jetzt wurde sie von einer schwedischen Fichte (siehe Seite 109) mit fast 10 000 Jahren abgelöst.

Die Kiefer stemmt sich nicht gegen den Wind, sondern passt sich ihm mit ihrer Wuchsform an. Im Gegensatz zur Fichte ist sie fest verwurzelt und gedeiht selbst

170 Vgl. R. Kauderer: Heimische Bäume.

in windreichen Küstengebieten wie an der Ostsee. Weil sie viel Licht zum Boden durchlässt, wächst sie gesellig mit anderen Baumarten und viel Unterwuchs – sie ist ein »guter Kumpel«, ein Freundschaftsbaum. Sie hat lange Nadeln (bis zu 8 Zentimeter) und im Gegensatz zu Fichte und Tanne eine eher schirmartige Krone. Vielen Tieren gibt sie Lebensraum und ernährt mit ihren Zapfen Eichhörnchen und Vögel. Die Kiefer wechselt ihre Nadeln etwa alle 3 Jahre (bei Fichten sind es 6, bei Tannen 10 Jahre), weshalb sie im Winter etwas gerupft aussieht. Im Mai oder Juni blüht sie. Die männlichen Blüten mit ihren Massen an gelbem Blütenstaub lassen den Baum dann wie einen Weihnachtsbaum mit brennenden Kerzen aussehen. Oft sind dann alle Straßen und Pfützen in Kiefernnähe von diesem gelben Staub gefärbt. Früher wurde er von Schamanen gesammelt und für Feuerzauber verwendet, denn er verbrennt mit einer Stichflamme, wenn er in die Glut geworfen wird.[171] Die dunkelroten weiblichen Blüten entwickeln sich nach der Bestäubung zu Zapfen, den bekannten »Kienäppeln«. Einerseits ist die Kiefer mit ihrer 3–5 Zentimeter dicken Rinde der am besten gegen Waldbrand geschützte Baum. Andererseits gibt es einige Kiefernarten, die ihre Samen nur nach Waldbränden freigeben. Das Feuer schmilzt das Harz in den Zapfen, und die freigelegten Samen haben auf dem von Konkurrenz befreiten Boden gute Wachstumsmöglichkeiten. Man nennt diese Bestände dann »Brandkiefernwälder«.[172]

Die Luft in Kiefernwäldern ist fast keimfrei, weil die Bäume durch ihre Nadeln Phytonzide verströmen. Das sind Pflanzenstoffe, die antibiotisch und desinfizierend wirken. Deshalb hilft ein Spaziergang im Kiefernwald bei Erkältungen und Bronchitis. Nicht nur Kiefern produzieren diese Stoffe, um den Befall durch unerwünschte Schadinsekten zu mindern, noch intensiver verfolgt der Walnussbaum diese Strategie. Hast du schon einmal unter einer Walnuss gesessen? Kaum Insekten, kaum Gras am Boden – der Baum sondert über die Blätter und die Nussschalen Giftstoffe ab, um sich Lästiges fernzuhalten.

Für uns Menschen haben diese Stoffe durchaus Vorteile. Sie sind nicht nur Ursache der würzigen Waldluft, die wir so gern riechen, sondern stärken auch unser Immunsystem. Man vermutet, dass diese Stoffe sogar gegen Krebs helfen und einen Waldspaziergang so gesund machen.[173] Mit

171 Vgl. W.-D. Storl: Pflanzen der Kelten.
172 Vgl. Geo kompakt: Unser Wald, Nr. 52.
173 Vgl. C. Richter: Phytonzidforschung – ein Beitrag zur Ressourcenfrage.

Kiefernharz, dem »Waldweihrauch«, und den Nadeln kann man räuchern und Räume reinigen. Danach kann man wieder besser durchatmen – auch in schwierigen Zeiten!

Schuldgefühle und Selbstvorwürfe verwandeln sich. Erlösung geschieht.

Die Kiefer gibt Energie, Lebensfreude und Leidenschaft. Sie kann helfen, das innere Licht zu finden und in die Welt zu bringen. Sie hilft besonders Menschen, die antriebslos, lustlos, traurig oder schwermütig sind, Probleme anzupacken und Ideen zu verwirklichen. Feuer hat eine große transformatorische Heilkraft. Selbst lang angestaute Tränen und Trauer können sich lösen und wandeln. Außerdem stärkt die Kiefer das Selbstvertrauen und das Selbstwertgefühl, verringert dadurch das Bedürfnis, durch viel reden im Mittelpunkt zu stehen.[174] Wer möchte da nicht einmal den einen oder anderen Zeitgenossen unter eine Kiefer setzen? Die Ausstrahlung der Kiefer wärmt das Herz und versetzt uns in die Lage, zu verzeihen und uns von Selbstvorwürfen und Schuldgefühlen zu befreien. Menschen, die mit dem Kiefer knirschen, haben oft mit Schuldgefühlen zu tun – auch da kann der Namensvetter helfen!

Kiefernnadeln wurden früher als »Waldwolle« für Polster, Kissen und Matratzen genutzt. Dazu wurden die Nadeln so lange in Wasser eingeweicht, bis die Außenhaut sich löste und das watteähnliche Gewebe austrat.[175] Man schläft gut und erholsam darauf! Die Zapfen der Schirmkiefer (Pinie) und der Zirbelkiefer enthalten auch für Menschen schmackhafte und gesunde Nüsschen, die meist unter dem irreführenden Namen »Zedernüsse« verkauft werden.

Kiefernholz war schon immer ein beliebtes Bauholz – nicht erst, seitdem es IKEA gibt. Aufgrund des hohen Harzgehaltes ist es witterungsbeständig. In Norwegen gibt es 800 Jahre alte Kirchen aus Kiefernholz. Schon die alten Ägypter wussten vor 4000 Jahren um die keimtötenden Eigenschaften des Harzes und mumifizierten ihre Toten mit dem daraus gewonnenen Terpentin. Aus Kienöl wird noch heute Kolophonium gewonnen, das »Geigenharz« zum Bestreichen der Geigenbögen. Zudem wird Kiefernharz zur Herstellung von Ölfarben, Lacken und Holzteer (Pech) verwendet. Letzteres dient zum Abdichten von Fässern und Booten.[176] Außerdem gibt es Kieferteerseife, die bei Ekzemen und Schuppenflechte helfen kann.

174 Vgl. R. A. Strassmann: Baumheilkunde.

175 Vgl. S. Fischer-Rizzi: Blätter von Bäumen.
176 Vgl. S. Fischer-Rizzi: Blätter von Bäumen.

Kiefern besuchen

Das Land Brandenburg, die »Sandkiste Deutschlands«, ist die Kieferngegend. Hier haben Kiefern einen Anteil von 70 Prozent am Gesamtwald (in Nordrhein-Westfalen sind es gerade einmal 7 Prozent). Da die Kiefer ein geselliger Baum ist, gibt es hier im Wesentlichen Kiefernmischwald mit Eichen, Ulmen(!) und Kreuzdorn. Empfehlen kann ich die Naturschutzinsel **Buhnenwerder** im Breitlingsee, westlich der Stadt Brandenburg, auf der viele einheimische und exotische Kiefern wachsen. Die Jeffreys-Kiefer dort hat bis zu 25 Zentimeter große Zapfen!

Der Lorenzer Reichswald im Südosten **Nürnbergs** (Bayern) gilt als der älteste Kulturwald Europas. Nach Jahrhunderten des Raubbaus führte der Nürnberger Ratsherr Peter Stromer 1368 den ersten erfolgreichen Versuch durch, verödetes Land mit Nadelhölzern wieder aufzuforsten, die »Nürnberger Nadelwald-Saaten«. Er gilt damit als Vater des forstlichen Nachhaltigkeitsgedankens. Ganz uneigennützig war das nicht, denn seine Familie verdiente gut an der Holznutzung![177]

177 Vgl. D. Dörner: Vom Urwald zum Kulturwald.

Selbstcoaching mit der Kiefer: Mein Licht in die Welt bringen

»Auf tausend Menschen, die bereit sind,
etwas Großes zu tun, kommt einer,
der bereit ist, etwas Kleines zu tun.«
(George MacDonald)

Die kleine Quelle (ein afrikanisches Märchen)[178]

Eines Tages kam eine große Trockenheit über das Land. Zuerst verdorrte das Gras, es wurde braun und grau. Dann welkten die Büsche und verloren traurig ihre Blätter. Kleinere Bäume starben ab und ragten wie knöcherne Besen in den wolkenlosen Himmel. Der Regen blieb immer noch aus, und das Land wurde zu einer staubigen Einöde. Selbst der Morgen erwachte ohne die Erfrischung des Taus. Tiere verdursteten. Nur wenige hatten die Kraft, aus der tödlichen Wüste zu fliehen. Die Dürre dauerte an. Nun waren auch die alten und starken

178 www.pastorale-informationen.de/743-Exerzitien-und-Spiritualit%E4t/1535-Weiter-wachsen/14931,Zusatzmaterial-zu-Woche-4.html.

Bäume, deren Wurzeln tief genug in die Erde hinabreichten, bedroht. Langsam verloren sie ihre Blätter und das schattenspendende Kleid. Brunnen und Flüsse, Quellen und Bäche trockneten aus. Eine einzige Blume war am Leben geblieben, weil eine ganz kleine Quelle immer noch ein paar Tropfen Wasser für sie bereithielt. Doch die kleine Quelle mitten in der Einöde war ganz verzweifelt: »Alles vertrocknet und verdurstet, verdirbt und stirbt. Was hat es noch für einen Sinn, dass ich ein paar Tropfen Wasser aus der Erde hole, um eine einzige Blume zu erhalten?« Ein alter, ehemals kräftiger Baum stand in der Nähe. Er hörte die Klage und sagte zur Quelle: »Niemand erwartet von dir, dass du die ganze Wüste zum Blühen bringst. Deine Aufgabe ist es, einer Blume das Leben zu erhalten. Mehr nicht!«

Innenreise

Schließe deine Augen, und lenke deine Aufmerksamkeit in dein Herz. Verbinde dich mit deiner Herzensenergie, mit deinem inneren Licht. Gehe nun in deiner Vorstellung zu einer Kiefer, vielleicht in ein kleines Kiefernwäldchen. Eine Kiefer zieht dich besonders an, scheint dich geradezu einzuladen. Sieh dir den Baum an mit seiner feuerroten Rinde, seinen dunklen Zapfen und den langen Nadeln. Befühle sie. Kannst du spüren, wie spitz und gleichzeitig flexibel sie sind? Kannst du den erfrischenden, würzigen Duft der Kiefer riechen? Vielleicht blüht deine Kiefer gerade und sieht aus wie mit brennenden Kerzen geschmückt. Sie ist der Feuerbaum, sie bringt Licht in die Welt und steht auch für die Leidenschaft, für etwas zu brennen. Kannst du ihre Energie wahrnehmen? Setze dich zu ihr mit dem Rücken an ihrem Stamm. Die Kiefer ist der »gute Kumpel« unter den Bäumen. Sie kann auch für dich der Freundschaftsbaum sein.

Betrachte nun dein Leben, ob da etwas in dir schlummert, was ans Licht, in die Welt will. Etwas, was du dich bisher nicht oder nur halbherzig getraut hast zu zeigen. Das kann eine kleine Sache sein, z. B. dich mit eigenen Ideen in ein Projekt einzubringen oder einmal deine Meinung zu einem Thema zu sagen. Vielleicht würdest du gern schreiben, malen oder singen, wenn du die richtige Ermutigung bekommen würdest? Es kann auch eine Situation sein, in der du dich bisher nicht oder nicht in vollem Umfang getraut hast, deine Liebe, dein Mitgefühl, deine Herzensqualitäten zu zeigen. Es kann auch etwas Größeres sein, z. B. eine tief in dir sitzende, neue Idee, ein nie dagewesener Weg, ein innerer Auftrag, für den du brennst, vielleicht ist es sogar deine Lebensaufgabe. Lasse jetzt kommen, was kommen will! Sei innerlich still, und empfange.

Du sitzt in dem Kiefernwäldchen bei deiner Kiefer, deinem Kumpel. Frage dich, was dich bisher daran gehindert hat, dein Licht, deine Idee, deine Meinung … in vollem Umfang in die Welt zu bringen. Meinst du, dass sie nicht gut genug sind, dass du noch nicht gut genug bist? Vielleicht ist in dir ein riesiger Anspruch, den du meinst, erfüllen zu müssen, bevor du mit deinen Qualitäten, deinem Sein in die Welt gehen kannst? Glaubst du, dein Beitrag sei zu gering? Welche Ängste melden sich jetzt? Hast du Angst, dass du zurückgewiesen wirst? Vor Kritik, vor Ablehnung? Gibt es eine Traurigkeit in dir, sind da vielleicht Selbstvorwürfe, oder fühlst du dich schuldig? Verdammst du dich für Fehler, die du früher einmal gemacht hast? Schaue hin, was in dir ist!

Sobald du bereit bist, lasse dich von der Kiefer mit ihrer Feuerenergie halten. Fühle jetzt, was zu fühlen ist! Die Ängste, die Zweifel, das Nicht-gut-genug-Sein, das Nicht-wichtig-Sein … Die Kiefer kann dir helfen, all dies zu wandeln, denn Feuer ist die höchste transformatorische Kraft. Lasse die alten Ängste und Zweifel verbrennen! Und wenn Müdigkeit und Trägheit in dir sind, lasse auch sie brennen und sich verwandeln! Bitte innerlich um Transformation, bitte um Heilung, bitte um Befreiung!

Du fühlst die Befreiung von den alten Ängsten und Zweifeln! Lasse deine Herzensenergie vom brennenden Kienspan entflammen. Erlaube deinem inneren Licht, zu wachsen, füttere es, sodass es dein Herz ganz ausfüllt. Schließlich strahlt die Flamme deines inneren Lichts, deiner Herzensenergie, über dein Herz hinaus und füllt deinen ganzen Körper aus. Kannst du deine Leidenschaft, dein Brennen für das, was du zu geben hast, fühlen? Vielleicht ist dieses Gefühl noch ganz schwach, dann lasse es jetzt von der Kiefer anfachen. Du spürst, wie es wächst und deutlicher fühlbar wird. Und nun verbinde dich wieder mit deinem Thema, deinem inneren Auftrag, deinem Licht, deiner Idee, mit dem, was durch dich in die Welt will. Lasse dich darauf ein, alles dafür zu geben und vielleicht auch deine Mitmenschen mit deiner Leidenschaft dafür anzustecken. Die Kiefer ermutigt dich jetzt, das zu tun, was du tun möchtest, und zeigt dir, wie du mit der entfachten Leidenschaft, deinem hell brennenden inneren Licht, dem Feuer in dir, genau das in die Welt bringst. Lasse dir ganz konkret zeigen, wie es gehen kann. Stelle dir vor, wie die Welt durch dein Sein, dein Dich-Zeigen ein Stück heller, heiler, bewusster, vielleicht liebevoller wird!

Dein Kiefernkumpel gibt dir ein Symbol, mit dem du dich immer wieder an diese Energie anbinden kannst. Vielleicht ist es ihre rot gescheckte Rinde, vielleicht auch ihre Blüten, die wie Kerzen die Welt erleuchten, oder ein Kiefernzapfen. Schaue, wie dieses Symbol jetzt innerlich zu dir kommt.

Wenn in deinem Alltag dein inneres Licht vielleicht gerade nicht so hell strahlt, dann stelle dir das Symbol vor, und verbinde dich innerlich spürend wieder mit der Energie der Kiefer. Sieh, wie dein Licht aufflammt: über dich hinaus in die Welt. Füttere dieses Feuer weiter mit dem roten Holz der Kiefer, damit es heiß und stark in dir brennt und über dich hinauswächst – hinein in deine Mitwelt, die gerade deine Herzensqualitäten, dein Licht, deine Liebe braucht. Die langen spitzen Nadeln der Kiefer piksen dich vielleicht und sagen zu dir: »Traue dich! Bringe dein Licht in die Welt – mit deiner ganzen Leidenschaft! Zeige dich! Verstecke dich nicht länger! Du wirst gebraucht. Leiste bitte deinen Beitrag!« Du musst nicht die ganze Welt retten, sondern nur deinen Anteil am Gelingen des großen Ganzen beitragen.

Bedanke dich abschließend bei der Kiefer für ihre Hilfe, bedanke dich bei deinem inneren Licht, das dich auf deinem Weg begleitet und unterstützt, und bedanke dich bei dir selbst, dass du dich darauf eingelassen hast, dein Licht noch stärker in die Welt zu bringen.

Bleibe in dieser Feuerenergie mit deinem stark brennenden inneren Licht, wenn du jetzt langsam wieder im Hier und Jetzt ankommst, deinen Körper spürst und dann die Augen öffnest.

WEISSDORN, HAGEDORN, SCHLAFDORN, MEHLDORN, FEENBIRNE

Einheit von Denken und Fühlen, meine Herzensmitte finden

Eingriffeliger Weißdorn (Crataegus monogyna), Familie der Rosengewächse (Rosaceae)

Der Baum

Der Weißdorn ist ein Rosengewächs, mit der Rose auch eng verwandt, und wurde früher auch als »Rose« bezeichnet. Er ist ausdauernd mit tiefgreifenden Wurzeln und mag nahrhaften Boden, wächst von der Ebene bis in Berglagen von etwa 1500 Metern. Weißdorn kann zwar als kleiner, bis 10 Meter hoher Baum gedeihen, ist aber viel häufiger als Strauch zu finden und kann bis zu 600 Jahre alt werden. Er ist eine typische Heckenpflanze – daher der Name Hagedorn (»Hag« von »hegen«, »schützen, pflegen«) – und verbindet Wald und Weide bzw. Acker. Durch seine Dornen bildet er ein fast undurchdringliches Gestrüpp, das Vögel als Nistplatz und im Herbst als Nahrungsvorrat nutzen. Bauern schätzten diese Hecken früher als Schutz vor Wildtieren und Wind. Weißdorn ist einer der wichtigsten Unterstützer der Vogel- und Insektenwelt: Neben Bienen gibt er mehr als 100 Schmetterlingsarten Nahrung und Herberge.[179] Auch unsere Vorfahren schliefen oft geschützt und sicher in einem Hag aus Weißdorn. Aber er schützt nicht nur Äcker und Vögel, sondern behütet auch oft Quellen und Brunnen. Menschen gibt er einen erholsamen Schlaf und steht ihnen auch bei Reisen in andere Dimensionen bei.

Bei den Kelten war der Weißdorn einer der wichtigsten Kraftbäume.[180] Unsere Vorfahren glaubten, dass Weißdorn vor bösen Zauberkräften schützt, weshalb Amulette aus Weißdornholz beliebt waren, ebenso Weißdornzweige über der Stalltür. Dornröschen wurde bei ihrem 100-jährigen Schlaf vermutlich von einer Weißdornhecke bewacht. Außerdem unterstützt Weißdorn das Herz, stärkt den Herzmuskel, hilft bei Durchblutungsstörungen und ist krampflösend. Weißdorn kann sowohl hohen als auch niedrigen Blutdruck regulie-

179 Vgl. S. Hille-Rohde: Der Weißdorn, Ökoporträt 16.
180 Vgl. W.-D. Storl: Pflanzen der Kelten.

ren. Er gleicht Interessenlosigkeit, Konzentrationsschwäche und Müdigkeit, aber auch Überaktivität aus.[181] Weil seine Anwendung nebenwirkungsfrei ist, ist er sogar für Schulkinder geeignet. Er wirkt beruhigend bei nervösen Störungen und kann helfen, wenn uns etwas »auf dem Herzen liegt«.

Die Weißdornblüte ist ein Bote des Frühlings, und der Baum gilt als die weiße Frühlings- und Fruchtbarkeitsgöttin, was man sofort versteht, wenn man einem blühenden Weißdornstrauch begegnet. Bei den Griechen wurde der Weißdorn mit Liebe, Fruchtbarkeit und Schönheit assoziiert. Seine Zweige schmückten häufig Traualtäre und Hochzeitstafeln.

Auch zum Weißdorn gibt es Wetterregeln, z. B.: »Gibt's viel Weißdorn und viel Schlehen, bringt der Winter kalte Zehen. Blüht der Weißdorn viel zu früh, schneit's noch viele Flocken Schnee.«

Der Weißdorn hat nicht bloß beide Geschlechter auf einem Baum – ist »einhäusig«, wie die Biologen sagen –, sondern sogar zweigeschlechtliche Blüten, d. h. männliche und weibliche Anteile in einer einzigen Blüte. Näher können sich die Geschlechter kaum sein. Die Pflanze hat Dornen und gleichzeitig ein prachtvoll weißes Blütenkleid: Männlich und Weiblich in einem, Schutz und offene Schönheit, Mars und Venus, Hell und Dunkel, Hart und Sanft, Abwehrendes und Nährendes. Der Weißdorn steht für die Kraft der Einheit und ist ein Symbol für das perfekte Zusammenspiel der männlichen und weiblichen Anteile in uns. Dadurch können wir unsere Herzensmitte finden. Herz und Verstand sind im Gleichgewicht, Denken und Fühlen ergänzen sich zur Einheit.

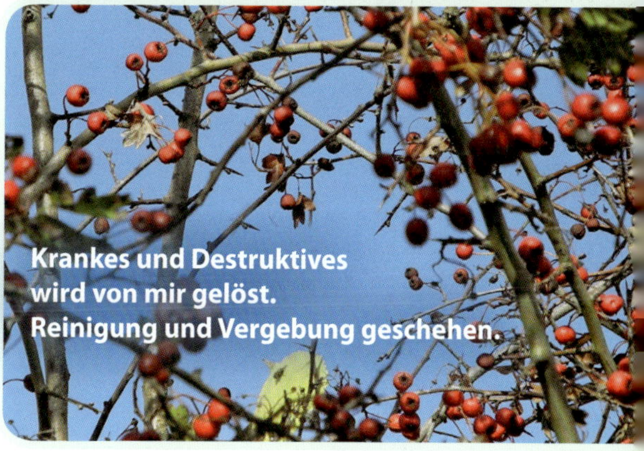

Die roten Beeren sind essbar und sehr nahrhaft, aber recht mehlig (daher der Name »Mehldorn«), und können zu Tee oder Marmelade verarbeitet werden. Von Ausgrabungen weiß man, dass schon die neolithischen Bauern vor mehr als 10 000 Jahren ihren Speiseplan mit Weißdornbeeren ergänzten. In Notzeiten nutzte man gemahlene Weißdornfrüchte als Mehlersatz, die gerösteten Kerne als Kaffeeersatz und die jungen Blätter als Tabakersatz.[182] Der lateinische Name »Crataegus« kommt von »krataios« und bedeutet »stark, fest, kräf-

181 Wenn man Blüten für Tee sammelt, sollte man den Weißdorn sicher vom Schwarzdorn, der Schlehe (Prunus spinosa), unterscheiden können. Im Aussehen ähnlich, gehören sie beide den Rosengewächsen an. Wichtigstes Unterscheidungsmerkmal sind der Blattaustrieb und die Blätter selbst: drei- bis fünflappig beim Weißdorn, eiförmig beim Schwarzdorn. Während der Schwarzdorn vor dem Blattaustrieb blüht und dadurch die schwarzen Zweige deutlich sehen lässt, blüht der Weißdorn kurz nach dem Blattaustrieb.

182 Vgl. S. Hille-Rohde: Der Weißdorn, Ökoporträt 16.

tigend« (auch »Ziegen kräftigend«). Einerseits hat das mit dem harten Holz zu tun, andererseits wurde der Strauch im alten Griechenland als Ziegenfutter genutzt.[183] Sein Holz ist sehr hart, zäh, spröde und schlecht spaltbar. Früher wurden Spindeln, Dreschflegel, Haushaltsgegenstände und Spazierstöcke daraus gefertigt.

Der Weißdorn steht für Reinigung und Vergebung und kann helfen, das Selbstvertrauen zu stärken. Er nimmt Krankhaftes und Destruktives von uns. Unsere Ahnen glaubten, dass er der Sitz von Feen und guten Geistern sei. Ein uraltes Gedicht, vor ca. 3500 Jahren niedergeschrieben, beschreibt eine Reinigungs- und Gesundungszeremonie, bei der Mensch und Tier durch ein Tor aus Weißdornzweigen kriechen:

»Du bist ein Weißdornstrauch, im Frühling kleidest du dich weiß, zur Zeit der Ernte aber kleidest du dich blutrot, dem Schaf, das unter dir hinweggeht, rupfst du das Wollvlies, dem Rind, das unter dir hinweggeht, rupfst du das Fell, so ziehe auch eben diesem Menschen, der durch das Tor hindurchgeht, Böses, Unreines und den Zorn der Götter hinweg.«[184]

183 Vgl. K. Harz: Bäume und Sträucher.

184 F. Hageneder: Der Geist der Bäume.

Weißdorn besuchen

Der wohl berühmteste Weißdorn ist der in **Glastonbury,** genauer: in der Glastonbury Abbey, einer ehemaligen Benediktinerabtei in der Grafschaft Somerset, England, 10 Kilometer südlich von Wells. Der Legende nach soll Josef von Arimathäa, ein Jünger Jesu, in Glastonbury seinen Wanderstab aus Weißdornholz in den Boden gerammt haben, der sogleich wurzelte und grünte. Dieser Weißdorn blüht tatsächlich zweimal im Jahr, einmal im Frühjahr, das zweite Mal etwa zur Weihnachtszeit – daher der lateinische Sortenname »biflora«. Er wurde jedoch während des Englischen Bürgerkriegs (1642–1649) abgeholzt. Aus einem Steckling wurde ein neuer Busch gepflanzt, der zusammen mit etlichen weiteren in und um Glastonbury wächst. Interessant ist, dass nur Exemplare aus Veredelung die zwei Blühphasen aufweisen, nicht aber die aus Samen gezogenen. Seit 1929 wird jedes Jahr ein Zweig des Busches zur englischen Königin gesandt, der ihren Weihnachtstisch schmücken soll.[185]

185 Vgl. de.wikipedia.org/wiki/Glastonbury_Thorn.

Selbstcoaching mit dem Weißdorn: Einheit von Denken und Fühlen, meine Herzensmitte finden

»Verstand ohne Gefühl ist unmenschlich,
Gefühl ohne Verstand ist Dummheit.«
(Egon Bahr)

In der folgenden Innenreise geht es um das Zusammenspiel von inneren Persönlichkeitsanteilen. Im Coaching wird das die »Arbeit mit dem inneren Team« genannt. Vermutlich kennst du das, dass manchmal dein fühlender, intuitiver, empfangender Anteil etwas weiß oder möchte und dein rational denkender Anteil dagegenargumentiert. Oder umgekehrt, dass dein rationaler Verstand etwas tun will und deine Intuition sagt »lieber nicht«.

Das Ziel dieser Innenreise ist, dass dein rationaler Verstand, der im Folgenden »innerer männlicher Anteil« genannt wird, und dein fühlendes, intuitives Wesen, das im Folgenden dein »innerer weiblicher Anteil« genannt wird, sich kennen-, schätzen und respektieren lernen, damit sie einander ergänzen. Dadurch werden sie mitstatt gegeneinander oder jeder für sich allein in dir wirken. Hierfür ist es meiner Erfahrung nach hilfreich, vielleicht sogar notwendig, dass alte Verletzungen, die diese Anteile erfahren haben, geheilt und vergeben wurden. Hierbei kann der Weißdorn mit seinen besonderen Qualitäten helfen.

Auch bei dieser Innenreise gilt: Sollte das Thema sehr intensiv für dich sein, insbesondere, wenn körperlicher oder psychischer Missbrauch stattgefunden haben, dann wende dich bitte an einen Psychologen oder eine Therapeutin.

Firstman (eine Geschichte der Wampanoag-Indianer)

Firstman, der erste Mensch, war noch allein in der Welt und wusste nicht, was er tun sollte. Er verstand nicht, wofür alles da war und wie es funktionierte. Da sah er Maushop, der damit beschäftigt war, neue Dinge zu machen. Er ging hin zu ihm und fragte: »Entschuldige, ich bin neu hier. Kannst du mir sagen, was ich hier soll?« – »Oh, tut mir leid, Firstman, aber ich bin gerade sehr beschäftigt. Warum fragst du nicht deine Großmutter?«

»Meine Großmutter? Ich wusste nicht, dass ich eine Großmutter habe. Oh ja, ich möchte meine Großmutter sehen. Wo ist sie?«

»Sie wohnt in dieser Hütte, gleich da über den Fluss.«

Firstman war ganz aufgeregt. Er lief hinunter zum Fluss und wollte gleich darübergehen. Er hatte ja noch nie Wasser gesehen und wusste daher nicht, wie weich es war. Er ging im

Wasser unter, und die Strömung riss ihn mit sich und warf ihn an das Ufer zurück. Als Firstman bemerkte, dass ihn das Wasser nicht tragen würde, fing er an, Erde zu holen, und versuchte, einen Pfad über das Wasser zu bauen. Aber der Fluss nahm natürlich alles auf und schwemmte es weg. Dann rollte er große Felsblöcke in den Fluss, aber sogar die wurden vom Wasser fortgespült.

Firstman setzte sich am Ufer nieder und begann, nachzudenken. Da bemerkte er einen großen Ast, der den Fluss hinuntertrieb und auf dem ein Vogel saß und gemütlich mitfuhr. »Aha!«, dachte Firstman, »so geht das also.« Er holte sich einen Baumstamm und setzte sich darauf. Der Baum trug ihn beinahe. Er holte sich noch einen zweiten und setzte sich auf beide. Und jetzt wurde er schon gut getragen. Er holte sich noch einen dritten Stamm, band alle drei mit Baumrinde zusammen, holte sich einen Ast als Ruder und manövrierte sich so ans andere Ufer.

Wie war er stolz, als er drüben ankam. Er stand da und betrachtete sein Floß eine Weile. Dann erinnerte er sich an seine Großmutter und lief los, um zu ihrer Hütte zu gelangen.

Die Großmutter freute sich, ihn zu sehen, hieß ihn, sich zu setzen, und bot ihm Maissuppe an. Firstman war so aufgeregt über alles, was gleich am ersten Tag passiert war, wie er es geschafft hatte, über den Fluss zu kommen, und er erzählte und erzählte …

Dann sagte er: »Großmutter, Maushop sagte, ich kann dich fragen, was ich in dieser neuen Welt tun soll. Kannst du es mir sagen?«

»Nun, Firstman, du hast gerade deine erste Lektion gehabt. Dein Herz hat dir gesagt, dass du kommen sollst, um mit mir zu sprechen. Und dein Verstand zeigte dir, wie du über den Fluss kommen konntest. Und das ist die Lektion: Folge immer deinem Herzen, wenn du wissen willst, was du tun sollst. Und wenn du wissen willst, wie du etwas tun sollst, dann benutze deinen Verstand. Und nie umgekehrt.

Benutze immer deinen Verstand, damit er dir zeigt, wie du der Richtung deines Herzens folgen kannst. Denn nur das Herz weiß etwas über die Liebe und die Schönheit und die Führung des Schöpfers.«

Innenreise

Bist du bereit, dich »rupfen« zu lassen? Bist du bereit, dir alte Verletzungen nehmen zu lassen, gereinigt zu werden und zu vergeben?

Dann schließe jetzt deine Augen, und lenke deine Aufmerksamkeit in dein Herz. Verbinde dich mit deiner Herzensmitte, die durch den Weißdorn repräsentiert wird, und lade deine Herzensintelligenz ein, dich bei diesem Prozess zu führen und zu begleiten.

Der Weißdorn hat nicht nur beide Geschlechter auf einem Baum, sondern in einer einzigen Blüte – ganz nah beieinander. Er ist ein Symbol für das perfekte Zusammenspiel der männlichen und weiblichen Anteile in uns – die Einheit von Denken und Fühlen.

Stelle dir nun vor, wie du auf einer Wiese stehst. Die Frühlingssonne scheint und wärmt dich. Sieh dich um: Du stehts inmitten einer in voller Pracht blühenden

Weißdornhecke, in ihrem Schutz, von ihr umgeben. Kannst du den süßen Duft der weißen Blüten riechen? Kannst du die spitzen Dornen an den Zweigen sehen? Du bist absolut sicher, beschützt und behütet. Kannst du das fühlen, vielleicht zunächst ganz schwach und dann immer stärker?

Schaue nun in dich selbst hinein, und bitte deinen rational denkenden, »männlichen« Anteil und dein intuitiv fühlendes Wesen, deinen »weiblichen« Anteil, vor deinem inneren Auge zu erscheinen. Sieh sie dir an! Sind sie beide für dich sichtbar? Oder ist ein Anteil ganz verborgen, versteckt, vielleicht unsichtbar? Wie stehen sie zueinander? Schauen sie sich an oder voneinander weg? Kennen sie sich gut, oder sind sie einander fremd? Arbeiten sie schon lange in Liebe und Respekt zusammen, oder muss immer ein Anteil allein arbeiten? Schaue, wie es ihnen miteinander geht. Haben sie vielleicht Angst voreinander aufgrund erfahrener Verletzungen? Fürchten sie, dass das logisch rationale Denken oder das intuitive Fühlen zu stark werden und dominieren könnte?

Ist dein rationaler Verstand stark genug? Kannst du klar und logisch denken? Kannst du strukturiert sein in deinem Leben, in deinem Tagesablauf? Kannst du dich körperlich und auch mit Worten verteidigen? Kannst du deinen eigenen Willen ausdrücken und zielstrebig verfolgen, ein klares Ja oder Nein zum Ausdruck bringen?

Ist dein fühlender, intuitiver Anteil stark genug? Kannst du fühlen, empfangen, dich dem Leben hingeben und auch einmal die Kontrolle abgeben und einfach mitfließen mit dem Fluss des Lebens?

Sind beide Anteile in dir im Gleichgewicht? Zeigen sich beide im Außen – gleichwertig und gleichberechtigt? Agiert je nach Situation mal der eine, mal der andere Anteil? Respektieren, schätzen und ergänzen sie sich? Oder streiten sich dein rationaler Verstand und dein intuitives Gefühl oft im Inneren? Schaue, was in dir ist – bewerte es nicht!

Falls sie noch nicht respektvoll und wertschätzend zusammenarbeiten: sie fühlt, er denkt, sie empfängt, er strukturiert und führt aus, dann sind da vielleicht noch alte Verletzungen, Ängste, vielleicht auch Zorn oder Wut.

Ohne Heilung und Vergebung dieser Verletzungen ist eine wirkliche Zusammenarbeit des logisch rationalen und des intuitiv fühlenden Anteils in dir nur in Ansätzen möglich. Vergebung heißt nicht gutheißen oder rechtfertigen dessen, was geschehen ist, sondern, sich von den destruktiven Gefühlen zu befreien.

Du stehst oder sitzt inmitten eines Weißdornhags, eines von Büschen umzäunten Platzes, absolut be- und geschützt. Vor dir ist eine dichte Weißdornhecke mit weißen Blüten und spitzen Dornen. Bitte den Weißdorn, dir zu helfen, diese alten Verletzungen jetzt zu heilen und zu vergeben. Nun siehst du, wie sich ein kleiner Durchgang in der Hecke auftut – gerade groß genug, damit du hindurchschlüpfen kannst. Bleibe davor stehen, und bitte deinen rational denkenden, deinen »männlichen« Anteil nach vorn. Er soll sich an Verletzungen erinnern, die noch nicht geheilt und vergeben sind. Vielleicht ist er nicht gesehen oder nicht wertgeschätzt worden mit seinen Fähigkeiten? Vielleicht hat er sich schon lange zu helfen bemüht, hat Lösungen erdacht und umgesetzt und selten ein Danke bekommen? Vielleicht macht er sich auch selbst Vorwürfe, dass er sich hat verletzen lassen, dass er nicht stark genug war? Was auch immer sich zeigt: Sobald du bereit bist, bitte deinen männlichen Anteil, diese Verletzungen zu fühlen, seine Ängste, vielleicht seinen Zorn, seine Wut darüber. Lasse alles, was jetzt gesehen und gefühlt werden will, zu, forciere nichts und bremse nichts!

Bitte jetzt den Weißdorn vor dir, dich von diesen Verletzungen zu befreien. Und dann schlüpfe durch den Durchgang im Weißdorn. Lasse dir dabei die alten Verletzungen, Ängste, destruktiven Gefühle aus deinem Energiefeld rupfen. Reinigung, Heilung und Vergebung geschehen.

Vielleicht kann dein rational denkender Anteil sagen: »Ich vergebe denen, die mich verletzt haben, für den Schmerz, den sie mir bereitet haben, und bin jetzt frei davon.« Und: »Ich vergebe auch mir selbst, was ich mir vorgeworfen habe, und bin jetzt frei davon.« Verbinde dich noch einmal ganz intensiv mit dem Weißdorn, er stärkt und heilt dein Herz. Lasse die Liebe in deinem Herzen erwachen und immer stärker werden. Genieße das Gefühl des Friedens und der Befreiung.

Wieder siehst du vor deinem geistigen Auge die Weißdornhecke mit dem kleinen Durchschlupf. Bitte nun deinen intuitiv fühlenden, deinen »weiblichen« Anteil nach vorn. Er soll sich an Verletzungen erinnern, die noch nicht geheilt sind. Vielleicht ist er nicht gesehen oder nicht wertgeschätzt worden mit seinen Fähigkeiten? Vielleicht hat sich jemand lustig gemacht über sein intuitives Erfassen, das nicht erklärbar ist? Vielleicht wurde er zurückgewiesen oder sogar mit Liebesentzug bestraft? Vielleicht war jemand übergriffig, physisch oder psychisch, vielleicht sogar gewalttätig ihm gegenüber? Vielleicht macht er sich auch selbst Vorwürfe, dass er sich hat verletzen lassen, dass er nicht stark genug war? Erkenne, was jetzt gesehen und gefühlt werden will. Sobald du bereit bist, bitte deinen weiblichen Anteil, diese Verletzungen zu fühlen, die Ängste, vielleicht den Zorn oder die Wut. Lasse alles, was jetzt gesehen und gefühlt werden will, zu, forciere nichts, und bremse nichts!

Verbinde dich noch einmal ganz intensiv mit dem Weißdorn. Bitte ihn, dich von diesen Verletzungen zu heilen und zu reinigen. Und dann – schlüpfe durch den Durchgang im Weißdorn. Lasse dir dabei die alten Verletzungen, Ängste, destruktiven Gefühle aus deinem Energiefeld rupfen. Reinigung, Heilung und Vergebung geschehen.

Vielleicht kann dein intuitiv fühlender Anteil sagen: »Ich vergebe denen, die mich verletzt haben, für den Schmerz, den sie mir bereitet haben, und bin jetzt frei davon.« Und: »Ich vergebe auch mir selbst, was ich mir vorgeworfen habe, und bin jetzt frei davon.« Der Weißdorn stärkt und heilt dein Herz. Lasse die Liebe in deinem Herzen erwachen und immer stärker werden. Genieße das Gefühl des Friedens und der Befreiung.

Der größte Liebesbeweis, den ein Mensch geben kann, ist der, demjenigen zu verzeihen, der ihm Leid zugefügt hat. Das befreit uns aus dem Gebundensein an die negativen Gefühle dem anderen gegenüber und ermöglicht das gleichberechtigte und respektvolle Miteinander sowohl im Außen als auch zwischen unseren inneren Anteilen. Denn die logisch-rational denkende »männliche Seite« kann und muss es nicht allein schaffen. Und auch die intuitiv fühlende »weibliche Seite« kann und muss es nicht allein schaffen. Sie ergänzen, bereichern und vervollkommnen einander, gleichwertig und gleichberechtigt, gerade weil sie so verschieden sind.

Bitte sie jetzt noch einmal beide vor dein inneres Auge. Sind sie beide sichtbar? Wenn es stimmig für dich ist, lasse sie sich in die Augen sehen. Vielleicht möchten sie einander an die Hand nehmen, um ihre Verbundenheit, ihren gegenseitigen Respekt und ihr nun intensiveres Zusammenarbeiten auszudrücken. Und vielleicht möchten sie sich sogar umarmen. Genieße und feiere diese innere Ganzheit in dir – soweit es dir jetzt möglich ist.

Abschließend bedanke dich beim Weißdorn für seine Hilfe und Unterstützung, bedanke dich bei deiner Herzensintelligenz für ihre Führung, bedanke dich bei dir und deinem fühlenden, empfangenden weiblichen und deinen rational denkenden männlichen Anteil, dass sie sich darauf eingelassen haben.

Komme in deiner Zeit wieder im Hier und Jetzt an, spüre deinen Körper, und dann kannst du langsam die Augen öffnen.

HOLUNDER, HOLLER, HOLDER, ELLHORN, FLIEDERBEERBUSCH

Die Fülle in mir wachsen lassen, in die Erfüllung kommen

Schwarzer Holunder (Sambucus nigra), Familie der Moschuskrautgewächse (Adoxaceae)

Der Baum

Der Holunder, Holler oder Holder ist ein Busch oder kleiner Baum. Er ist eine der häufigsten Straucharten in Mitteleuropa. Er kommt oft ungerufen und siedelt sich selbst in der Nähe des Hauses an. Gern wächst er auch neben dem Komposthaufen oder auf Schutthalden. Seine Blätter und sein Holz riechen unangenehm, aber seine prächtigen, bis 20 Zentimeter großen, schirmartigen Blüten duften süß. Er kann das Unedle, auf dem er wächst, in Edles wandeln.[186]

Der Holunder heißt nicht nur »Baum der Holla«, er gilt in vielen Gegenden als die Hollafrau selbst, Frau Holle (»die Verhüllte«, aber auch »die Helle«[187]). Im Süden wird sie auch Percht (»die Leuchtende, Strahlende«), Perchtha oder Bertha genannt.[188] Sie liebt Quellen und Brunnen. Im Norden sagt man Elder oder Ellhorn, was sowohl »die Alte« bedeuten kann als sich auch vom germanischen »aeld«, »brennen« herleiten lässt, weil Holunder ein Mittel gegen brennendes Fieber ist.[189] Der Holunder steht für die große Erdgöttin, die weise, gutmütige Mutter, die dreifache Göttin. Ihr erster Aspekt ist ihre duftende, weiße Blütenpracht, die für Geburt und Wiedergeburt steht, auch für Fülle und Erfüllung. Dann im Sommer symbolisieren die roten Beeren Fruchtbarkeit, Liebe und Erotik.[190] Wenn die sich schließlich in schwarze Beeren verwandeln, erinnern sie ebenso wie das bleiche Holz an die Todesgöttin, die Mutter der Unterwelt, die

186 Vgl. F. Hageneder: Der Geist der Bäume.

187 W.-D. Storl: Die alte Göttin und ihre Pflanzen.

188 Berchtesgaden kommt von »Perchtes Garten, Garten der Percht«, vgl. frauenwissen.at/goettinnenlexikon.php#percht.

189 Vgl. W.-D. Storl: Die alte Göttin und ihre Pflanzen.

190 Z. B. brachten Frauen unter einem Holunder Opfer dar, um von der Göttin ein Kind zu erbitten, vgl. R. Kauderer: Heimische Bäume.

»schwarze Göttin«, die die Seelen der Toten in das Erdreich holt.[191] Der Holunder steht für den Wandel, vereinigt Gegensätze und gilt als zweischneidig: Er blüht weiß und hat schwarze Beeren. Er ist zugleich heilend und giftig, Blätter und Holz riechen unangenehm, die Blüten duften süß. Er ist ein Baum des Lebens und des Todes. Die Atmosphäre unter einem Holunder ist erdend, geheimnisvoll, manchmal unheimlich und gleichzeitig wohltuend und besänftigend.

Wir alle kennen das Märchen von Frau Holle, in dem die ungeliebte und gequälte Stieftochter in den Brunnen springt, um die verlorene Spindel zurückzuholen. Sie landet bei Frau Holle in der Unterwelt und hilft dieser bei ihrer Arbeit. Sie tut, was zu tun ist, und wird am Ende reich dafür belohnt. Die weißen Blüten des Holunders könnten das Gold der Goldmarie darstellen. Als ihre neidische Stiefschwester denselben Weg nimmt, aber bald keine Lust mehr zum Arbeiten hat, wird sie am Ende ihrer Zeit zur Pechmarie, belohnt mit den schwarzen Beeren. Der Holunder ist das Tor zwischen den Welten, der Hüter der Schwelle des Todes und auch der Schwelle des Lebens. Man kann durch ihn ins Reich der Erdgöttin reisen, auch zu den Feen und Geistern, und Verbindung mit den Ahnen aufnehmen.

In vielen Gebieten gilt der Holunder als Sitz der guten Geister, als Baum der Ahnen, als Wohnsitz des Hausgeistes, des Hüters von Haus und Hof: »Vor dem Holunder muss man den Hut abnehmen«, heißt es in vielen Gegenden. Denn er ist ein Schutzbaum. Als Räuchermittel kann er Räume reinigen und zieht destruktive Energien, Unglück, böse Geister und Krankheiten an, bindet sie und geleitet sie dann hinunter in die Unterwelt. Deshalb soll man Holunder nicht schneiden und sein Holz nicht verbrennen. Es heißt, dadurch könnten diese Energien wieder freigesetzt werden und Schaden anrichten.[192] Muss ein Holunder doch einmal beschnitten werden, kann man sein Holz der Erde zurückgeben.[193]

Der Baum kann bis zu 10 Meter hoch werden und bis zu 80 Jahre alt. Seine Zweige biegen sich auffallend zur Erde hin. Wo sie den Boden berühren, können sie neu wurzeln. Der Holunder hat eine korkige, graue Rinde, die dicht mit Lentizellen besetzt ist, die den Baum atmen lassen. Sein Holz ist hell und hat im Kern ein helles, weiches Mark, weshalb früher Flöten (italienische Panflöten), Blasrohre und Pfeifen daraus geschnitzt wurden. Das Mark wurde als Schwimmer beim Angeln verwendet. [194]

Neben der Linde ist der Holunder der wichtigste Heilbaum unserer Gegend. Er gilt als »heilende Mutter«. Früher gab es

191 Vgl. R. Kauderer: Heimische Bäume.

192 Ich habe selbst miterlebt, wie sich eine Frau eine Brandwunde zuzog: Sie sprang über ein Feuer, in dem es genau in dem Moment laut knackte, ein brennendes Stückchen Holunderholz herausflog und an ihrem Bein landete.

193 W.-D. Storl: Pflanzen der Kelten.

194 Vgl. A. Newman: Bäume. Machtvolle Zeugen des Lebens.

fast keinen Bauernhof ohne einen Holunder auf dem Grundstück. Dorthin ging man mit vielen Beschwerden. Jeder Teil des Baumes ist einerseits leicht giftig und andererseits dem Menschen hilfreich, »hold«. Die Blüten und die vitaminreichen Beeren (Holler- oder Fliederbeeren genannt, nicht zu verwechseln mit dem lila oder weiß blühenden Gemeinen Flieder, Syringa vulgaris) stärken das Immunsystem und werden heute als Begleittherapie bei der Krebsbehandlung eingesetzt.[195] Holunderblütenküchlein sind gut bei Frühjahrsmüdigkeit, und ein Tee daraus hilft bei Fieber, Erkältungen und Rheuma. Holunderbeermilch hilft gegen Kopfschmerzen, bei Kater und Leber- oder Nierenproblemen.[196]

Destruktive Energien werden gebunden und unschädlich gemacht.

Dankbar genieße ich die Fülle und die Erfüllung in meinem Leben. Großzügig gebe ich sie weiter.

Rinde und Holz riechen nicht nur für uns unangenehm, sie verscheuchen auch Insekten und Ungeziefer (siehe Seite 84). Zerstampfte Blätter sollen sogar gegen Wühl- und Feldmäuse helfen, wenn man sie in deren Gänge stopft.[197] Kutscher brachten Holunderzweige am Wagen an, um die Pferde vor Fliegen und Bremsen zu schützen.[198]

An alten Bäumen findet man oft einen Pilz, den sogenannten Holunderschwamm (Auricularia auricula-judae), der wegen seiner Form auch Judasohr oder in China Mu-Err-Pilz (»Waldohr, Baumohr«) genannt wird. Er ist mineralstoffreich, immunstärkend, durchblutungsfördernd, geschwulst- und entzündungshemmend und kann den Cholesterinspiegel senken.[199]

Der Holunder, der für die Erdgöttin steht und dem Element Erde zugeordnet wird, kann uns erden und hilft Menschen, die sich selbst oder den Boden unter den Füßen verloren haben. Ebenso kann der Holunder bei Ängsten helfen, die in der Dunkelheit und im Schlaf zunehmen.[200]

Der Holunder steht auch für die Fülle. Seine Blütenpracht ist verschwenderisch. Er kann es sich genau wie Esche und Erle leisten, seine Blätter im Herbst grün abzuwerfen, ohne die letzten Nährstoffe aus ihnen zurückzugewinnen. Damit hilft er seiner Mitwelt und bringt die Kräfte im umgebenden Boden wieder ins Gleichgewicht.

195 Vgl. W.-D. Storl: Pflanzen der Kelten.

196 Vgl. K. Allgeier: Die Heilkraft der Bäume.

197 Vgl. R. A. Strassmann: Baumheilkunde.

198 Vgl. A. Newman: Bäume. Machtvolle Zeugen des Lebens.

199 Vgl. W.-D. Storl: Pflanzen der Kelten.

200 Vgl. F. Hageneder: Der Geist der Bäume.

Holunder besuchen

Aufgrund seiner vielfältigen gesundheitsfördernden Wirkungen wird der Holunder in verschiedenen Gegenden wieder verstärkt genutzt und bekannt gemacht. So gibt es in z. B. in **Niederndodeleben,** 10 Kilometer westlich von Magdeburg (Sachsen-Anhalt) das Holunder-Kontor »Holli-Holler«. Die Vereinsmitglieder sammeln Wissen um diese uralte Kulturpflanze, pflegen aber auch den »Themen-Radweg Holunder« sowie die Holunderplantage »Elfenwiese«. Auf Anfrage kann das Holunder-Kontor besucht werden, und ein Gläschen Holunderblütenlikör gibt es meist auch![201]

Der Ort Bischofsmais im **Bayerischen Wald,** knapp 20 Kilometer nordöstlich von Deggendorf, nennt sich selbst »Holunderdorf«. Der Kurort möchte das Wissen um die vielfältigen gesundheitsfördernden Wirkungen des Holunders bewahren und seinen Bewohnern und Gästen nahebringen. Hier gibt es einen informativen Holunderpfad durch den Kurpark und nahen Wald und ein jährlich stattfindendes Holunderblüten- sowie Holundererntefest.[202]

In Holunderbeeren findet sich der natürliche rote Farbstoff Sambucyanin, der gern in der Lebensmittelindustrie für Joghurts, Soßen und Süßigkeiten verwendet wird. Aufgrund der hohen Nachfrage wird der Holunder seit einigen Jahren vermehrt kommerziell angebaut. Das weltweit größte Anbaugebiet liegt in der Steiermark um **Lieboch** in Österreich. Dort setzt inzwischen ein Viertel der Obstbauern auf den Anbau von Holundersträuchern.[203] Es werden im Moment etwa 10 000 Tonnen Holunderbeeren jährlich geerntet.[204]

201 www.holli-holler.de.

202 www.holunderdorf.de.
203 Vgl. R. Kauderer: Heimische Bäume.
204 www.holunder.com.

Selbstcoaching mit dem Holunder: Die Fülle in mir wachsen lassen, in die Erfüllung kommen

»Die Welt hat genug
für jedermanns Bedürfnisse,
aber nicht für jedermanns Gier.«
(Mahatma Gandhi)

Vom Fischer und seiner Frau (nach den Gebrüdern Grimm)

Es war einmal ein Fischer und seine Frau, die wohnten zusammen in einer armseligen Hütte. Der Fischer ging jeden Tag zum Meer und angelte. So saß er auch eines Tages dort und sah in das klare Wasser hinein. Da zuckte seine Angel, und er zog einen großen Butt heraus. Da sprach der Fisch zu ihm: »Fischer, bitte lass mich leben. Ich bin ein verzauberter Prinz. Wenn du mich tötest, würde ich dir doch nicht schmecken. Bitte setze mich wieder ins Wasser, und lass mich frei.« – »Oh«, sagte der Mann, »ein Fisch, der sprechen kann, was für ein Wunder!« Und damit setzte er ihn wieder ins Meer. Als er ohne Fang nach Hause kam, erklärte er seiner Frau: »Ich fing heute einen Fisch, der sagte, er wäre ein verzauberter Prinz, da habe ich ihn wieder schwimmen lassen.« – »Hast du dir denn nichts gewünscht?«, fragte da seine Frau. »Nein«, sagte der Fischer, »was sollte ich mir denn wünschen?« Seine Frau aber sagte: »Es ist so elend, in unserer armseligen Hütte zu wohnen. Du hättest uns ein Haus aus Stein wünschen können. Gehe noch einmal hin, und rufe den Butt. Sage ihm, dass wir ein richtiges Haus haben wollen.« Der Mann wollte nicht recht, hatte aber Angst, seiner Frau zuwider zu sein, und so ging er ans Meer. Als er dort ankam, war die See ganz grün und gar nicht mehr so klar. Zögernd stellte er sich hin und rief den Butt. Der Fisch kam angeschwommen und fragte, was er wolle. »Ach«, sagte der Mann, »ich hatte dich doch gefangen gehabt, und meine Frau sagt, ich hätte mir etwas wünschen sollen. Sie mag nicht mehr in der armseligen Hütte wohnen, sie möchte gern ein richtiges Haus aus Stein haben.« – »Gehe nur hin«, sagte da der Fisch, »sie hat es schon.«

Da ging der Mann hin, und seine Frau saß nicht mehr in der elenden Hütte, sondern in einem richtigen Haus aus Stein. Und in dem Haus war eine herrliche Stube und eine Kammer, wo für jeden ein Bett stand. Selbst ein kleiner Hof mit Hühnern und Enten und ein Garten mit Gemüse und Obst waren vorhanden. »Sieh«, sagte die Frau, »ist das nicht schön?« – »Ja«, sagte der Mann, »so soll's bleiben, nun wollen wir recht vergnügt leben.« – »Das wollen wir uns bedenken«, sagte da die Frau. Und dann aßen sie und gingen zu Bett.

So ging das wohl einige Tage. Doch schon bald war seine Frau damit nicht mehr zufrieden. Erneut verlangte sie von ihrem Mann, den Butt zu rufen und einen größeren Wunsch vorzutragen. Der Fischer teilte zwar die Wünsche seiner Frau nicht, beugte sich aber trotz wachsender Angst ihrem Willen. Nach dem Haus verlangte sie ein Schloss. Als sie auch damit nicht zufrieden war, wollte sie König, Kaiser und schließlich Papst werden. Der Butt erfüllte zwar alle Wünsche, aber je maßloser sie wurden, desto mehr verschlechterte sich das Wetter. Die See wechselte von grün zu dunkelblau und dann schwarz. Der Sturm wurde immer heftiger. Dann sprach der Fischer zu seiner Frau: »Frau, nun sei zufrieden, jetzt bist du Papst, nun kannst du nichts mehr werden.« – »Das will ich mir bedenken«, sagte die Frau. Damit gingen sie beide zu Bett.
Die Frau konnte nicht einschlafen und dachte nur immer, was sie wohl noch werden könnte. Als sie das Morgenrot sah, richtete sie sich auf und dachte, »Kann ich nicht auch die Sonne und den Mond aufgehen lassen? Mann«, sagte sie und stieß ihn mit dem Ellbogen in die Rippen, »wach auf, gehe hin zum Fisch, ich will werden wie der liebe Gott.« Der Mann war noch halb im Schlaf. Er erschrak so sehr, dass er aus dem Bett fiel. »Ach, Frau«, sagte er und fiel vor ihr auf die Knie, »das kann der Fisch nicht, Kaiser und Papst kann er machen. Ich bitte dich, gehe in dich und bleibe Papst.« Da bekam sie eine große Wut und schrie: »Ich halt's nicht aus! Willst du wohl gehen!« Da schlüpfte er in seine Hosen und lief zum Meer.
Draußen aber ging der Sturm. Er brauste so sehr, dass der Fischer kaum auf seinen Füßen stehen konnte. Der Himmel war pechschwarz, und die See ging in hohen Wellen, die weiße Schaumkämme hatten. Da schrie er und rief nach dem Butt.
Als der Fisch ihn fragte, sprach er: »Ach, meine Frau will werden wie der liebe Gott.«
»Gehe nur hin, sie hat schon, was sie verdient.« Als der Fischer zurückging, war der Papstpalast verschwunden, und seine Frau saß wieder in der armseligen Fischerhütte. Dort sitzen sie noch beide bis auf den heutigen Tag.

Innenreise

Fülle und Erfüllung entstehen, wenn der Kreislauf von Geben und Nehmen im Fluss ist, nicht stockt oder blockiert ist: Geldfluss, Liebesfluss, Freude und Wohlergehen … wenn du fokussiert bist auf deine Herzensenergie, auf das, was du schon hast, auf das, was dein Leben lebenswert macht, sind sie da, und du kannst dich mit der Erfüllung deiner Wünsche beschenken lassen, statt zu leiden, solange sie unerfüllt sind.
Und dann gibt es noch das Verlangen, die Gier, das Unbedingt-haben-Wollen. Und wenn du das Objekt der Begierde dann hast, entsteht sofort ein neuer Wunsch nach etwas, so wie bei der Fischersfrau in der Geschichte. Beim Verlangen bist du auf das fokussiert, was du nicht hast, auf den Mangel, auf das Gefühl, dass das, was du hast, nicht reicht. Dieses Verlangen und Unerfülltsein kann der Holunder wandeln in Fülle, Genuss und Sich-beschenken-Lassen. Er transformiert Unedles in Edles und erinnert uns mit seiner verschwenderischen Blütenpracht daran, dass im Universum alles in der Fülle ist.

Wenn du noch nicht in allen Bereichen deines Lebens in der Fülle und Erfüllung angekommen bist, dann schließe jetzt deine Augen, und lenke deine Aufmerksamkeit in dein Herz. Verbinde dich mit deiner Herzensenergie, bitte sie um Führung und Unterstützung.

Gehe nun in deiner Vorstellung zu einem mächtigen Holunder, der in voller Blütenpracht steht: verschwenderisch mit seinen Blüten, seinem Duft, seinem Sein. Sieh ihn an: Er hat offene Blüten, gebend, sich der Welt schenkend. Kannst du seinen lieblichen, süßen Duft riechen? Kannst du seine erdverbundene und gleichzeitig transformatorische Energie spüren? Er lädt dich ein. Setze dich unter ihn, und lasse dich von seiner Energie einhüllen!

Betrachte dein Leben, und frage dich selbst: Bist du in allen Bereichen deines Lebens in der Fülle und erfüllt wie der Holunder? Oder gibt es Bereiche, in denen es stockt, nicht frei fließt, wo du einen Mangel spürst, ein Verlangen, eine Gier nach etwas? Dann lasse ihn dir zeigen. Vielleicht bist du unzufrieden und steckst im Mangel fest. Hast du das Gefühl, dass du von etwas zu wenig bekommst? Dass du zu viel gibst? Wovon glaubst du, es reicht nicht? Wo blockierst du den Fluss des Gebens und Nehmens, indem du von deinen »Schätzen«, dem, was dir wertvoll ist, nichts abgeben willst – sei es Geld, Zeit oder auch Wissen? Woran willst du niemanden teilhaben lassen, weil du das Gefühl hast, selbst nicht genug zu haben? Hast du Angst, nicht mehr die oder der Einzige, die oder der Beste zu sein, wenn du abgibst und andere teilhaben lässt? Fühlst du dich benachteiligt? Unterlegen? Neidest oder missgönnst du anderen etwas, was du selbst nicht oder nicht genügend hast? Bist du eifersüchtig auf etwas oder jemanden? Vielleicht gibt es auch einen Bereich, von dem du weißt, dass objektiv mehr als genug da ist, und trotzdem hast du nicht das Gefühl der Fülle, der Erfüllung, des Glücklichseins damit. Kannst du etwas nicht genießen, nicht genug bekommen und gierst sofort nach mehr und anderem? Lasse dir jetzt eine Situation oder Begebenheit zeigen, in der so etwas geschehen ist oder noch geschieht. Erkenne, welcher Bereich jetzt in die Fülle, in die Erfüllung wachsen möchte!

Du sitzt unter dem mächtigen Holunder und schaust dir jetzt diesen Bereich genau an. Was ist deine Motivation hinter dem Wunsch nach Fülle und Erfüllung? Denke an das Märchen von Frau Holle: Tust du, was zu tun ist, aus Liebe heraus und wirst mit Fülle und Wohlstand beschenkt? Oder ist deine Motivation Angst, Habgier, Neid, Missgunst, es dir oder jemand anderem beweisen zu wollen? Sei ehrlich mit dir – bewerte es nicht! Bewusstheit hilft bei der Transformation. Der Holunder kann Unedles in Edles verwandeln. Mache dir bewusst, dass du in seinem Energiefeld sitzt, und bitte ihn um Hilfe!

Erkenne, was dich daran hindert, in einem Bereich in der Fülle zu sein, in der Erfüllung, im Genießen, im Gefühl des Beschenktwerdens. Was blockiert dich? Was stört den Kreislauf von Geben und Nehmen? Was schränkt den Fluss der Fülle ein? Ist dein Herz verschlossen? Bist du neidisch auf etwas oder jemanden? Ist da Angst in dir statt Vertrauen? Angst vor Armut, vor Einsamkeit, davor, nicht genug empfangen zu können? Bist du verletzt worden und kannst oder willst es nicht vergeben? Fühlst du dich schuldig für irgendetwas? Hast du jemanden verletzt? Fühlst du dich nicht wert genug für die Fülle? Hast du Zweifel am Gelingen? Was für eine Beziehung hast du zur Fülle, zum Reichtum und zum Wohlstand? Wertschätzt du sie, oder glaubst du, sie sind nicht so wichtig? Stehst du unter finanziellem Druck, der dich blockiert, bindet oder abhängig macht und dich die Chancen des Alltags nicht sehen lässt? Welche Glaubenssätze in dir stehen der Fülle, der Erfüllung entgegen? Glaubst du, es ist nicht genug da? Denkst du, du bist es nicht wert? Erlaubst du dir, in der Fülle zu sein: im Geldüberfluss, Liebesüberfluss, in Freude, Wohlergehen und Erfüllung? Erlaubst du dir, erfolgreich zu sein? Bist du offen und empfänglich für den Überfluss des Universums? Hast du es verdient? Fühlst du dich würdig? Lasse dir jetzt zeigen, was dich daran hindert, in diesem Bereich so in der Fülle zu sein wie der Holunder.

Er ist der Baum, der destruktive Energien anzieht, bindet und in die Erde leitet. Er kann helfen, Störfelder, blockierende Glaubenssätze, Ängste und Zweifel aus deinem System zu entfernen und abzuleiten. Bitte ihn nun, deine Störfelder und Blockaden zu entfernen. Er wird all die Bereiche in dir, in denen du dich im Mangel fühlst, wo der Fluss des Gebens und Nehmens stockt, wandeln. Lasse ihn für dich arbeiten! Beobachte, was in dir geschieht, welche Gefühle und Gedanken in dir auf- und absteigen: Angst, Zweifel, Minderwertigkeit, vielleicht Schuld. Bewerte es nicht! Lasse den Holunder das Unedle in Edles wandeln!

Du fühlst die Entlastung, die Befreiung von alten Ängsten, Blockaden, Glaubenssätzen, Wertungen … Kannst du spüren, dass genug da ist für dich und für alle? Vielleicht ist das Gefühl ganz schwach, dann lasse es wachsen und kraftvoller werden! Lebensfreude, Glück, Fülle und Erfüllung sind unsere Natur. Du bemerkst, wie Dankbarkeit in dir aufsteigt. Genieße sie! Erlaube der Liebe, der Herzensenergie in dir, zu erblühen! Fühle die Fülle in deinem Herzen, die Wohlstand entstehen lässt. Lasse dich beschenken mit dem, was zu dir kommen will. Öffne dich für die kleinen und großen Chancen des Alltags.

Betrachte jetzt noch einmal dein Thema: den Bereich, in dem die Fülle, die Erfüllung in dir wachsen sollten. Sieh, was du schon hast, was du schon bist. Erkenne, wie reich du bist an Geld, Wissen, Wohlergehen, Gemeinschaft. Empfinde Dankbarkeit dafür, und lasse sie wachsen!

In Fülle zu leben, hilft nicht nur dir, sondern auch deiner Mitwelt. Wenn du voll, übervoll bist mit Liebe, Wohlstand, Wohlgefühl, Glück, dann gibst du es an die Menschen um dich herum weiter und leistest damit deinen Beitrag zum Besten von allen und allem. Drücke deine Dankbarkeit und deine Wertschätzung für die Fülle, die Erfüllung und den Wohlstand in deinem Leben aus.

Bedanke dich abschließend beim Holunder für seine Hilfe, bedanke dich bei deiner Herzensenergie, dass sie dich auf deinem Weg begleitet und unterstützt, und bedanke dich bei dir selbst, dass du dich darauf eingelassen hast, vom Mangel in die Fülle, in die Erfüllung zu gehen.

Komme langsam wieder im Hier und Jetzt an, spüre deinen Körper, und dann kannst du die Augen öffnen.

MIT BÄUMEN KOMMUNIZIEREN

Einführung

> »Du wirst mehr in den Wäldern finden
> als inden Büchern. Die Bäume und die Steine
> werden dich Dinge lehren, die
> dir kein Mensch sagen wird.«
>
> (Bernhard von Clairvaux)

Vielleicht hast du dich inzwischen mit einigen oder allen Innenreisen beschäftigt, hast dein Leben betrachtet und erkannt, wo dir die Bäume mit ihren besonderen Qualitäten helfen können. Und – so hoffe ich – bist dadurch bewusster geworden und innerlich gewachsen. Vielleicht hattest du auch schon Zeit und Lust, Bäume, die dich besonders berühren, zu besuchen und ihr Wesen, ihre Ausstrahlung, ihr Sein ganz real zu erfassen. Falls du diesen Kontakt zu den Bäumen weiter intensivieren willst oder es dich interessiert, wie du diese Baumenergien selbst erfassen kannst, möchte ich dich nun zur Kontaktaufnahme mit ihnen anleiten.

In meinen Seminaren höre ich oft die Fragen: »Welcher Baum, welches Holz passt zu mir?«, »Was ist mein spezifischer Kraftbaum, mein Unterstützerbaum?« Auch hierauf gebe ich dir Antwort.

Baumbestimmung

Bäume zu identifizieren, ist nicht immer leicht. Das liegt zum einen daran, dass Bäume – genau wie Menschen – individuell sehr unterschiedlich sind und z. B. eine Eiche hier ganz anders aussieht als eine Eiche dort. Zum anderen gibt es viele eingebürgerte, ursprünglich nicht heimische Baumarten, die die Menge der Möglichkeiten sehr erweitern. Auch diese sicher zu bestimmen, erfordert Übung und Erfahrung. Auf meinen Baumspaziergängen sage ich den Teilnehmerinnen immer, dass es wichtiger ist, Kontakt zu dem Baum zu haben und die ganz persönliche Botschaft zu empfangen, als gleich seinen Namen zu wissen.

Trotzdem ist es hilfreich, wenn du weißt, mit welchem Baum du es draußen zu tun hast. Wenn du Lust hast, Bäume in der Natur zu besuchen, empfehle ich dir ein Baumbestimmungsbuch. Gerade Einsteiger können schnell Hasel- und Bergulmenblätter verwechseln oder Rot- mit Weißbuche (die ja biologisch nicht einmal miteinander verwandt sind). Auch ich kenne nicht alle Bäume. Besonders im Winter, wenn es nichts zu sehen gibt außer dem Stamm und der Form der Krone, ist es auch mir schon passiert, dass ich zwei Arten miteinander verwechselte, einmal Bergahorn mit Kastanie. Das ist im Frühjahr ganz schnell aufgefallen …

Für Einsteiger genügt z. B. der BLV-Naturführer »Bäume und Sträucher«.[1] Schön, gerade zum Mitnehmen für unterwegs, sind auch die Bestimmungskarten von Quelle und Meyer.[2] Fortgeschrittenen empfehle ich den »Kosmos-Baumführer Europa« von Spohn.[3]

Ich persönlich nehme meist kein Bestimmungsbuch mit in den Wald, sondern mache von mir unbekannten Bäumen Fotos mit den wichtigsten Merkmalen: Blatt und Blattansatz, Blüte oder Frucht, Rinde am Hauptstamm und an den Nebenästen. Nach und nach lösen sich diese »Baumrätsel« mithilfe anderer Menschen, neuer Bestimmungsbücher oder Besuchen in Arboreten oder botanischen Gärten. Dadurch schult man auch den Blick, worauf man bei den verschiedenen Baumfamilien besonders achten muss.

1 K. Harz: Bäume und Sträucher.
2 Quelle & Meyer: Die Blätter heimischer und kultivierter Laubbäume im Vergleich. Bestimmungskarten.
3 M. und R. Spohn: Kosmos-Baumführer Europa.

Eine wahre Geschichte: Bäume respektieren

»Wer durch Wälder wandert,
erlebt die Persönlichkeiten der Bäume.
Dort stehen sie schweigend und würdevoll,
doch niemals unfreundlich.
Und oft ist uns dann, als würden sie mit
voller dunkler Stimme zu uns reden.«
(John F. Carlson)

Bevor wir zu den Bäumen gehen, möchte ich dir eine Geschichte erzählen, die einer Freundin von mir vor vielen Jahren tatsächlich genau so passiert ist. Sie hatte ein Buch über »Kommunikation mit Bäumen« gelesen und war begeistert davon. Es war in der Vorweihnachtszeit, und sie fuhr in den Wald, um Tannengrün für den Advent zu holen.

Wegen des Gelesenen fragte sie den Baum, von dem sie Zweige abschneiden wollte, ob sie das dürfe. Der Baum antwortete ihr auch: Sie vernahm ein ablehnendes Gefühl. Das hatte sie nicht erwartet, und offenbar stand darüber in dem Buch auch nichts. Also fragte sie den nächsten Baum, und auch der war ablehnend, der dritte Baum ebenso.

Jetzt war sie verunsichert, und das »Reden mit Bäumen« fand sie gar nicht mehr so toll, schließlich wollte sie ein paar Zweige zum Dekorieren haben. Sie beschloss, trotz der gefühlten Ablehnung ein paar Zweige abzuschneiden. Sie hatte dabei ein mulmiges Gefühl und nahm weniger, als sie eigentlich wollte, und legte dann alles in ihr Auto.

Zu Hause öffnete sie den Kofferraum und stellte zu ihrem Entsetzen fest, dass statt der drei nur zwei grüne Zweige und ein Ast ganz ohne Nadeln im Auto lagen. Und ihre geliebte Baumschere ist auch nie wieder aufgetaucht …

Warum ich das hier erzähle? Kommunikation mit Bäumen ist in diesem Aspekt nicht anders als die mit Menschen: Wenn du mit Bäumen sprichst, dann respektiere auch ihre Antwort.
Meine Erfahrung mit Bäumen ist, dass sie manchmal, wenn auch selten, einfach nicht wollen: nicht mit Menschen kommunizieren, nichts an Menschen verschenken, einfach nur ihre Ruhe haben wollen. Respektiere das bitte! Vermutlich hat es gar nichts mit dir zu tun. Gehe dann zu anderen Bäumen, oder komme zu einem anderen Zeitpunkt wieder.

Kommunikation mit Bäumen: Lass uns in den Wald gehen!

»Bäume sind besondere Wesen.
Sie stehen aufrecht zwischen Himmel und Erde und haben viel Weisheit in sich.
Wenn du mit ihnen kommunizieren kannst, lassen sie dich daran teilhaben.«

Gehen wir in den Wald! Natürlich kannst du all diese Übungen auch im Stadtpark, in einer Grünanlage oder einem Garten machen. Lasse dich nicht abhalten, nur, weil du keinen Wald vor der Tür hast! Achte aber darauf, dass du einen Ort und eine Tageszeit wählst, wo du relativ ungestört bist. Wir Menschen können uns als Teil eines größeren Ganzen verstehen. Wir sind eingebunden, verbunden mit allem. Und in besonderen Momenten können wir diese Verbundenheit auch spüren. Im folgenden Abschnitt beschreibe ich, wie du mit Bäumen in Verbindung gehen kannst, wie du in die Kommunikation mit ihnen trittst. Vielleicht nimmst du dir bei den ersten Malen diese Anleitung mit und auch Schreib-, vielleicht sogar Malzeug, um ihre Botschaften festzuhalten und später für dich zu deuten.

Ruhig werden

Mit Bäumen kann man nicht so wie mit Menschen reden. Da Botschaften von ihnen eher intuitiv, subtil, auf Gefühlsebene oder durch innere Bilder und Symbole zu uns kommen, ist es hilfreich, vorher etwas Abstand vom kopfigen Alltagsgewusel zu gewinnen, also in eine gewisse innere Ruhe, innere Stille zu kommen. Um zu lernen, den Bäumen zuzuhören, müssen wir also zunächst den inneren Dialog beruhigen – solange wir senden, können wir nicht empfangen. Kommunikation mit Bäumen heißt im Wesentlichen: zuhören. Also Handy aus, Uhr ablegen und Zeit mitbringen! Außerdem ist es hilfreich, von einer Geisteshaltung des »Ich weiß schon alles« in einen Zustand der Offenheit, des Nichtwissens, des Sich-Einlassens und Sich-überraschen-Lassens zu wechseln. Das erleichtert die Verbindung auf Herzensebene. Es kommt bei dieser Kommunikation nicht so sehr auf die Worte an, die du sprichst, sondern auf den »Energieaustausch« zwischen dir und dem Baum. Plötzlich offenbart sich dir die Symbolsprache der Natur. Mir hilft dabei, in die Stille zu kommen, eine Zeit lang langsam und schweigend durch den Wald zu gehen und mich dabei auf meinen Atem zu konzentrieren. Zu Beginn atme ich einmal bewusst aus, um mich auf die innere Ruhe zu fokussieren. Kommen zwischendurch Gedanken auf, die mich wegtragen, dann gehe ich zurück zu meinem Atem. Nach einiger Zeit konzentriere ich mich dann auf meine Körperwahrnehmungen. Ich spüre bewusst den Boden unter meinen Füßen, nehme den Wind im Gesicht war, die Sonne, falls sie scheint, das Licht, das durchs Blätterdach fällt. Ich lausche den Geräuschen des Waldes, befühle die Rinde eines Baumes, seine Blätter, rieche den Waldgeruch … So tauche ich allmählich in die Atmosphäre und das Wesen des Waldes ein. Du hast dafür vielleicht schon deine eigenen Techniken und Rituale. Fremdgeräusche wie die von Autos oder Flugzeugen müssen übrigens nicht abgeblockt werden. Lasse sie einfach da sein, ohne ihnen Bedeutung beizumessen. Das Gleiche gilt für deine Gedanken: Lasse sie kommen, und lasse sie wieder gehen. Schiebe sie nicht weg, und mache auch kein Aufheben davon. Wenn du diesen Ablauf einige Male übst, genügt häufig schon ein Auslöser, ein kurzes Signal an dein Körper-Geist-System, dass es jetzt in die innere Stille gehen soll. Bei mir ist es das erwähnte tiefe, bewusste Ausatmen. Oft bin ich dadurch sofort innerlich ruhig und gleichzeitig hellwach.

Sobald sich die innere Ruhe eingestellt hat, kannst du zu dem Baum gehen, mit dem du kommunizieren möchtest – vielleicht, weil dich eine seiner Baumbotschaften im Buch angesprochen hat oder weil du gerade mit dem Thema der jeweiligen Innenreise beschäftigt bist. Wenn du nicht sicher bist bei der Baumbestimmung, schaue in dein Bestimmungsbuch oder lasse dir von jemandem helfen, der sich mit Bäumen auskennt, einer Gärtnerin zum Beispiel. Weißt du noch nicht, welche Baumart du besuchen willst, sondern nur das Thema, bei dem dir ein Baum helfen soll, dann hilft dir der Abschnitt »Deinen Kraftbaum finden« (Seite 175).

Vorgefertigte Erwartungen an tiefe Erfahrungen blockieren oft das Erleben, die Erfahrung und die Öffnung für die Kommunikation. Auf meinen Baumseminaren mit Gruppen berichten Teilnehmer immer wieder, sie hätten sich das so und so vorgestellt und erstaunlicherweise sei es dann ganz anders gewesen. Lasse dich wirklich ein auf das, was geschieht, und löse dich von der Vorstellung, was du gern erleben möchtest. Das ist eine der schwierigeren Übungen, bei der dich die Innenreise mit der Lärche unterstützen kann (Seite 81)!

Zwei Formen der Baumkommunikation

Du kannst einerseits aktiv, willentlich, kontrolliert und strukturiert mit Bäumen kommunizieren, wobei dein männlicher Persönlichkeitsanteil federführend, dein intuitiv empfangener weiblicher Anteil aber entscheidend beteiligt ist (siehe hierzu die Innenreise mit dem Weißdorn auf Seite 154). Oder du verbindest dich eher passiv, mitfließend, empfangend, einfühlend aus deinem weiblichen Anteil heraus. Für beide Arten gilt: Wenn du eine gute Beziehung zu Bäumen und eine klare innere Führung hast, benötigst du den folgenden Ablauf nicht unbedingt. Ansonsten kannst du das im Folgenden beschriebene Vorgehen als Richtlinie nutzen. Prüfe, ob es gerade stimmig und passend für dich ist oder du etwas anderes ausprobieren möchtest.

Der aktive, strukturierte Prozess

Wenn du »deinen« Baum vor dir hast, bleibe zunächst in einigen Metern Entfernung stehen. Sei neugierig, und lasse dich davon überraschen, was geschehen kann.

Nimm Verbindung mit deiner inneren Führung auf, und bitte diese, dich während der gesamten Übung zu begleiten. Überlasse ihr die Kontrolle.

Gehe bis auf wenige Meter an den Baum heran, und bleibe vor ihm stehen. Betrachte ihn als Ganzes.

Öffne dein Herz, nimm Kontakt zu dem Baum auf, und fühle dich ein. Begrüße den Baum, und sage ihm (laut oder innerlich, aber auf jeden Fall mit viel Gefühl), dass du gekommen bist, um mit ihm zu kommunizieren und von seiner Weisheit zu lernen. Drücke dies in deinen Worten, Gefühlen und Taten aus. Frage den Baum, ob du willkommen bist, ob er bereit ist, mit dir in Verbindung zu treten. Werde still, z. B., indem du nochmals eine Zeit lang deinen Atem beobachtest, lausche auf die Antwort, und vertraue deinem Gefühl. Es kann sein, dass du Ablehnung spürst, dass es sich unstimmig anfühlt oder du ein inneres »Nein« hörst und der Baum sich nicht für dich öffnet. Respektiere das! Bedanke dich bei ihm, und ziehe dich zurück. Gehe dann zu einem anderem Baum, oder komme später wieder. Eventuell ist nur der Zeitpunkt ungünstig: Probiere es in der Abenddämmerung, bei bedecktem Himmel bzw. dann, wenn deine innere Führung es dir sagt.

Wenn es sich stimmig anfühlt, wenn du ein Willkommen, eine Einladung, ein »Ja«

spürst oder zumindest kein schlechtes Gefühl hast, lasse die Gestalt des Baumes auf dich wirken. Konzentriere dich auf ihn als Ganzes und auf seine Besonderheiten. Sei dabei achtsam für kleine Zeichen am und um den Baum herum. Falls du eine konkrete Frage hast, bitte den Baum, sie zu beantworten. Stelle deine Frage, z. B.: »Was möchtest du mir für eine Botschaft vermitteln?«, »Warum hat mich gerade deine Botschaft oder Innenreise im Buch angezogen?«, »Was hat die Botschaft mit mir zu tun?«, »Was bedeutet sie konkret für mein Leben, meinen Alltag?«

Wenn du seine Unterstützung in einem aktuellen Prozess möchtest, erzähle dem Baum laut oder innerlich, auf jeden Fall authentisch und mit viel Gefühl, von deinem Problem, deiner Situation, und bitte ihn um Hilfe bei der Lösung. Die Worte, die du dabei wählst, sind nicht so entscheidend wie das Gefühl, dein Zustand, den du überträgst.

Was fällt dir an dem Baum auf? Was hat als Erstes deine Aufmerksamkeit erregt? Wie riecht er, wie sieht er aus (als Ganzes und im Detail: Stamm, Äste, Blätter, eventuell Wurzeln, Blüten oder Früchte)? Wächst er gerade, geneigt oder verdreht? Ist sein Stamm verästelt oder gegabelt? An welchem Platz steht er? Wie ist dein Körpergefühl in der Nähe des Baumes? Was für Gefühle, Gedanken oder Erinnerungen kommen in dir auf? Was berührt dich? Woran erinnert dich das? Gibt dir irgendeine Wahrnehmung einen Hinweis in Bezug auf deine Frage? Schreibe deine Wahrnehmungen auf, zeichne, male sie.

Frage, ob du dem Baum näher kommen darfst. Sei respektvoll, und höre auf dein Gefühl, deine innere Stimme! Wenn er zustimmt, begib dich langsam unter die Krone des Baumes und fühle dich ein. Finde deinen Platz. Wenn es stimmig ist, gehe bis zum Stamm und berühre ihn. Vielleicht möchtest du ihn umarmen oder dich mit dem Rücken an ihn lehnen, dich vielleicht auf einen Ast setzen …

Bevor du in einen Baum kletterst, hole bitte immer die Erlaubnis des Baumes ein, und sei achtsam, damit du keine Äste oder Blätter beschädigst!

Was fällt dir aus der Nähe an dem Baum auf? Wie riecht er? In welchem Zusammenhang hast du diesen Geruch schon einmal wahrgenommen? Wie sieht der Baum aus: als Ganzes und im Detail (Stamm, Rinde, Äste, Blätter, eventuell Wurzeln, Blüten oder Früchte)? Was bringt die Form oder die Farbe eines Blattes oder einer Frucht für dich zum Ausdruck? Was erkennst du darin? Nimm dir Zeit für das Zusammensein mit dem Baum. Dann fallen dir vielleicht Kleinigkeiten auf wie Ameisen oder Raupen, die den Stamm hinauflaufen, Harztröpfchen, feine Härchen an den Zweigen oder Blättern. Schließe eventuell deine Augen, und fühle den Stamm, die Äste, die Struktur eines Blattes, einer Frucht … Ertaste den Baum! Höre ihn. Rauscht es in seiner Krone? Kannst du den Saft fließen hören, wenn du dein Ohr an den Stamm hältst? Klopfe auf das Holz, und horche. Vielleicht kannst du mit der Zeit das Krabbeln der Insekten auf ihm hören.

Wie ist dein Körpergefühl hier? Welche Gefühle und Gedanken kommen jetzt spontan in dir auf? Empfindest du den Baum als mächtig, alt, jung, verspielt, einladend, abweisend, gesund, kränkelnd, abgebend, aufnehmend? Möchtest du ihn streicheln oder dich an ihm festhalten? Gibt dir irgendeine Wahrnehmung einen Hinweis in Bezug auf deine Frage? Vielleicht steigt ein Wort, ein Satz in dir auf. Schreibe deine Wahrnehmungen auf, zeichne, male sie.

Sitze oder stehe eine Weile in Stille bei dem Baum. Sei innerlich still, und lausche auf

Botschaften und Antworten. Versuche, sie mit dem Herzen zu erfassen. Vielleicht kommst du in einen meditativen Zustand, fühlst dich verbunden, womöglich eins mit dem Baum.

Komme in ein Gespräch mit dem Baum. Empfange seine Antworten auf allen Wahrnehmungsebenen. Vielleicht offenbart sich dir das tiefere Wesen des Baumes? Vielleicht stellt sich ein Gefühl des Verbundenseins mit dem Baum ein? Frage, was du fragen möchtest. Frage mit deinem Herzen, und lausche mit deinem Herzen. Bitte um eine Botschaft für dich. Du kannst auch um ein Blatt, ein Stück Holz, eine Blüte oder eine Frucht bitten. Manchmal wirst du dann auch genau da hingeführt, wo du das findest, was du nehmen kannst (z. B. einen abgebrochenen Ast in der gewünschten Dicke, oder ein Blatt fällt dir vor die Füße). Nutze das Objekt für die weitere Kontaktaufnahme von zu Hause aus.

Wenn sich der Kontakt stimmig und abgeschlossen anfühlt, bedanke dich bei dem Baum für alles, was du bekommen hast: Materielles, das Willkommensein, die Kommunikation, die Erkenntnisse und Erfahrungen. Tue das in einer für dich stimmigen Form, z. B. Danke sagen, dich verbeugen, ein Lied singen, die Rinde streicheln, dem Baum einen Stein oder Wasser bringen, herumliegenden Müll einsammeln und mitnehmen. Lasse aber bitte niemals eine brennende Kerze allein am Baum zurück, auch nicht aus Dankbarkeit! Viele Bäume sind dadurch schon ums Leben gekommen!

Verabschiede dich, und gehe achtsam aus dem Bereich des Baumes hinaus. Bedanke dich auch bei deiner inneren Führung.

Schaue dir zu Hause deine Aufzeichnungen an: Welche Wahrnehmungen geben dir Hinweise in Bezug auf deine Frage, auf dein Thema?

Fiel dir die Kommunikation leicht? Welche Antworten hast du auf deine Fragen bekommen, welche Hilfe bei deinem Thema? Bei mir läuft diese Kommunikation an verschiedenen Tagen unterschiedlich gut, und natürlich hängt sie auch vom jeweiligen Baum ab. Manche Baumarten sind tatsächlich »gesprächiger« als andere. Fange z. B. nicht gleich mit einer Tanne oder Erle an – den Zugang zu ihnen zu bekommen, ist nicht ganz leicht. Gute »Anfängerbäume« sind nach meiner Erfahrung die Espe, die Esche und die Hasel.

Mir hilft es sehr, aufzuschreiben, was mir auffällt. Durch den Prozess des Schreibens kommen mir oft Assoziationen, was das Erfahrene jetzt für mein Leben, meinen Entwicklungsprozess bedeuten kann. Außerdem ist das Erlebte am Baum ganz präsent, aber schon kurze Zeit später verblasst es schnell wieder wie bei einem Traum, aus dem man erwacht.

Der passiv mitfließende Prozess

Bei der empfangenden Kommunikation mit Bäumen ist dein weiblicher Persönlichkeitsanteil federführend. Du richtest den Fokus ganz auf deine eigene Wahrnehmung und lässt das Wollen und die Kontrolle weitgehend los. Statt also etwas Bestimmtes erfahren (und sei es eine besondere Verbundenheit) oder eine Antwort auf eine für dich gerade wichtige Frage bekommen zu wollen, basiert diese Form der Kontaktaufnahme auf Loslassen, Hingeben und Vertrauen.

Gehe zu einem Baum, den du dir ausgesucht hast oder der einladend auf dich wirkt. Komme ganz bei dir an, werde innerlich ruhig, und spüre deinen Atem. Du kannst dabei wie beim aktiven Prozess beschrieben vorgehen.

Wenn du mit einem Thema oder einer Frage gekommen bist, mache sie dir kurz bewusst, und lasse sie dann los. Übe dich in dem Vertrauen, dass die Antworten und Einsichten kommen, wenn die Zeit dafür reif ist. (Falls dir das schwerfällt, hilft dir die Innenreise mit dem Apfelbaum auf Seite 142). Nimm mit allen deinen Sinnen und auch übersinnlich intuitiv wahr. Empfange, was ist.

Lasse dein Körper-Geist-System Energie auftanken. Wenn du dich auf den Prozess einlassen kannst, wirst du bemerken, dass der Kopf allmählich von selbst stiller wird, der Körper sich entspannt, die Nerven sich beruhigen und das Vertrauen ins Sein wächst. Erlaube dir, nichts zu wissen, nichts zu kontrollieren, nur zu empfangen und geschehen zu lassen, soweit es dir jetzt möglich ist. Sei mit dem, was ist, mische dich nicht ein, verändere, kontrolliere es nicht. Lasse es geschehen, und nimm wahr, was zu dir kommt – im Außen, vor allem aber im Inneren.

Du wirst fühlen, wann der Prozess beendet ist. Bedanke dich zum Abschluss sowohl bei dem Baum als auch bei dir selbst, dass du dich auf diesen besonderen Prozess eingelassen hast. Im Nachhinein kannst du reflektieren, was du empfangen hast und was das möglicherweise für dein Leben bedeutet.

Bei mir hängt die Art der Kommunikation von meinem inneren Zustand ab. Je nachdem, ob ich gerade eher aktiv und strukturiert oder eher passiv und empfangend bin, wähle ich die entsprechende Form der Kontaktaufnahme. Manchmal wechselt die aktive Kommunikation irgendwann von selbst ins Vertrauen, Loslassen, Geschehenlassen und Empfangen.

Auf jeden Fall kannst du den Kommunikationsprozess üben, speziell, innerlich still zu werden. Dann wirst du bemerken, dass er dir mit der Zeit leichter und automatischer gelingt. Bleibe dran! Es lohnt sich, das zu lernen – Bäume haben so viel Weisheit in sich, und wenn du mit ihnen kommunizieren kannst, lassen sie dich daran teilhaben.

Deinen Kraftbaum finden

> »Du kannst nicht alles verändern.
> Nur dich selbst!
> Aber oft verändert das dann alles.«
> (Verfasser unbekannt)

Die Frage, »Welcher Baum, welches Holz passt zu mir?«, »Was ist mein spezifischer Kraftbaum, mein Unterstützerbaum?«, hat zwei Dimensionen. Zunächst geht es darum, welche Baumenergie dich jetzt, in deiner gegenwärtigen Entwicklung, am besten unterstützen und dir Kraft geben kann.
Darüber hinaus kannst du dich fragen, welche Baumenergie zu deinem Leben, zu deiner Lebensaufgabe gehört, was also in diesem Leben für dich zu lernen und zu tun ist. Welcher Baum kann dich am besten unterstützen, deinen Seelenauftrag zu erkennen und in die Welt zu bringen? Diese Frage ist von ganz anderer Tragweite, weil sie einschließt, dass du die eigene Lebensaufgabe (er-)kennst und realisieren willst.

Kraftbäume als Prozesshelfer

Beginnen wir damit, einen Unterstützerbaum für deine gegenwärtige Lebenssituation zu finden. Er begleitet dich bei dem, was im Moment in deinem Leben ansteht, was du verändern oder ans Licht bringen willst.

Einen Kraftbaum für die gegenwärtige Situation finden

Gehe in einen Wald oder Park, und werde innerlich ruhig. Öffne dein Herz, z. B. wie auf Seite 170 beschrieben.
Stelle dich an einen für dich angenehmen Platz, und nimm Verbindung mit deiner inneren Führung auf. Bitte diese, dich während der gesamten Übung zu begleiten und zu leiten. Lasse dich führen.
Denke an dein Thema, dein Anliegen, deine gegenwärtige Lebenssituation. Fühle dich in die Situation hinein, fokussiere dich darauf. Formuliere klar, worum es dir geht. Welches Anliegen hast du? Welches innere Thema soll gelöst, erlöst, geheilt werden? Wofür öffnest du dich?

Fasse dein Thema in einem Satz oder einer Frage zusammen. Wenn das nicht geht, dürfen es auch einige wenige Sätze sein. Formuliere möglichst konkret und zugleich offen, z. B.: »Ich möchte klarer sehen, was es in meiner Beziehung braucht, damit ich mehr Erfüllung finde«, nicht: »Soll ich meinen Partner verlassen?« Frage: »Was ist meine Stärke, und wie kann ich sie besser in mein Leben einbringen?«, statt: »Ist mein Job noch der Richtige?«, oder: »Wie kann ich mehr Geld verdienen?« Eigentlich immer passend ist die Frage: »Was ist jetzt wichtig für meinen Heilungs- oder Entwicklungsprozess?«

Achte auf jeden Fall darauf, so zu fragen, dass es um dich geht und um das, was du zu tun und zu lernen hast, aber nicht darum, wie andere Menschen oder äußere Umstände sich ändern sollen.

Prüfe, ob dein Satz wirklich stimmig für dich ist, indem du ihn ein paarmal so laut aussprichst, dass du dich selbst hören kannst. Berührt er dich? Bringt er dein Thema auf den Punkt? Ist er nicht nur für den Verstand, sondern auch für dein Herz richtig? Falls nicht, kannst du nacharbeiten, bis du die richtige Formulierung gefunden hast. Bitte jetzt darum, dass genau der Baum dich anzieht, der dich in diesem Prozess am besten unterstützen kann. Gehe in einen Zustand von Vertrauen und Dankbarkeit. Lasse deine Ideen, Konzepte und Vorstellungen für den Rest des Spaziergangs ruhen.

Mache jetzt ganz bewusst einen Schritt vorwärts – vielleicht über einen am Boden liegenden Ast hinweg –, und sprich dabei deinen Satz, deine Frage so laut, dass du dich selbst hören kannst. Lasse sie dann los.

Begib dich nun in einen Zustand des Empfangens, und sei wach für Antworten. Lausche nach außen und nach innen. In welche Richtung zieht es dich? Denke nicht darüber nach, ob das sinnvoll ist oder nicht, gehe einfach los, und lasse dich innerlich führen. Ein Baum wird dich anziehen, einladen, willkommen heißen. Bei ihm hast du ein gutes Gefühl, er zieht deine Aufmerksamkeit auf sich. Bewerte dies nicht, und interpretiere es auch nicht! Vielleicht musst du 10 Minuten durch den Wald oder Park laufen, bis du »deinen Baum« gefunden hast, vielleicht steht er schon direkt vor dir. Es ist jedes Mal anders … Sei dir sicher, dass es geschieht und du deinen Kraftbaum findest.

Wenn du deinen Baum gefunden hast (bzw. der Baum dich), gehe wie auf Seite 170 beschrieben vor, und tritt mit dem Baum in Kommunikation. Achte darauf, was als Erstes deine Aufmerksamkeit auf ihn gelenkt hat. Dann stelle ihm deine Fragen, sprich deinen Satz, und empfange seine Botschaft. Frage auf jeden Fall, warum gerade dieser Baum ein geeigneter Kraftbaum für dich ist.

Falls dir die Baumart unbekannt ist oder du unsicher bei der Bestimmung bist, nimm ein Blatt, eine Frucht o. Ä. mit oder mache ein Foto, sodass du ihn zu Hause identifizieren kannst. Vielleicht findest du auch ein abgebrochenes Stück Holz von ihm,

das du mitnehmen kannst, um dich von zu Hause aus wieder mit deinem Kraftbaum zu verbinden.
Wenn es sich stimmig anfühlt, beende das Treffen, und drücke deine Dankbarkeit aus. Es kommt vor, dass du für dein Thema noch einen zweiten oder dritten Baum benötigst – du wirst das spüren. Dann lasse dich zu einem weiteren Baum führen, und wiederhole den Vorgang.
Bevor du den Wald oder Park verlässt, halte kurz inne, und gehe ganz bewusst einen Schritt zurück in dein Alltagsbewusstsein – vielleicht wieder über einen Ast. Sprich dabei einen Satz der Dankbarkeit für die Erfahrungen und die Geschenke, die du bekommen hast.
Reflektiere zu Hause deine Erfahrungen. Dabei hilft es, sich vor Ort Aufzeichnungen zu machen. Schaue dir die Themen und Botschaften an, die in diesem Buch zu deinem Kraftbaum zu finden sind (ab Seite 18). Vielleicht können sie deine Erfahrungen ergänzen, dein Thema, dein Anliegen noch einmal von einer anderen Seite beleuchten. Die Eigenschaften deines Kraftbaumes können dir viel über deine gegenwärtige Situation sagen.
Kennst du einmal deinen gegenwärtigen Kraftbaum oder deine Kraftbäume, kannst du immer wieder leicht mit einem Anliegen zu ihnen gehen, dich aber auch schnell vom Sofa aus über ein äußeres oder inneres Bild, ein Stück Holz o. Ä. mit ihnen verbinden und kommunizieren.
Der Prozess fällt dir immer leichter, je öfter du ihn machst. An manchen Tagen funktioniert er besser als an anderen. Das ist von deinem Thema und deinem inneren Zustand abhängig.

Eine tägliche Kraftbotschaft

Ich selbst habe eine ganze Sammlung von knapp handgroßen Hölzern verschiedenster Baumarten (auf Seite 14 siehst du ein Foto davon). Gern ziehe ich »blind« so ein Stück Holz und verbinde mich dann innerlich mit dem dazugehörigen Baum. Meist erhalte ich dann intuitiv eine individuelle Botschaft in Form eines Gefühls, einer inneren Stimme oder eines inneres Bildes.
Wenn du keine Hölzer hast, kannst du alternativ durch dieses Buch blättern und dich von einem Baumkapitel oder einer Baumbotschaft »finden lassen«. Diese kannst du als Unterstützungsenergie, als »Kraftbotschaft« für den Tag oder die Woche verwenden. Oft passt eine solche Botschaft so genau zu der gegenwärtigen Situation, dass bisher im Unbewussten schlummernde Bilder bewusst werden und sich ein Aha-Gefühl einstellt. Falls du dann neugierig auf den Baum und seine Qualitäten geworden bist, lies das entsprechende Baumporträt, und mache auch die Innenreise dazu.

Die Tagesbotschaft empfangen

Schließe die Augen. Nimm Verbindung mit deiner inneren Führung auf, und bitte sie, dir zu helfen. Lenke deine Aufmerksamkeit in dein Herz. Öffne es so weit wie möglich.
Bitte darum, dass derjenige Baum zu dir kommt, der dich jetzt mit seiner Energie in deinem gegenwärtigen Prozess am besten unterstützen kann. Vertraue darauf, dass er dich findet.

Blättere durch das Buch – vielleicht mit geschlossenen Augen –, und stoppe an einer intuitiv gewählten Stelle. Lasse dich dabei führen!
Bedanke dich dafür, dass diese Baumenergie jetzt zu dir gekommen ist.
Lies die Botschaft des Baumes.
Schließe wieder die Augen, und spüre, was diese Botschaft mit dir macht, welche Gedanken, Assoziationen, Gefühle und Empfindungen sie bei dir auslöst. Was hat die Botschaft mit deiner gegenwärtigen Situation zu tun?
Wenn Emotionen aufkommen, nimm dir die Zeit und den Raum, sie zu fühlen.
Schließe den Prozess in Dankbarkeit ab.
Lege dir ein Lesezeichen an die Stelle, sodass du die Botschaft im Laufe des Tages mehrmals lesen kannst. Sprich sie laut aus.
Beobachte im Laufe des Tages bzw. der Woche, was diese Botschaft mit dir und deinem Alltag zu tun hat. Was wird dir dadurch bewusster? Was verändert sich dadurch? Wie ist dein Selbstwertgefühl? Traust du dich mehr als sonst? Bist du achtsamer? Hast du neue Ideen oder Impulse bekommen?
Wenn du diese Übung öfter machst, wird sich für dich ein ganz persönlicher, individueller Ablauf einspielen. Lasse dich führen, und hänge nicht an dieser Anleitung.

Seit einigen Jahren mache ich immer zu Neujahr ein »Kraftbaum-Orakel«. Dazu verbinde ich mich mit der inneren Führung und mit meinen Hölzern. (Du kannst es ganz ähnlich tun, indem du wie oben beschrieben intuitiv durch dieses Buch blätterst.) Dann bitte ich darum, dass ein Baum zu mir kommt, der mich im kommenden Jahr mit seiner Energie am meisten unterstützen kann. Das war im Jahr 2018 die Kiefer. Ihre Botschaft war: »Mein Licht in die Welt bringen.« Das mache ich jetzt dadurch, dass ich dieses Buch veröffentliche. Anschließend bitte ich um weitere 12 Bäume bzw. Baumbotschaften für jeden einzelnen Monat und bekomme diese dann auch.
Ich bin jedes Jahr aufs Neue erstaunt, wie gut die Hölzer und Botschaften mich Monat für Monat begleiten und unterstützen.

Kraftbäume als Lebensbegleiter

Welcher Kraftbaum gehört zu deinem Lebensweg und kann dir bei deiner Seelenaufgabe, deiner Berufung helfen?

Meiner Erfahrung nach finden die meisten Menschen ihre spezielle Lebensaufgabe nicht über Nacht. Es ist vielmehr ein längerer Prozess der Selbsterforschung und des tiefen Kennenlernens, auf dem sie ihre besonderen Fähigkeiten, Stärken und Qualitäten entdecken. In meiner Coachingpraxis begleite ich Menschen in den verschiedensten Stadien dieses Prozesses. Das fängt an bei: »Ich weiß überhaupt nicht, was ich hier soll – mein Leben ist so sinnlos«, geht über: »Ich weiß schon, was meine Aufgabe ist, traue mich aber nicht, das zu leben«, bis hin zu: »Ich lebe das schon zu einem großen Teil, aber es gibt immer noch Stolpersteine (im Innen oder im Außen).« Menschen, bei denen alles klar ist, kommen ja nicht zum Coaching.

Beim Erkennen und Leben der Seelenaufgabe können die Bäume in besonderer Weise helfen. Vielleicht hast du beim Durcharbeiten dieses Buches ganz neue Seiten an dir kennengelernt, oder schon bekannte Qualitäten haben sich in neuem Licht gezeigt. Den gesamten Prozess, wie du deinen Lebensweg findest und beschreitest, zu erklären, würde aber dieses Buch sprengen. Auf jeden Fall kann dir die Eberesche helfen, den eigenen Seelenauftrag zu finden. Die Eiche unterstützt dich mit ihrer Energie, diesen dann zu leben. Esche und Kiefer erleichtern es, damit in die Welt zu gehen, und von der Buche kannst du Durchhaltevermögen lernen.

Der Baum für meine Arbeit als Coach ist die Lärche, denn sie kann Menschen dazu bringen, zu erkennen, wer sie wirklich sind, und dabei unterstützen, auch dazu zu stehen. Mein ganz persönlicher Heilungsbaum hingegen ist die Ulme, weil sie einerseits hilft, das Dritte Auge zu aktivieren, und andererseits dabei unterstützt, die männlichen und weiblichen Anteile in meinem Inneren auszugleichen.

Wie du die Qualitäten und Bedeutungen der Bäume erfasst

»Die Intuition ist ein göttliches Geschenk, der denkende Verstand ein treuer Diener. Es ist paradox, dass wir heutzutage angefangen haben, den Diener zu verehren und die göttliche Gabe zu entweihen.«

(Albert Einstein)

Sich zu einem Baum zu setzen, seine Energie und Kraft zu spüren, sich mit ihm in irgendeiner Form auszutauschen, ist für mich immer wieder eine wundervolle und berührende Erfahrung. Zu mir kommen die Baumbotschaften meist intuitiv, plötzlich, unerwartet und stark. Sie fühlen sich dann stimmig und absolut richtig an. Erst später tauchen manchmal Zweifel oder ein Nachdenken darüber auf. Intuition kannst du trainieren, z. B., indem du bewusst auf den ersten Impuls achtest, Kontakt mit deiner inneren Führung aufnimmst oder intuitive Kreativitätstechniken übst (z. B. Brainstorming oder Brainwriting). Auch das Erfassen symbolischer Bedeutungen, das Ableiten passender Assoziationen fällt mit der Zeit immer leichter.

Ich nehme Baumenergien auf 4 verschiedenen Wegen wahr: über die 5 Sinne sowie übersinnlich mittels intuitiven Erfassens. Darüber hinaus kann ich viel über den jeweiligen Baum lernen, indem ich mich mit den naturwissenschaftlichen, medizinischen und handwerklichen Informationen über ihn beschäftige, aber auch mit den Überlieferungen in Märchen, Legenden, Spruchweisheiten und Bräuchen sowie der Mythologie.

Einen Baum begreifen

Du kannst mit all deinen Sinnen kommunizieren, um die physische Erscheinung eines Baumes zu erfahren. Wie sieht er aus? Was fällt dir an ihm auf? Was hat er Besonderes, was andere Baumarten nicht haben? Betrachte ihn als Ganzes und auch im Detail: Stamm, Äste, Blätter, Blüten oder Früchte, eventuell Wurzeln. Was bringt die Form eines Blattes oder einer Blüte für dich zum Ausdruck? Was erkennst du darin? Wo und wie wächst er bevorzugt (am Wasser, im Hochgebirge …)? Wie riecht er? Dazu kannst du vielleicht auch Blätter oder Holz verräuchern. Wie fühlt er sich an, wenn du ihn berührst, der Stamm, die Blätter, die Äste, Blüten oder Früchte? Die Struktur eines Blattes zu erfühlen, kann faszinierend sein! Manche sind weich und

flauschig, andere rau oder stachelig. Ist der Baum zu hören durch Rauschen oder Knarren? Wenn du sicher bist, dass er ungiftig ist, kannst du ihn vielleicht sogar schmecken (Blätter, Früchte, Rinde).
Es geht nicht darum, diese Liste bei jedem Baum komplett abzuarbeiten, sondern einfach darum, dich sinnlich auf den Baum einzulassen. Entscheidend ist, wohin sich deine Aufmerksamkeit richtet, was das Besondere für dich ist, was dir an dem Baum auffällt. Aus all dem zusammen ergeben sich dann für dich die spezifischen Eigenschaften des Baumes. Mir hilft es, wenn ich meine Wahrnehmungen aufschreibe, manchmal auch fotografiere oder zeichne. Mir kommen dadurch leichter Assoziationen, Übertragungen und symbolische Bedeutungen.
Jetzt gehst du einen Schritt tiefer mit deiner Wahrnehmung hin zum intuitiven Erfassen. Hierzu ist es hilfreich, innerlich still oder zumindest stiller zu sein als im schnelllebigen Alltag. (Eine Anleitung findest du auf Seite 170.) Es hilft auch, einige Zeit langsam und still durch den Wald zu gehen und dabei die Sinneswahrnehmungen zunächst etwas einzuschränken, z. B., indem du die Augen vor dir auf den Weg richtest und nicht auf die Umgebung. Du kannst auch mit (fast) geschlossenen Augen still an einem Baum sitzen oder stehen. Sobald sich nach einiger Zeit die Gedanken beruhigt haben, kann es losgehen.
Konzentriere dich auf das Wahrnehmen. Es geht darum, das Wesen, die Ausstrahlung, das Sein des jeweiligen Baumes zu erfassen. Wenn du mit dem Baum in Kontakt bist, horche in dich hinein. Welche Gefühle hast du, welche Körperwahrnehmungen, inneren Impulse und Assoziationen zeigen sich dir? Was hast du für ein Bauchgefühl? Welche Symbolik zeigt sich dir? Versuche bitte nicht, Intuition zu verstehen oder intuitive Wahrnehmungen zu erklären oder zu analysieren. Das geht einfach nicht, denn unsere Intuition kommt nicht aus dem Verstand und ist für diesen auch nicht zugänglich.
Du kannst weiter viel über den Baum und seine spezifischen Energien lernen, wenn du dich mit der Biologie des Baumes, seinem medizinischen oder handwerklichen Nutzen für den Menschen beschäftigst. Alle Bäume konkurrieren um Licht und Wasser. Wie verteidigt der spezifische Baum sich und seinen Platz gegenüber anderen Bäumen oder Tieren? Wie überlebt seine Art? Alle Lebewesen, auch Bäume, besetzen eine besondere ökologische Nische. Wenn du weißt, welche Nische das ist, kannst du daraus viel über den Baum ableiten.
Welche Bedeutung hatte oder hat die Baumart für den Menschen? Wie wurde oder wird sie genutzt? Wofür wurden oder werden ihr Holz, ihre Früchte usw. verwendet? Was sagt die historische, was die moderne Naturwissenschaft zu diesem Baum? Welche Heilwirkungen hat er?
Es ist auch sehr interessant, zu schauen, was die Mythologie, Sagen, Märchen und Überlieferungen über einen Baum berichten. Was bedeuten seine Namen? In welchen Märchen, Legenden, Mythen und Spruchweisheiten kommt der Baum vor? Welche Eigenschaften werden ihm zugewiesen? In welche Rituale ist er eingebunden? Bei alldem musst du unterscheiden lernen, was wirklich alte Überlieferungen sind und was später hineininterpretiert und verfälscht wurde.
Wenn du diese 4 Informationskanäle nutzt, kannst du viel über den Baum erfahren und lernen sowie sein besonderes Wesen erfassen.

SCHLUSSWORT

Ich hoffe, was ich dir von den Bäumen vermitteln wollte, hat dir gefallen. Hast du etwas gelernt? Vielleicht bist du bewusster geworden in Bezug auf die Bäume und in Bezug auf dein Leben, auf dich selbst? Sind deine Beziehungen freier, lebendiger, heiler, glücklicher, friedvoller geworden? Hat sich dein Kontakt zu dir und deinen Emotionen intensiviert? Bist du öfter in der Natur und im Austausch mit den Bäumen? Was teilen sie dir mit? Hast du dich selbst besser kennengelernt, deine Fähigkeiten und Stärken? Lebst du sie mehr? Bist du erfüllter? Ich hoffe es und wünsche es dir! Vielleicht teilst du nun mit mir die Begeisterung für die Bäume.

Ich bin dankbar, dass ich die wundervolle Fähigkeit des Kommunizierens mit Bäumen erhalten habe. Ich danke meinen Brüdern und Schwestern, den Bäumen, die mich so vieles gelehrt, mich oft unterstützt haben und weiterhin unterstützen.
Danke an all die Menschen, von denen ich lernen durfte. Danke an Brunhild Liedloff und die gesamte Ausbildungsgruppe, der ich die besonderen Botschaften der Bäume erstmals vermitteln konnte und die mir so viel Unterstützung und Wertschätzung entgegenbrachten.
Danke besonders an Kira Klenke, meine geschätzte Kollegin und Freundin, für die Ermutigungen, dieses Buch zu schreiben und zu veröffentlichen, für die vielen wertvollen Hinweise, fürs Vorangehen als Autorin und fürs Korrekturlesen. Fürs Probelesen Danke auch an Katja Brommund, Inge Mertins-Obbelode und Beate Hohlmann. Das Buch hat durch eure Arbeit viel an Qualität und Lesbarkeit gewonnen!
Gertraud Maria Trieb danke ich für die zahlreichen Wandertipps und die Wanderbegleitung zu Bäumen in den österreichischen Alpen.
Herzlichen Dank auch an meinen Lektor Bastian Rittinghaus, der durch seine einfühlende und klare Art viel zum Gelingen dieses Buches beigetragen hat.
Und nicht zuletzt Danke an dich, liebe Leserin, lieber Leser. Danke, dass du dieses Buch gelesen hast und dich auf deine inneren Prozesse eingelassen hast. Denn ohne, dass du mein Buch kaufst, liest und bei Gefallen weiterempfiehlst, könnte ich es und die Botschaften der Bäume nicht in die Welt bringen. Ich freue mich über deine Rückmeldungen, seien es eigene Erfahrungen beim Lesen und Durchführen der inneren Reisen oder auch Erlebnisse im Wald, im Gespräch mit Bäumen. Fragen beantworte ich gern und persönlich, auch wenn es manchmal etwas länger dauern kann.
Bitte schreibe mir an: antje.ohlhoff@web.de.
Auf der Webseite www.antje-ohlhoff.de/baumgefluester findest du Ergänzungen zu diesem Buch, Erfahrungen anderer Leserinnen und Leser und weitere Informationen zu den Bäumen.
Wenn dir das Buch gefallen hat und du dazu beitragen möchtest, dass es noch mehr Menschen erreicht, erzähle anderen davon oder schreibe eine Rezension bei Amazon oder direkt auf der Verlagsseite www.schirner.com. Danke!

Herzliche Grüße
Antje Ohlhoff

BEGRIFFSERKLÄRUNGEN

Arboretum: Ein Arboretum (von lat. »arbor«, »Baum«) ist ein botanischer Garten, in dem hauptsächlich Bäume und Sträucher angepflanzt werden, oft auch exotische. Manchmal wachsen dort ausschließlich Baumarten einer Gattung, z. B. im Weiden-Arboretum Kleingartach-Eppingen (siehe Seite 21) oder im Ahorn-Arboretum Ilfeld (siehe Seite 34).

Auwald, Bruch: Als Bruch (regional auch Brok) wird ein dauerhaft nasser, sumpfiger Wald bezeichnet, während ein Auwald durch kürzere und ausgeprägtere Wasserstandsänderungen gekennzeichnet ist.[1] In beiden Waldtypen können Erlen und einige Weidenarten leben.

Bachblüte: Bachblüten sind von dem englischen Arzt Dr. Edward Bach in den 1930er-Jahren entwickelte Essenzen, die aus den Blüten wild wachsender Pflanzen gewonnen werden. Ein Großteil davon sind Bäume. Mithilfe dieser Essenzen kann das seelische Befinden harmonisiert werden. Da die Anwendungsgebiete der einzelnen Bachblüten oft sehr passend zu den in diesem Buch beschriebenen Baumbotschaften sind, gebe ich sie bei einigen Bäumen mit an.

Baum und Strauch: Bäume sind pflanzliche Lebewesen mit einer verholzten Sprossachse, dem Stamm. Sie haben ein Wurzelsystem, eine (zumindest in der Vegetationsperiode) belaubte Krone und bilden Blüten und Früchte aus. Von den Sträuchern unterscheiden sich Bäume durch Größe und Gestalt. Ab etwa 5 Metern Größe spricht man von Bäumen. Ihr Stamm ist meist durchgehend, während Sträucher sich schon niedrig verzweigen oder mehrstämmig austreiben. Manche Bäume wachsen unter schwierigen Standortbedingungen strauchartig, z. B. Weiden und Kiefern im Hochgebirge nahe der Baumgrenze.[2]

Baumart, Gattung und Familie: In der biologischen Systematik wird zwischen Art, Gattung und Familie unterschieden. Interessanterweise gibt es bisher keinen allgemein akzeptierten Artbegriff in der Wissenschaft. Für dieses Buch genügt die folgende Definition: Eine Art ist eine Gruppe von Organismen, die sich untereinander kreuzen können und fruchtbare Nachkommen haben (z. B. ist der Spitzahorn eine Art). Arten, die enger miteinander verwandt sind, werden zu einer Gattung zusammengefasst (der Spitzahorn gehört zusammen mit Feld- und Bergahorn zur Gattung der Ahorne). Einander nahestehende Gattungen werden zu Pflanzenfamilien zusammengefasst. So gehören die Ahorne zusammen mit den Rosskastanien und der Blasenesche zur Familie der Seifenbaumgewächse.

Chakra: Als Chakras werden die feinstofflichen Energiezentren des Menschen bezeichnet, die mit bestimmten Bewusstseinszuständen verknüpft sind. Der Begriff selbst stammt aus dem Sanskrit und heißt übersetzt »Rad« oder »Kreis«. Die Chakras werden daher auch Energieräder genannt.

1 Vgl. de.wikipedia.org/wiki/Auwald.

2 Vgl. A. J. Coombes: Laub- und Nadelbäume.

Nach indischer Lehre gibt es 7 Hauptchakras, die entlang der Wirbelsäule liegen. Jedem dieser Chakras habe ich eine Baumart zugeordnet, die mit ihren besonderen Qualitäten dabei helfen kann, das entsprechende Energiezentrum zu aktivieren und zu harmonisieren.

Edda: Die Edda ist eine Sammlung von Heldenliedern und Mythen aus spätheidnischer Zeit. Sie wurde von dem isländischen Historiker und Politiker Snorri Sturluson um 1200 aufgeschrieben.[3]

Fortpflanzung bei Bäumen, männliche und weibliche Blüten: Blüten sind die Geschlechtsorgane der Pflanzen. Im Gegensatz zum Tierreich erfolgt die Befruchtung indirekt. Egal, ob sich die männlichen Pollen und die weiblichen Fruchtknoten auf unterschiedlichen Bäumen (Zweihäusigkeit) oder auf dem gleichen Baum befinden – manchmal sogar in derselben Blüte –, kommen sie doch nicht aus eigenem Antrieb zusammen. Sie sind auf die Befruchtung durch den Wind oder Insekten angewiesen. Bei dieser Strategie sind riesige Mengen an Pollen nötig, damit einige wenige am weiblichen Fruchtknoten der passenden Blüte ankommen.[4]

Häusigkeit, Zwitter: Häusigkeit ist die Verteilung der Geschlechter auf den Bäumen. Kommen weibliche und männliche Blüten auf demselben Baum vor, spricht man von Einhäusigkeit. Das ist z. B. bei Fichte, Erle und Haselnuss der Fall. Wachsen weibliche und männliche Blüten auf getrennten Bäumen, spricht man von Zweihäusigkeit. Dann besitzt ein Baum entweder nur weibliche oder nur männliche Blüten, z. B. Ilex, Weide, Pappel und Wacholder. Nur die Baumexemplare mit den weiblichen Blüten tragen später Früchte. Zudem gibt es Bäume mit zwittrigen Blüten, bei denen es innerhalb einer Blüte weibliche und männliche Anteile gibt. Man spricht dann von »einhäusig nicht-getrenntgeschlechtlich«, wie es bei Linde, Kirsche und Weißdorn der Fall ist. Und dann gibt es noch Bäume, die halten sich überhaupt nicht an diese schöne Einteilung und haben sowohl Exemplare mit nur weiblichen oder nur männlichen als auch mit weiblichen und männlichen und/oder zwittrigen Blüten. Die bezeichnet man als »vielehig« oder »polygam«, z. B. die Esche.[5]

Hude- oder Hutewald: Ein Hude- oder Hutewald (von »Vieh hüten«) ist ein Wald, der als Weide in der Viehhaltung genutzt wurde. Bis etwa 1950 wurden Schweine, Rinder, auch Ziegen und Schafe in den Wald getrieben, um sie dort zu mästen. Weil die Tiere neben Eicheln und Bucheckern auch die schmackhaften jungen Blätter und Baumtriebe abfraßen, überlebten nur wenige verkrüppelte Bäume, und es entstanden lichte, parkartige Wälder oder baumbestandene Weiden.
Der Mönchswald zwischen Walkenried und Bad Sachsa (Niedersachsen) im Südharz ist so ein 400 Jahre alter Wirtschaftswald. Ein kleiner Teil davon wird seit einigen Jahren wieder von Schafen, Ziegen und Kühen beweidet, sodass die lichte, parkartige Struktur des alten Eichen-Hudewaldes erneut erlebbar ist. Gleich dahinter kann man sehen, was passiert, wenn so ein Wald nicht mehr bewirtschaftet wird: Die alten Eichen werden von schnell und hoch wachsenden Buchen, Eschen und Birken verdrängt. Ein dichter, dunkler Wald mit den teilweise noch vorhandenen alten Eichen entsteht.

3 Vgl. W.-D. Storl: Pflanzen der Kelten.
4 Vgl. J.-M. Pelt: Das Leben der Pflanzen.
5 Vgl. J. Pokorny: Bäume in Mitteleuropa.

Kelten, Druiden: Die Kelten lebten während der Eisenzeit (8.–1. Jahrhundert v. Chr.) in ganz Mitteleuropa. Sie waren kein einheitliches Volk, sondern lebten in vielen verschiedenen Stämmen mit kulturellen Gemeinsamkeiten. Von ihnen selbst gibt es nur wenige schriftliche Zeugnisse, weshalb die Geschichtsschreibung auf archäologische Funde und römische und griechische Berichte angewiesen ist. Besonders in Irland, Wales und im Alpenraum ist aber bis heute keltisches Kulturgut in Form von Märchen, Sagen, Spruchweisheiten und Bräuchen erhalten geblieben. Viele keltische Stämme identifizierten sich mit den unterschiedlichsten Baumarten und benannten sich auch nach ihnen (wobei jeder Baumart eine eigene Gottheit innewohnte). So gab es z. B. den nach der Eibe benannten Stamm der »Eburovicen«, die nach der Ulme benannten »Gemnovicen« und die »Arverner«, die nach der Erle so heißen.[6] Die keltischen Hüter der Weisheit wurden Druiden, »Eichenweise« genannt (von »dru«, »Eiche« und »wid«, »Wissen, Vision«). Sie wurden 20 Jahre lang direkt im Wald ausgebildet. Viele ihrer Rituale fanden in heiligen Hainen statt.[7] In den Baumporträts gehe ich hin und wieder auf die keltische Kultur und Mythologie ein.
Wer sich intensiver mit der Lebensweise und Kultur der Kelten beschäftigen möchte, dem sei das informative und gut recherchierte Buch von W.-D. Storl[8] empfohlen.

Kork- oder Lentizellen: Das sind Öffnungen in der Rinde, die einen Gasaustausch zwischen der Umgebungsluft und dem Gewebe unterhalb dieser Zellen ermöglichen. Lentizellen sind an Stämmen und Zweigen von Sträuchern oder Bäumen als kleine, rundliche oder längliche Ausstülpungen, den »Korkwarzen«, erkennbar.[9]

Ogham, irisches Baumalphabet: Das altirische Baumalphabet Ogham entstand in Irland im frühen Mittelalter, also zwischen den Jahren 500 und 1000 n. Chr. Die 20 Buchstaben dieses Alphabets bestehen aus waagerechten und senkrechten Strichen, die in die Kanten von Stein- oder Holzpfeilern geritzt wurden. Sie wurden nicht zum Aufschreiben von Texten genutzt, sondern – ähnlich wie Runen – zu magischen Zwecken (z. B. Schutz- und Ahnenzauber, Erinnerung an Tote oder an große Taten).[10] Da jeder Buchstabe des Ogham die spezifische Qualität eines Baumes symbolisiert, gehe ich in den Baumporträts öfter darauf ein.

Ökologische Nische: Die ökologische Nische einer (Baum-)Art ist die Gesamtheit aller Umweltfaktoren, die diese Art mindestens zum Leben braucht, z. B. die Menge an Licht und Wasser, die Zusammensetzung des Bodens und die jahreszeitlichen Temperaturverhältnisse. Außerdem gehört dazu die Wirkung der Art auf ihre Umwelt. So beeinflusst eine Baumart durch ihre abfallenden Blätter den Boden und kann auch die Licht-, Wasser- und Temperaturverhältnisse in ihrer Umgebung verändern.

Rinde, Bast, Borke, Kambium: Die äußerste Schicht eines Baumes nennt man Rinde. Sie besteht (von außen nach innen) aus der toten Borke, die eine Schutzfunktion hat, der Bastschicht, die in Wasser gelöste Nährstoffe von der Krone in die Wurzeln transportiert, und dem Kambium. Letzteres ist die eigentliche Wachstumsschicht. Sie bildet nach innen Holz und

6 Vgl. F. Hageneder: Geist der Bäume, W.-D. Storl: Pflanzen der Kelten.
7 Vgl. W.-D. Storl: Pflanzen der Kelten.
8 W.-D. Storl: Pflanzen der Kelten.
9 Vgl. de.wikipedia.org/wiki/Lentizelle.
10 Vgl. W.-D. Storl: Pflanzen der Kelten.

nach außen Bast. Bastfasern von Bäumen, insbesondere von Linde, Eiche, Weide und Ulme, wurden bereits in der Steinzeit zu Textilien, Netzen und Seilen verarbeitet.[11]

Splint, Kernholz, Mark: Im Querschnitt durch einen Baumstamm gibt es verschiedene Bereiche. Das äußere Holz dient der Leitung von Wasser von den Wurzeln in die Krone und wird Splint genannt. Der innere Bereich besteht aus Kernholz – die Zellen sind abgestorben. Einige Bäume lagern in diesen Bereich Abwehrstoffe gegen Pilze ein. Diese Stoffe führen dann oft zu einer Rot- oder Braunfärbung, z. B. bei der Eiche, der Kiefer und der Lärche. Und ganz im Inneren befindet sich das Mark. Dieser Bereich kann vollkommen hohl sein (wie beim Bambus), aus luftgefüllten, abgestorbenen Zellen bestehen (wie bei allen Walnussgewächsen) oder mit einer weichen Substanz gefüllt sein (wie beim Holunder).[12]

Schlafende Augen: »Schlafende Augen« sind unter der Rinde eines Baumes liegende Knospen, die Jahrzehnte lebensfähig bleiben. Bei Bedarf, also z. B., wenn ein nahe gelegener Ast abgebrochen ist, kann der Baum dort austreiben.

Textur: Als Textur wird die Beschaffenheit der Oberfläche von Rinde, Holz oder Blatt bezeichnet. Bedeutsam sind vor allem reflexbestimmende und tastbare Merkmale, also das Relief und die Musterung (Oberflächenstruktur). Die Farbe spielt dabei keine Rolle.

Zähigkeit: Zähigkeit ist die Widerstandsfähigkeit von Holz gegen Bruch oder Rissausbreitung.

11 Vgl. de.wikipedia.org/wiki/Bast_(Pflanze).
12 Vgl. de.wikipedia.org/wiki/Baum.

COACHINGTHEMEN

A

Abgrenzung: Ahorn
Abschied nehmen: Espe
Absicht setzen: Eberesche
Akzeptanz: Ilex
Albträume: Weißbuche
anders sein: Lärche
anfangen: Faulbaum
Angst wandeln: Espe
annehmen können: Linde
Auferstehung: Wacholder
Ausdauer: Buche
Ausgleich: Ulme, Esche
Ausrichtung: Eberesche
aussichtslose Situationen wandeln: Ulme
aussprechen, was wichtig ist: Esche

B

Belastendes loslassen: Faulbaum
beschützt sein: Ilex, Weißdorn
Bestimmung erkennen: Eberesche
beweglich sein: Kastanie
Beziehungen heilen: Ilex, Buche, Eiche
Blockaden lösen: Faulbaum

C

Chakras:
- Halschakra: Esche
- Herzchakra: Ilex
- Kronenchakra: Eberesche
- Sakralchakra: Weide
- Solarplexuschakra: Eiche
- Stirnchakra: Ulme
- Wurzelchakra: Ahorn

D

Denken und Fühlen im Gleichgewicht: Weißdorn
destruktive Energien binden: Holunder
Destruktives reinigen: Weißdorn
Durchhaltevermögen: Buche

E

eigener Rhythmus: Weißbuche
Einheit von Denken und Fühlen: Weißdorn
Einzigartigkeit leben: Lärche
Elemente:
- Erde: Holunder
- Feuer: Kiefer
- Luft: Espe
- Wasser: Weide, Erle

Elternbeziehung: Buche, Eiche
Erfüllung finden: Holunder
erkennen, was wichtig ist: Apfelbaum
erkennen, wer ich bin: Lärche
Ermüdung wandeln: Buche
Erneuerung: Weide
Erschöpfung wandeln: Buche

F

Feuer der Leidenschaft: Kiefer
Flexibilität: Espe
Fluss des Lebens: Weide
Freude am Sein: Hasel
Freundlichkeit: Linde
Freundschaft: Linde, Kiefer
Früchte in die Welt bringen: Apfelbaum
Fülle: Kastanie, Erle, Esche, Holunder
für mich sorgen: Buche

G

Gastfreundschaft: Eberesche
Geborgenheit: Buche
Gedankenruhe: Kastanie,
Geduld: Apfelbaum
Gefühlsblockaden lösen: Erle
Gegensätze vereinen: Esche
gegenseitiges Unterstützen: Buche
geistige Klarheit: Eiche
Gelehrsamkeit: Buche
Gemeinsamkeiten stärken: Linde
Gemeinschaft: Buche, Linde
geordnetes Leben: Fichte
gestaute Gefühle loslassen: Faulbaum
Gleichgewicht: Ulme, Fichte, Weißdorn

BÄUME BESUCHEN

LITERATUR

Allgeier, Kurt: Die Heilkraft der Bäume. Alte Weisheiten und neue Erkenntnisse. München: Heyne 1986

Arzt, Volker: Kluge Pflanzen. Wie sie locken und lügen, sich warnen und wehren und Hilfe holen bei Gefahr. München: Bertelsmann 2009

Asgodom, Sabine: Von Tag zu Tag souveräner. 365 Coaching-Impulse 2015. München: Kösel 2014

Bartsch, Karl und de Boor, Helmut: Das Nibelungenlied. Mittelhochdeutsch / Neuhochdeutsch. Ditzingen: Reclam 2007

Buber, Martin: Der Weg des Menschen nach der chassidischen Lehre. Gerlingen: Lambert Schneider 1996

Bouchal, Robert und Lukacs, Gabriele: Kraftorte im Waldviertel. Energieplätze – Landschaftstempel – Heilige Bezirke. Wien: Pichler 2015

Coombes, Allen J.: Laub- und Nadelbäume. Ravensburg: Ravensberger 1992

Crowther, Thomas W. et al: Mapping tree density at a global scale, Nature 525, Seite 201–205, September 2015

Dengler, Alfred: Waldbau auf ökologischer Grundlage. Ein Lehr- und Handbuch. Berlin: Springer 1944

Dörner, Dieter: Vom Urwald zum Kulturwald. In: Der Holznagel. Zeitschrift der Interessengemeinschaft Bauernhaus, Heft 1/2017

Düll, Ruprecht und Kutzelnigg, Herfried: Taschenlexikon der Pflanzen Deutschlands. Wiebelsheim: Quelle & Meyer 2005

Eckermann, Johann P.: Gespräche mit Goethe in den letzten Jahren seines Lebens. München: dtv Taschenbuch 1999

Fischer-Rizzi, Susanne: Blätter von Bäumen. Heilkraft und Mythos einheimischer Bäume. Baden, München: AT 2010

Forschungsmagazin für Ernährung und Landwirtschaft. Heft 3/2016. Bundesministerium für Ernährung und Landwirtschaft. Berlin 2016

Francia, Luisa: Drei Wünsche. Von der Vision zur Magie als Handwerk. München: Frauenoffensive 1999

Geo kompakt: Unser Wald. Heft 52, 2017

Göttner-Abendroth, Heide und Derungs, Kurt: Mythologische Landschaft Deutschland. Bern: edition amalia 1999

Grosser, Dietger und Teetz, Wolfgang: Informationsdienst Holz. Einheimische Nutzhölzer: Ahorn 10, Loseblattsammlung des Absatzförderfonds der deutschen Forstwirtschaft. Bonn 1998

Grosser, Dietger und Teetz, Wolfgang: Informationsdienst Holz. Einheimische Nutzhölzer: Rüster 11, Loseblattsammlung des Absatzförderfonds der deutschen Forstwirtschaft. Bonn 1998

Grosser, Dietger und Teetz, Wolfgang: Informationsdienst Holz. Einheimische Nutzhölzer: Linde 15, Loseblattsammlung des Absatzförderfonds der deutschen Forstwirtschaft. Bonn 1998

Grosser, Dietger und Teetz, Wolfgang: Informationsdienst Holz. Einheimische Nutzhölzer: Vogelbeere 23, Loseblattsammlung des Absatzförderfonds der deutschen Forstwirtschaft. Bonn 1998

Grosser, Dietger und Teetz, Wolfgang: Informationsdienst Holz. Einheimische Nutzhölzer: Lärche 3, Loseblattsammlung des Absatzförderfonds der deutschen Forstwirtschaft. Bonn 1998

Hageneder, Fred: Der Geist der Bäume. Eine ganzheitliche Sicht ihres unbekannten Wesens. Saarbrücken: Neue Erde 2000

Haller, Albert von: Lebenswichtig aber unerkannt. Phytonzide schützen das Leben. Langenburg: Boden und Gesundheit 1977

Harz, Kurt: Bäume und Sträucher. München: BLV 1979

Helm, Amei und Wunram, Monika und Antara, Gila: Beautiful Planet. Schöne Erde. Hildesheim: Labyrinth 2000

Hille-Rohde, Sigrid: Der Weißdorn. Ökoporträt 16. Biologische Schutzgemeinschaft Hunte Weser-Ems Wardenburg 2010

Kauderer, Renate: Heimische Bäume. Ihr Wesen erkennen und ihre Botschaft verstehen. Graz: Print 2014

Laudert, Doris: Mythos Baum. Geschichte – Brauchtum – 40 Baumporträts. München: BLV 2004

Lee, Jee-Yon and Lee, Duk-Chui: Cardiac and pulmonary benefits of forest walking versus city walking in elderly women: A randomised, controlled, open-label trial, European Journal of Integrative Medicine, Vol.6, 2014

Lemke, Karl und Müller, Hartmut: Naturdenkmale. Bäume, Felsen, Wasserfälle. Leipzig: Tourist 1988

Mätzold, Andreas: Tanzlinden in Oberfranken. In: Der Holznagel. Zeitschrift der Interessengemeinschaft Bauernhaus. Heft 6/2016

Newman, Alex: Bäume. Machtvolle Zeugen des Lebens. Carl Ueberreuter, Wien 2010

Ohlhoff, Antje: Wir bauen ein Lehm-Fachwerkhaus. Anleitungen für alle handwerklichen Schritte zum Selberbauen vom Fundament bis zum Dachfirst. Osnabrück: Packpapier 1998

Pelt, Jean-Marie: Das Leben der Pflanzen. Kampf und Liebe, Konkurrenz und Gemeinschaft im Reich der Botanik. Düsseldorf, Wien: ECON 1992

Pokorny, Jaromir: Bäume in Mitteleuropa. München: Bertelsmann 1972

Quelle & Meyer: Die Blätter heimischer und kultivierter Laubbäume im Vergleich. Bestimmungskarten. Wiebelsheim: Quelle & Meyer 2013

Richter, Christoph: Phytonzidforschung – ein Beitrag zur Ressourcenfrage. In: Hercynia Leipzig 24 1987 1, S. 95-106

Riedel, Ingrid: Tabu im Märchen. Olten, Freuburg im Breisgau: Walter 1994

Sander, Gerhard: Beiträge zur Blankenburger Heimatkunde. Verlag Otto Kircher Hofbuchdruckerei. Blankenburg/Harz 1933. Folge 4, Nr. 46

Sievers, Anette: Eine Medizinradgeschichte. In: Rauchzeichen Winter 2005.

Spohn, Margot und Spohn, Roland: Kosmos-Baumführer Europa. 680 Bäume, 2600 Zeichnungen. Stuttgart: Franckh-Kosmos 2011

Stiller, Ursula: Westfälische Küche. Regionale Küche mit Tradition. Köln: KOMET-Verlag 2003

Storl, Wolf-Dieter: Die alte Göttin und ihre Pflanzen. Wie wir durch Märchen zu unserer Urspiritualität finden. München: Kailash 2014

Storl, Wolf-Dieter: Pflanzen der Kelten. Heilkunde Pflanzenzauber Baumkalender. Aarau: AT 2015

Strassmann, René A.: Baum-Heilkunde. Aarau: AT 1994

Tannert, Heinrich: Eine eigenartige Verwendung der Stechpalme (Ilex aquifolium L.) in Lübeck. In: Berichte des Vereins »Natur und Heimat« und des Naturhistorischen Museums zu Lübeck. Band 13/14, Lübeck 1975

Thoma, Erwin: Holzwunder. Die Rückkehr der Bäume in unser Leben. Wals bei Salzburg: Servus 2016

Ulrich, Roger S.: View through a window may influence recovery from surgery. Science 27. 1984 v. 224 p. 420(2)

Wald und Holz NRW: Ergebnisse der landesweiten Waldinventur 2014. Münster 2014

Wohlleben, Peter: Bäume verstehen. Was uns Bäume erzählen, wie wir sie naturgemäß pflegen. Darmstadt: pala 2011

Wohlleben, Peter: Das geheime Leben der Bäume. Was sie fühlen, wie sie kommunizieren – die Entdeckung einer verborgenen Welt. München: Ludwig 2015

Letztes Abrufdatum aller Websites: August 2020.

ÜBER DIE AUTORIN

Dr. Antje Ohlhoff hatte durch ihren Vater, der Tischler war, von Kindheit an einen besonderen Bezug zu Holz und Bäumen. Die Hochschulprofessorin für Mathematik und Informatik befindet sich seit 30 Jahren auf dem spirituellen Weg. Während Ausbildungen zum systemischen Coach, zur Oneness-Trainerin und zur spirituellen Lehrerin zeigte sich ihre Fähigkeit, mit Bäumen zu kommunizieren. Diese setzt sie in Meditationen, Workshops und Beratungen in ihrer Praxis für Coaching und Energiearbeit »KraftQuell« in Bielefeld ein.

www.antje-ohlhoff.de

Mit einem Vorwort von Clemens Arvay
Ulli Felber
WALD BADEN im JAHRESKREIS
Das Jahr im Rhythmus des Waldes

Ulli Felber
Mit vielen praktischen Übungen und Tipps für den Wald
WALDBADEN
Das kleine Übungshandbuch für den Wald

Ginkgo
Leuchtender Gedächtnis des Einheitsbewusst
Frangipani
Flügel im Land der Sinne und der Besinnlichkeit
Olive
Weiser Pionier der Fülle und des Friedens
Granatapfel
Erlösender Bewusstseinsaufstieg zur Selbstannahme

Claudia Köller
Baum KRAFT auf dem Seelenweg
Beständigkeit und Inspiration im Gewebe der Natur
49 Karten mit Begleitbuch

Danke für deine REZENSION

– Gemeinsam sind wir mehr –

Liebe Leserin, lieber Leser,

von Herzen danken wir dir, dass du dieses Buch in den Händen hältst und es bis zum Ende gelesen hast. Das bedeutet uns, dem Schirner Verlag und seinen Autoren, sehr viel. Aus voller Überzeugung und mit Hingabe widmen wir uns seit vielen Jahren Themen, die unser aller Lebensqualität und Bewusstwerdung dienlich sind, und hoffen, einen Beitrag für eine lichtvollere Welt leisten zu können. Wenn dir unsere Arbeit gefällt, möchten wir dich bitten, dir einige Minuten Zeit zu nehmen, um dieses Buch zu rezensieren. Warum? Die meisten Menschen lesen Rezensionen, bevor sie ein Buch kaufen, da sie hierdurch einen Eindruck bekommen, ob und wie der Inhalt des Buches den Leser erreicht hat. Eine kurze Rezension ist dabei ebenso hilfreich wie eine lange, sehr ausführliche. Um es auf den Punkt zu bringen:

Eine Rezension ist heutzutage die beste Werbung für ein Autorenwerk!

Wenn du den Schirner Verlag und seine Autoren neben dem Buchkauf auch anderweitig unterstützen willst, dann bitten wir dich: Schreibe für jedes Werk eine Rezension – vielleicht als persönliche Leseempfehlung für die Buchhandlung in deiner Nähe oder online, z. B. beim Schirner Verlag. Das wäre nicht nur eine Wertschätzung für die Autoren, sondern kann dazu beitragen, dass die Verkaufszahlen steigen und der Schirner Verlag auch in herausfordernden Zeiten Bestand hat.

WIE SCHREIBT MAN EINE REZENSION?

Grundsätzlich sollte eine Rezension aus der eigenen, subjektiven Sicht geschrieben werden, da es sich um eine persönliche Meinung handelt. Du kannst in zwei Sätzen deine Gefühle zu dem Buch äußern oder eine längere Rezension verfassen. Falls du nicht weißt, wie du beginnen sollst, hier ein paar Anregungen:

- War das Buch leicht verständlich geschrieben? Wie hat dir die Sprache gefallen? Wie war die Aufteilung zu den verschiedenen Themen?
- War es unterhaltsam? War es deiner Meinung nach mit Herzblut und Liebe geschrieben? Wie hat es auf dich gewirkt?
- Hat es dein Herz berührt? Konntest du dich wiederfinden?
- War es tief greifend genug? Hast du viel Neues gelernt?
- Hat es gehalten, was der Titel und die Buchbeschreibung versprochen haben? Hat es deine Erwartungen erfüllt?
- Was macht das Buch besonders? Warum sticht es heraus im Vergleich zu anderen Büchern, die ein ähnliches Thema behandeln?
- Würdest du das Buch weiterempfehlen oder verschenken?

Dankeschön

lesen, fliegen, landen
Schirner Verlag

BILDNACHWEIS

Alle Baumfotos © Dr. Antje Ohlhoff

Bilder von der Bilddatenbank Shutterstock.com:

Schmuckelemente auf allen Seiten: Blätter am Seitenrand # 110803415 (© Krivosheev Vitaly), grüner Hintergrund # 1468719389 (© 100Y Design), Papierhintergrund # 263333468 (© 3dshtamp), Wald bei Kapitelbeginnen # 292597868 (© djgis), Baumsilhouette bei Kapitelbeginnen # 194045468 (© Cat_arch_angel), einzelne Blätter bei Kapitelbeginnen # 84492274 (© Tenki), Blätterranke bei Geschichten # 281529530 (© Dinara May), Rahmen bei Zitaten # 357642134 (© mamanamsai), Baum bei Zitaten # 105986438 (© Nikitina Olga)

Piktogramme: Weißbuche, Weißdorn, Holunder # 497821135 (© Jollanda), Weide, Espe, Ahorn, Eberesche, Eiche, Kastanie, Ulme, Esche, Fichte, Hasel, Linde, Apfelbaum, Kiefer # 1709905891 (© POZNANINA), Ilex, Buche, Faulbaum, Wacholder # 507328207 (© Jollanda), Erle # 1698492775 (© Semiankova Inha), Lärche # 613860836 (© Sentavio), Holunderbeeren # 1632512182 (© Sunnydream), Weißdornbeeren # 1452706001 (© ideyweb), Weißbuchenkätzchen # 1736863472 (© Cat_arch_angel), Wacholderbeeren # 530447575 (© Rizik), Erlenkätzchen # 1277207467 (© Foxyliam), Lärchenzapfen # 413247352 (© Foxyliam), Faulbaumbeeren # 383951038 (© Foxyliam), Buchecker # 1736863466 (© Cat_arch_angel), Ilexbeeren # 711019063 (© CitrusStudio)

Querschnitt Baumstamm S. 187: # 524908573 (© captureandcompose)